大规模减税降费的
财务效应研究

曹 越 著

本书受国家社会科学基金（20BGL071）、湖南省自然科学基金（2023JJ30170）和湖南财政与会计研究基地资助

科 学 出 版 社
北 京

内 容 简 介

本书是首部从企业层面系统研究大规模减税降费财务效应的专著。大规模减税降费直接影响企业税负,而企业税负变化必然影响企业财务行为、绩效和投资者决策。本书研究大规模减税降费影响企业税负(涉及固定资产加速折旧、研发费用加计扣除比例提高)、企业融资约束(涉及研发费用加计扣除政策)、企业创新(涉及增值税税率调整、亏损后转年限延长和社保征管)、企业投资效率(涉及亏损后转年限延长)和企业绩效(含企业全要素生产率,涉及增值税税率调整、亏损后转年限延长和"环保费改税")的作用机理与经验证据,以及"社保入税"的市场反应及其影响因素。

本书可供财税领域的研究人员、高校教师和研究生参考、阅读。

图书在版编目(CIP)数据

大规模减税降费的财务效应研究 / 曹越著. -- 北京:科学出版社,2024.11. -- ISBN 978-7-03-079627-1

Ⅰ.F812.422

中国国家版本馆CIP数据核字第2024XL4019号

责任编辑:邓 娴 / 责任校对:王晓茜
责任印制:张 伟 / 封面设计:有道文化

科学出版社 出版
北京东黄城根北街16号
邮政编码:100717
http://www.sciencep.com
北京中石油彩色印刷有限责任公司印刷
科学出版社发行 各地新华书店经销
*
2024年11月第 一 版 开本:720×1000 B5
2024年11月第一次印刷 印张:15 1/4
字数:310 000
定价:168.00元
(如有印装质量问题,我社负责调换)

作者简介

曹越，湖南大学工商管理学院教授、博士生导师，岳麓学者特聘岗，全国会计领军人才，全国税务领军人才，湖南省优秀青年社会科学专家，湖南省121创新人才；现为国家社会科学基金同行评议专家，中国会计学会资深专家，湖南省财务学会副会长；长期从事产权会计研究，已在中文社会科学引文索引（Chinese Social Sciences Citation Index，CSSCI）、社会科学引文索引（Social Sciences Citation Index，SSCI）源刊上发表该领域论文85篇，其中，权威期刊《会计研究》发表该领域论文17篇，《新华文摘》、中国人民大学复印报刊资料和《高等学校文科学术文摘》全文转载22篇；主持国家社会科学基金重点项目等国家级课题5项，省部级重大、重点课题2项；研究成果曾获湖南省哲学社会科学优秀成果一等奖和二等奖、财政部中国会计学会优秀论文三等奖等荣誉。

前　言

党的十九大报告确立了我国经济已经进入高质量发展的新阶段。"营改增"完成后，为了应对当前经济下行、全球减税竞争和中美贸易摩擦，支撑经济高质量发展，党中央、国务院部署实施了以普惠性与结构性并举为特点的大规模减税降费政策。中央经济工作会议强调，实施更大规模的减税降费[①]。大规模减税降费直接作用于供给侧结构性改革的"降成本"任务，也为"去杠杆"等任务提供重要支撑，具有谋一域而促全局的功效。减税降费有助于企业减轻税负、降低经营成本和提高运营绩效，但也可能诱发过度投资和经营流程调整成本等问题，同时"严征管"和税收任务未相应减少的现实也可能使得税务部门通过不当行为（如收取"过头税"、收紧税收优惠条件等）增加企业税负，从而减损政策落地效果。减税降费切实降低企业税负，关系财政可持续及经济高质量发展。大规模减税降费对企业的财务效应与应对策略影响已成为党和国家、企业及社会公众关注的焦点。

本书以大规模减税降费的政策目标为立足点，以各项政策逐步推进为时间节点，以普惠性（小微企业减税、个税改革和社保降费）与结构性（增值税改革和企业所得税调整）并举的特点为依据，旨在从企业层面系统评估大规模减税降费的财务效应。大规模减税降费的政策目标是"确保主要行业税负明显降低……确保所有行业税负只减不增……重点降低制造业和小微企业税收负担……明显降低企业社保缴费负担"[②]。根据企业税负变化必然影响企业财务行为、绩效和投资者决策的传导逻辑，本书创建大规模减税降费的财务效应分析框架，涉及大规模减税降费影响企业税负的实际效果评估；大规模减税降费影响企业财务行为的作用机理与经验证据；大规模减税降费影响企业绩效的作用机理与经验证据；大规模减税降费的市场反应及影响因素。该框架体系突出大规模减税降费财务效应的系统检验，其分离出的大规模减税降费本身财务效应的方法体系为从微观层面识别宏观财税政策的因果效应提供重要参考，初步形成财税政策微观效应评估的方法体系。本书是对现有供给侧结构性改革与微观

[①] 中国政府网. 中央经济工作会议举行　习近平李克强作重要讲话[EB/OL]. (2018-12-21)[2024-06-12]. https://www.gov.cn/xinwen/2018/12/21/content_5350934.htm.

[②] 中国政府网. 2019年政府工作报告[EB/OL]. (2019-03-05)[2024-06-12]. https://www.gov.cn/guowuyuan/2019zfgzbg.htm.

企业行为研究的重要补充，对后续利用财税政策完成供给侧结构性改革目标、实现经济高质量发展具有重要借鉴意义。

曹　越

2024 年 7 月 4 日

目　　录

前言
第1章　绪论 ··· 1
第2章　固定资产加速折旧对企业税负的影响 ·· 6
　2.1　固定资产加速折旧影响企业税负的理论分析 ······························ 8
　2.2　固定资产加速折旧影响企业税负的研究设计 ···························· 11
　2.3　实证结果与分析 ··· 12
第3章　研发费用加计扣除比例提高对企业所得税税负的影响 ············· 22
　3.1　研发费用加计扣除比例提高影响企业所得税税负的理论分析 ···· 23
　3.2　研发费用加计扣除比例提高影响企业所得税税负的研究设计 ···· 26
　3.3　实证结果与分析 ··· 28
第4章　研发费用加计扣除政策对企业融资约束的影响 ······················· 35
　4.1　研发费用加计扣除政策影响企业融资约束的理论分析 ·············· 37
　4.2　研发费用加计扣除政策影响企业融资约束的研究设计 ·············· 38
　4.3　实证结果与分析 ··· 39
第5章　增值税税率调整对企业创新的影响 ··· 48
　5.1　增值税税率调整影响企业创新的理论分析 ······························ 51
　5.2　增值税税率调整影响企业创新的研究设计 ······························ 55
　5.3　实证结果与分析 ··· 57
第6章　亏损后转年限延长对企业研发投入的影响 ······························· 70
　6.1　亏损后转年限延长影响企业研发投入的理论分析 ···················· 73
　6.2　亏损后转年限延长影响企业研发投入的研究设计 ···················· 77
　6.3　实证结果与分析 ··· 80
第7章　社保征管与企业创新行为：来自演化博弈模型的证据 ············· 91
　7.1　征收部门和企业间的演化博弈模型构建 ·································· 93
　7.2　征收部门和企业间的演化均衡分析 ·· 96
　7.3　实证仿真 ·· 102
第8章　亏损后转年限延长对企业投资效率的影响 ······························ 112
　8.1　亏损后转年限延长影响企业投资效率的理论分析 ··················· 114
　8.2　亏损后转年限延长影响企业投资效率的研究设计 ··················· 116

8.3　实证结果与分析 ·· 119
第 9 章　增值税税率调整对企业绩效的影响 ····························· 128
　　9.1　增值税税率调整影响企业绩效的理论分析 ··················· 130
　　9.2　增值税税率调整影响企业绩效的研究设计 ··················· 133
　　9.3　实证结果与分析 ·· 136
第 10 章　亏损后转年限延长对企业全要素生产率的影响 ············ 151
　　10.1　亏损后转年限延长影响企业全要素生产率的理论分析 ··· 154
　　10.2　亏损后转年限延长影响企业全要素生产率的研究设计 ··· 159
　　10.3　实证结果与分析 ·· 161
第 11 章　"环保费改税"对重污染企业全要素生产率的影响 ········ 175
　　11.1　"环保费改税"影响重污染企业全要素生产率的理论分析 ··· 177
　　11.2　"环保费改税"影响重污染企业全要素生产率的研究设计 ··· 180
　　11.3　实证结果与分析 ·· 183
第 12 章　"社保入税"的市场反应及其影响因素 ······················ 190
　　12.1　"社保入税"市场反应的理论分析 ··························· 191
　　12.2　"社保入税"市场反应的研究设计 ··························· 195
　　12.3　实证结果与分析 ·· 198
第 13 章　结论 ··· 211
参考文献 ··· 215

第1章 绪　　论

"营改增"完成后,为了应对当前经济下行、全球减税竞争和中美贸易摩擦,支撑经济高质量发展,党中央、国务院部署实施了以普惠性与结构性并举为特点的大规模减税降费政策。大规模减税降费的主要政策集中在以下方面:①增值税,包括简并税率档次、调低税率、深化增值税改革、调整分成比例和抗疫物资供应免税;②企业所得税,包括扩大固定资产加速折旧行业范围至全部制造业、延长高新技术企业和科技型中小企业(受疫情影响困难企业)亏损结转年限至10年(8年)、提高研发费用加计扣除比例至75%和抗疫捐赠全额扣除;③个人所得税(简称个税),包括建立综合与分类相结合税制、提高费用减除标准至5000元/月和引入6项专项附加扣除;④社会保险(简称社保)制度,包括推进社保入税和降低社保费率;⑤小微企业普惠性减税,涉及提高增值税小规模纳税人月销售额免征额至10万元和放宽小微企业认定条件并降低其所得税税负至5%或10%。

大规模减税降费直接作用于供给侧结构性改革的"降成本"任务,也为"去杠杆"等任务提供重要支撑,具有谋一域而促全局的功效。本书以大规模减税降费的政策目标为立足点,以各项政策逐步推进为时间节点,以普惠性(小微企业减税、个税改革和社保降费)与结构性(增值税改革和企业所得税调整)并举的特点为依据,对大规模减税降费的财务效应进行系统评估。根据企业税负变化必然影响企业财务行为、绩效和投资者决策的传导逻辑,本书研究内容如下:第一,大规模减税降费影响企业税负的效果评估,详见第2和第3章;第二,大规模减税降费影响企业财务行为的作用机理与经验证据,详见第4~第8章;第三,大规模减税降费影响企业绩效的作用机理与经验证据,详见第9~第11章;第四,大规模减税降费的市场反应及影响因素,详见第12章。本书内容主体框架如图1-1所示。

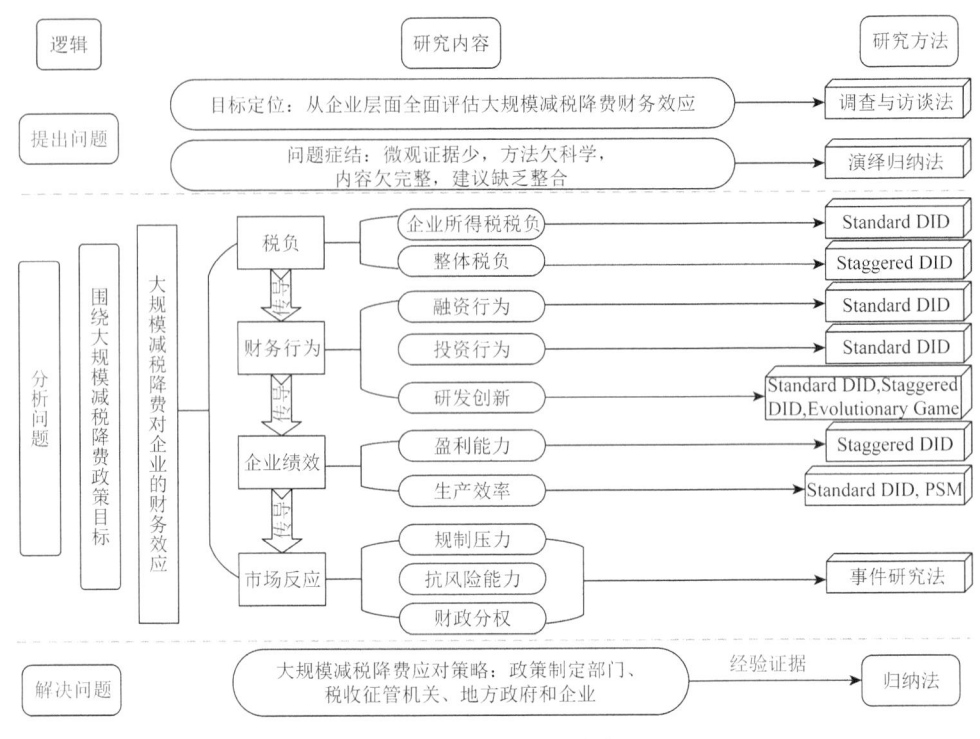

图 1-1　本书内容主体框架

Standard DID 指标准型双重差分法（standard difference-in-difference）；Staggered DID 指交叠型双重差分法（staggered difference-in-difference）；Evolutionary Game 指演化博弈方法；PSM 指倾向得分匹配法（propensity score matching）

本书内容涉及管理学、经济学等学科领域，需要采用多种研究方法。

（1）调查与访谈法。大规模减税降费现实运行中存在哪些问题？是否切实降低了企业税负？对企业产生了哪些影响？调查财政部税政司、国家税务总局货物和劳务税司及所得税司、湖南省税务局和享受政策的企业（含受疫情影响困难企业），访谈典型企业的财务总监，为课题开展奠定实践基础。

（2）归纳法（包括演绎归纳法）。大规模减税降费对企业税负、财务行为、企业绩效和投资者产生影响的作用机理是什么？这需要利用信息不对称理论、代理理论、财税体制和会计处理等多方面的知识进行演绎分析。减税降费政策效应的现有研究存在哪些问题症结？这需要基于文献梳理予以归纳总结。评估大规模减税降费的财务效应之后，对实践的对策建议需要从政策制定部门、税收征管机关、地方政府和企业层面予以归纳总结。

（3）双重差分法（standard difference-in-difference，DID）。作为评估政策处理效应的重要方法，DID 能够缓解由事件非随机性导致的组间系统性差异对因果推断的干扰。通过梳理已有文献，学术研究中常用的 DID 模型主要包括 Standard

DID、Staggered DID 等：扩大固定资产加速折旧范围等不同年份分批实施的政策可采用 Staggered DID 检验其财务效应；亏损后转年限延长等面向各企业同一时间实施的政策可采用 Standard DID 检验其财务效应。DID 需要满足平行趋势假设，本书拟运用事件研究法动态分析政策实施前趋势。

（4）事件研究法。大规模减税降费的市场反应需要运用事件研究法，本书拟采用市场模型和市场调整模型，按减税降费各项重要政策（含抗疫政策）的颁布时间节点，分别检验其市场反应，并利用多元均值回归方法检验该市场反应的影响因素。

从研究内容和目标出发，结合上市企业数据进行实证分析，全书形成如下观点。

（1）固定资产加速折旧政策显著降低了试点企业税负。机制分析发现，政策实施后，企业资本支出显著增加，企业税负降低，即资本支出发挥着中介效应。进一步分析发现，考虑企业资本密集度、现金持有水平、外部环境及避税动机的影响，固定资产加速折旧政策的税负降低效应只在资本密集度较高、现金持有水平较低、外部环境较差及避税动机较强的企业中显著。

（2）研发费用加计扣除比例提高显著降低了企业税负。区分企业所处外部环境的异质性分析发现，政策的减税效应在东部地区、法律环境较好的地区更明显。区分企业特征的异质性分析发现，政策对非国有企业和大规模企业税负的降低效应更明显。同时，研发费用加计扣除比例提高显著缓解了企业融资约束，且这一作用仅在非国有、小规模、由非"四大"审计（普华永道、毕马威、德勤、安永）及处于东部地区的企业中显著。

（3）增值税税率调整显著促进了企业创新，它使得企业的创新产出在改革后增加了约 11.33%，相当于发明专利申请数量增加 3.77 个，具有显著的经济意义。机制分析发现，增值税税率调整通过增加企业内部现金流和改善债务融资状况两条路径促进了企业创新。区分税负转嫁难度和外源融资难度的异质性分析发现，增值税税率调整对企业创新的激励效应在税负转嫁难度较大（产品需求价格弹性较大）和外源融资难度较大（非国有、抵押担保能力较弱和所处地区金融发展水平较低）的企业中更明显。拓展性分析发现，增值税税率调整显著提高了企业创新效率。

（4）亏损后转年限延长对企业研发投入有显著的促进作用，有效缓解了市场失灵引发的企业研发投入低下。区分企业生命周期异质性的进一步分析发现，这一促进作用只在成长期和成熟期的企业中显著，且不同生命周期阶段企业在融资约束和经营前景上的差异是影响该政策激励效果的重要因素。同时，亏损后转年限延长对研发投入的促进效应只在非僵尸企业的组别中显著；政策实施后企业僵尸化的概率有所增加，且这一问题在淘汰期的企业中最为严重，在衰退期的企业中次之。

（5）当企业处于技术创新起步期时，无论征收部门是否尽职征收，企业始终选择维持原有生产；当企业处于技术创新成长期时，征收部门的策略选择会影响企业的创新行为，即当征收部门不尽职征收时，企业选择维持原有生产，当征收部门尽职征收时,企业选择进行技术创新;当企业处于技术创新成熟期时,无论征收部门是否尽职征收,企业总会主动进行技术创新。在敏感性仿真分析中引入"社保入税"改革(简称"社保入税")和大规模减税降费场景,发现"社保入税"会使处于技术创新起步期和成长期的企业从维持原有生产转变为进行技术创新,大规模减税降费则不会影响企业创新行为的选择。

(6)亏损后转年限延长对企业投资效率具有显著的提升作用,说明放松亏损后转有助于优化资源配置。进一步分析发现,亏损后转年限延长对企业的影响作用仅在战略差异度较大、投资机会较好及成长期企业中显著,说明战略差异度和投资机会是亏损后转年限延长刺激企业投资效率提升的两个重要因素。

(7)增值税税率调整显著提升了企业绩效。机制分析发现,增值税税率调整通过现金流效应和投资扩张效应影响企业绩效,即通过增加企业内部现金流和刺激企业扩大投资两条路径提升了企业绩效。异质性分析结果发现,增值税税率调整对企业绩效的正向影响在增值税税负较大、融资约束较强、议价能力较强和资本密集度较高的企业中更大。此外,基于企业进销项结构差异的研究发现,增值税税率下调仅对销项高税率的企业绩效有正向影响,并显著增加了销项低税率和高中间投入率的企业增值税税负。

(8)亏损后转年限延长政策显著降低了高新技术企业的全要素生产率(total factor productivity,TFP)。亏损后转年限延长政策使高风险高新技术企业过多地增加了持有成本较高的现金资产、使低风险高新技术企业过多地增加了回报周期长且不确定性高的无形资产投资,两种极端行为整体上降低了企业的资源配置效率,从而对极端财务风险企业的全要素生产率产生负向影响。亏损后转年限延长政策主要通过降低高新技术企业的创新效率而对全要素生产率产生负向影响。良好的内部治理、外部监督和自身禀赋可以缓解亏损后转年限延长政策对高新技术企业全要素生产率的负向影响。

(9)"环保费改税"政策(简称"环保费改税")显著提高了税负提标地区重污染企业的全要素生产率,整体上支持了"波特假说";但是税负提标地区重污染企业全要素生产率的提高并非源于"环保费改税"引发的创新补偿效应,而是源于"环保费改税"增加了资源配置效率。上述结果支持了"波特假说"有关环境规制优化了资源配置效率进而提高企业生产率的结论。进一步分析发现,"环保费改税"对税负提标地区重污染企业全要素生产率的提升效应在非国有企业和研发投入大的企业中更显著。

(10)投资者将"社保入税"视为利空消息(市场反应显著为负),并且"社保入税"首次宣告(2018年7月20日)的负面市场反应显著大于第二次宣告(2020年10月30日)的负面市场反应。"社保入税"市场反应的影响因素从规制压力、抗风险能力和财政分权三个维度进行考察。结果显示,劳动密集度高和盈余管理水平高等规制压力较大的企业的负向市场反应更加显著;非国有企业和内部控制质量低等抗风险能力较差的企业的市场反应更加消极;注册地在财政分权度低省区市的企业受"社保入税"降低企业价值的负向市场反应更加明显。

全书在学术思想、学术观点、研究方法等方面的特色和创新体现在以下方面。

(1)从企业层面建立了大规模减税降费专项研究的逻辑层次,突出了大规模减税降费财务效应的系统检验:利用上市企业数据,以减税降费重要政策的颁布和实施为时间节点,系统考察普惠性减税降费和结构性减税各项政策对企业的财务影响,全面、系统地检验大规模减税降费的短期、长期和动态财务效应。

(2)研究层次设计创新。以大规模减税降费的政策目标为立足点,遵循减税降费对"企业税负(增值税税负、企业所得税税负、整体税负和社保缴费负担)→企业财务行为(融资行为、投资行为和研发创新)→企业绩效(盈利能力、生产效率和企业价值)→投资者(市场反应及影响因素)"产生影响的逻辑来安排内容,创建了大规模减税降费对企业的财务效应分析框架,弥补了现有文献因数据的可获得性而仅将研究内容局限于企业降负逻辑和市场反应方面的不足,并从政策制定部门、税收征管机关、地方政府和企业四个层面提出了应对策略。这些对策建议具有针对性和可操作性,可供管理当局参考。

(3)实证检验方法创新。现有文献并未使用主流的政策处理效应识别方法,难以分离出大规模减税降费各项政策本身的财务效应。本书建立了科学识别大规模减税降费财务效应的方法体系:以 DID 为基础,强调其适用前提检验以确保方法的适当性,同时重点引入 PSM、PSM + DID 等新方法分离出各项政策本身的财务效应;在市场反应方面,引入法马-弗伦奇(Fama-French)五因子模型,以弥补部分文献仅使用市场模型的不足。这些方法的综合应用将提升研究结论的可靠性,也是本书具有参考价值的重要方面。

第 2 章　固定资产加速折旧对企业税负的影响

本章探究固定资产加速折旧政策对企业税负的影响。改革开放以来，我国经济高速发展，制造业规模不断增长并成为国民经济的重要支柱。然而，近年来经济增速开始放缓，中国经济进入新常态，经济发展呈现速度变化、结构优化、动力转换的特点。这使得我国制造业的发展进入了瓶颈期，伴随着高端制造业供给不足、传统制造业产能过剩、生产成本上升、自主创新能力欠缺等问题逐渐凸显，我国制造业亟须进行产业结构调整与转型升级（曹越和陈文瑞，2017）。与此同时，全社会固定资产投资增长率逐年下降，从 2012 年的 20.3%下降至 2019 年的 5.4%，固定资产投资占国内生产总值（gross domestic product，GDP）的比例则从 2009 年的 65%上升至 2018 年的 71%[1]。税收制度创新是促进我国产业结构转型的重要途径。基于此，我国就如何切实降低企业税负、增加企业现金流、促进企业健康发展进行了一系列探究。

为了促进企业技术升级与更新改造，提高企业固定资产投资积极性，财政部、国务院就固定资产加速折旧政策的完善与改进出台了一系列文件，具体如下。2014 年 9 月 24 日，李克强总理在国务院第 63 次常务会议上提出完善固定资产加速折旧政策，该提议被审议通过[2]。2014 年 10 月，财政部、国家税务总局为贯彻落实国务院关于完善固定资产加速折旧政策的方案，联合发布了《关于完善固定资产加速折旧企业所得税政策的通知》（财税〔2014〕75 号），规定生物药品制造业，专用设备制造业，铁路、船舶、航空航天和其他运输设备制造业，计算机、通信和其他电子设备制造业，仪器仪表制造业，信息传输、软件和信息技术服务业等 6 个行业的企业 2014 年 1 月 1 日后新购进的固定资产可按照不低于《中华人民共和国企业所得税法实施条例》规定折旧年限的 60%缩短折旧年限，或者采取双倍余额递减法、年数总和法进行加速折旧。2015 年 9 月，财政部、国家税务总局联合发布了《关于进一步完善固定资产加速折旧企业所得税政策的通知》（财税〔2015〕106 号），扩大政策实施范围至轻工、纺织、机械、汽车四个领域重点行业。2019 年进一步扩大到全部制造业行业。

---

[1] 资料来源于《中国统计年鉴》。
[2] 中国政府网. 李克强主持召开国务院常务会议（2014 年 9 月 24 日）[EB/OL]. (2014-09-24)[2024-07-16]. https://www.gov.cn/guowuyuan/2014-09/24/content_2755686.htm.

固定资产加速折旧能够较大程度地激励制造业，尤其是资金较为紧张的制造业企业，为利用该政策的抵税效应而增加对固定资产的投资。一方面，这使得企业自身规模扩大；另一方面，这会在一定程度上缓解企业的现金流紧缺问题。这表明固定资产加速折旧政策有利于降低企业税负、减轻资金压力、扩大投资等。现有研究表明，固定资产加速折旧政策确实发挥了预期效果。例如，促进企业增加对固定资产的投资（House and Shapiro，2008；Zwick and Mahon，2017；刘行等，2019；刘啟仁等，2019；石绍宾等，2020）、增加企业研发投入和产出（李昊洋等，2017；伍红等，2019；王宗军等，2019）、升级企业人力资本结构（刘啟仁和赵灿，2020）、提高企业长期投资活动的积极性（曹越和陈文瑞，2017）、缓解企业融资约束水平（唐恒书等，2018；童锦治等，2020）、提高劳动收入份额（徐丹丹等，2021）、提高劳动投资比（李建强和赵西亮，2021）、促进劳动力就业（肖人瑞等，2021）等，但同时也会导致更多的短贷长投、加剧投融资期限错配、增加企业风险（范文林和胡明生，2020），还会加剧企业产能过剩（孔东民等，2021）、影响企业盈余管理行为（陈秧秧，2016）、提高企业金融化水平（黄贤环和王瑶，2021）。固定资产加速折旧政策允许企业缩短折旧年限（不低于《中华人民共和国企业所得税法实施条例》规定折旧年限的60%）或使用加速折旧方法（双倍余额递减法或者年数总和法）来计提折旧，这相当于让企业增加当期可抵扣金额，进而减少投资初期的应纳税额，实现企业税负的降低。那么，这种税收优惠政策是否能如预期般降低企业税负呢？这一效应的作用过程如何？是否具有可持续性？作用机制如何？厘清上述问题均需深入分析并提供经验证据。

本章聚焦六大行业和四个领域重点行业，从企业税负角度深入分析固定资产加速折旧政策的经济后果。本章以2009~2018年A股上市企业为研究对象，采用DID考察固定资产加速折旧政策是否降低试点企业税负。研究表明，固定资产加速折旧政策显著降低了试点企业税负，且资本支出在其中发挥着中介效应。进一步，本章从企业资本密集度、现金持有水平、外部环境及避税动机视角探究固定资产加速折旧政策对企业税负的异质性影响。研究发现，当资本密集度较高、现金持有水平较低、外部环境较差及避税动机较强时，固定资产加速折旧政策对企业税负的降低效应较大。

与现有文献相比，本章有以下贡献：第一，在选题上，本章从企业税负角度丰富了有关固定资产加速折旧经济后果方面的文献，揭示了固定资产加速折旧政策降低企业税负这一现象，深化了对固定资产加速折旧政策经济后果的认识；本章为税收政策影响企业税负的因果关系提供了直接经验证据，证实税收激励确实影响企业税负，并从资本密集度、现金持有水平、外部环境及避税动机角度补充了我国企业税负成因的文献。第二，在内容上，本章首次厘清了固定资产加速折旧政策对企业税负的影响机理，并从资本支出维度检验了固定资产加速折旧政策降低企业税负的作用机制，这些理论分析和实证检验可以揭示固定资产加速折旧政策对企业税负产生影响的内在逻辑，为监管者完善固定资产加速折旧政策提供参考。

2.1 固定资产加速折旧影响企业税负的理论分析

企业在计算应纳税额时可以扣除为取得收入而发生的相关支出，其中包括成本、费用、税金等支出。根据相关支出产生经济利益的时间长短，企业的支出通常分为收益支出和资本支出。收益支出是指企业为了获得本期收益而发生的支出，如销售费用、管理费用、工资薪金、利息、税金及附加等。收益支出在发生当期可以按照实际发生额从收入总额中一次性扣除，即发生当期可以直接抵减企业的应纳税额，进而减少企业当期的税负。资本支出是指该项支出的受益期限超过一个会计年度，因此不能一次性从收入总额中扣减，而是应先计入对应的资产科目过渡，再通过计提折旧或摊销的方式分期计入相关费用，进而从应纳税额中扣除，减少企业当期的税负。

购买固定资产的支出是资本支出的重要组成部分，企业在购买固定资产时，首先借记"固定资产"科目，并在使用固定资产过程中的各个会计年度通过贷记"累计折旧"科目逐年计提折旧，同时增加相关的费用支出。可见，当年计提折旧越多，企业当年可抵扣的应纳税额越大，企业的税负越低。影响每年固定资产折旧的主要因素为固定资产的折旧年限和折旧方法，本节将针对折旧年限和折旧方法如何影响企业税负进行具体分析。

第一，固定资产折旧年限。《中华人民共和国企业所得税法实施条例》中明确规定了不同类型固定资产的折旧年限，如表 2-1 所示。固定资产产生经济利益的时间越长，其折旧年限会越长，例如，房屋、建筑物的最低折旧年限长达 20 年；固定资产产生经济利益的时间越短或者更新速度越快，其折旧年限就越短，例如，电子设备的最低折旧年限为 3 年。那么折旧年限如何影响企业税负？假设企业购买 100 万元的固定资产，其预计净残值为 0，以直线法计提折旧，故每年计提的折旧额 = 固定资产原值/折旧年限。如表 2-1 所示，在固定资产原值相同的情况下，由于折旧年限不同，每年计提的折旧额有明显差异，房屋、建筑物每年最多计提 5 万元折旧额，每年可减少 1.25 万元应纳税额，而电子设备每年可计提 33.33 万元折旧额，每年可减少 8.33 万元应纳税额。由此可见，在购买固定资产原值和折旧方法相同的情况下，由折旧年限差异所带来的年应纳税额减少值相差很大，这表明折旧年限越长，年应纳税额减少值越小，企业税负越高。

表 2-1 不同类型固定资产的年折旧额及年应纳税额减少值

类型	折旧年限/年	年折旧额/万元	年应纳税额减少值/万元
房屋、建筑物	20	5	1.25
飞机、火车、轮船、机器、机械和其他生产设备	10	10	2.5
与生产经营活动有关的器具、工具、家具等	5	20	5
飞机、火车、轮船以外的运输工具	4	25	6.25
电子设备	3	33.33	8.33

注：年应纳税额减少值=年折旧额×企业所得税税率，表示由折旧的抵税效应导致企业应纳税额的减少，采用的企业所得税税率为25%。

第二，固定资产折旧方法。根据《中华人民共和国企业所得税法实施条例》相关规定，固定资产应按照直线法计提折旧并在税前列支（另有规定除外），企业每年计提折旧额=（固定资产原值-预计净残值）/折旧年限。除常用的直线法外，另有三种加速折旧方法可供使用，分别为双倍余额递减法、年数总和法和缩短年限法。为了对比不同折旧方法对年折旧额的影响，同样假设企业购进一项价值为100万元、预计使用寿命为5年的固定资产，购入时该资产已达到预期可使用状态，预计净残值为0。如表2-2所示，若采用直线法，企业每年计提的折旧额为20（=100/5）万元；若采用双倍余额递减法，第1年计提的折旧额为40[=（100-0）×（2/5）]万元，第2年计提的折旧额为24[=（100-40）×（2/5）]万元，第3年计提的折旧额为14.4[=（100-40-24）×（2/5）]万元，第4年和第5年计提的折旧额为10.8[=（100-40-24-14.4）/2]万元；若采用年数总和法，第1年计提折旧额为33.33[≈（100-0）×（5/15）]万元，第2年计提的折旧额为26.67[≈（100-0）×（4/15）]万元，第3年计提的折旧额为20[=（100-0）×（3/15）]万元，第4年计提的折旧额为13.33[≈（100-0）×（2/15）]万元，第5年计提的折旧额为6.67[≈（100-0）×（1/15）]万元；若采用缩短年限法，假设将5年折旧年限缩短60%，再按照直线法计提折旧，企业每年计提的折旧额为33.33（≈100/3）万元。通过对比上述四种折旧方法发现，在固定资产投资初期，加速折旧方法下每年计提的折旧额均大于直线法下每年计提的折旧额，由此带来更多的年应纳税额减少值。这表明固定资产加速折旧政策能够通过增加企业投资初期的折旧额，即税前可抵扣额，减少企业投资初期的应纳税额，降低企业前期税负。虽然总体来看应纳税额减少值并未发生变化，但当考虑资金的时间价值时，抵税收益分布的时间越早，其现值越大，折旧最终产生的抵税效应现值总额越高。总之，加速折旧方法通过改变抵税效应的时间分布，使得企业应纳税额减少，企业税负降低。

表 2-2 不同折旧方法的折旧额和应纳税额减少值　（单位：万元）

折旧方法	项目	第1年	第2年	第3年	第4年	第5年
直线法	折旧额	20	20	20	20	20
	应纳税额减少值	5	5	5	5	5
双倍余额递减法	折旧额	40	24	14.4	10.8	10.8
	应纳税额减少值	10	6	3.6	2.7	2.7
年数总和法	折旧额	33.33	26.67	20	13.33	6.67
	应纳税额减少值	8.33	6.67	5	3.33	1.67
缩短年限法	折旧额	33.33	33.33	33.33		
	应纳税额减少值	8.33	8.33	8.33		

注：采用的企业所得税税率为25%。

综上所述，缩短折旧年限或采取加速折旧方法均可增加企业税前可抵扣额，进而降低企业税负。

另外，已有研究表明，固定资产加速折旧政策能促进企业增加固定资产投资（House and Shapiro，2008；Zwick and Mahon，2017；刘行等，2019；刘啟仁等，2019；石绍宾等，2020），而资本支出的增加会导致企业税负下降，具体逻辑如下：对于企业，固定资产加速折旧政策近似一笔短期无息贷款（刘行等，2019；刘啟仁等，2019）的投资补贴，可能激励企业自发扩大投资规模。对于融资约束较强的企业，其投资-现金流敏感性较强（沈红波等，2010；Fazzari et al.，1988；曾爱民和魏志华，2013），因此会更加积极地响应固定资产加速折旧政策以享受这笔短期无息贷款。另外，作为政府的调控手段之一，固定资产加速折旧政策也可能增强政府对企业的影响，使企业在地方政府竞争压力下增加投资。固定资产加速折旧政策会吸引企业更多地进行固定资产投资，即企业通过新建或者外购固定资产来参与固定资产加速折旧政策，这直接增加了企业的进项税额抵扣，同时通过计提折旧增加了企业税前可抵扣额，从而降低企业税负。具体而言，用于在建工程或生产线等而购进的工程物资准予抵扣进项税额，且在建工程或生产线转入固定资产后每年计提的折旧可在税前列支，将降低企业税负；企业购进的固定资产在后期计算折旧额时可以采用缩短年限法等加速折旧方法，增加每年的税前可抵扣额，从而降低企业税负。总而言之，企业可以通过增加资本支出降低企业税负。据此，本章提出如下假设。

假设2.1：限定其他条件，固定资产加速折旧政策会降低企业税负。

2.2 固定资产加速折旧影响企业税负的研究设计

2.2.1 模型构建与变量定义

本章设定以下实证模型：

$$\text{TaxBurden} = \beta_0 + \beta_1 \text{Treat} \times \text{Post} + \beta_2 \text{Treat} + \beta_3 \text{Post} + \text{ConVar} + \sum \text{Industry} + \sum \text{Year} + \varepsilon \quad (2.1)$$

模型中各变量定义如下。

1. 企业税负

模型中的被解释变量 TaxBurden 表示企业税负，借鉴吴联生（2009）的做法，企业税负=（所得税费用-递延所得税费用）/（税前会计利润-递延所得税费用/名义所得税税率）。鉴于企业所得税在我国税收中占主导地位，且受固定资产加速折旧政策影响较为直接，参照 Bradshaw 等（2019）的做法，本章定义的企业所得税税负公式如下：企业所得税税负=企业现金支付的所得税/营业收入。

2. 固定资产加速折旧政策

模型中 Treat 表示是否为固定资产加速折旧政策试点企业，Post 表示是否为政策实施以后的时间，Treat 和 Post 分别为分组虚拟变量和时间虚拟变量。Treat=1 表示处理组，两次固定资产加速折旧政策所涉及行业的上市企业取 Treat=1（孔东民等，2021），否则取 Treat=0。两次固定资产加速折旧政策所涉及的行业在政策推行之后的年份取 Post=1，否则取 Post=0。需要指出的是，2014 年政策所涉及的行业在 2014 年及以后取 Post=1，否则取 Post=0。若 $\beta_1<0$，则验证了假设 2.1；反之，若 $\beta_1>0$，则假设 2.1 不成立。

3. 控制变量

参照 Zimmerman（1983）、Chen 等（2010a）、吴联生（2009）、刘骏和刘峰（2014）、曹越等（2017a）的做法，本章控制了可能影响企业税负的如下变量：第一，财务层面的控制变量，包括企业规模（Size）、资产负债率（Lev）、无形资产密度（Intia）、投资收益率（Equic）、资本密集度（Ppe）、企业成长能力（Growth）、现金持有水平（Cash）、净资产收益率（return on equity，ROE）；第二，治理层面的控制变量，涉及第一大股东持股比例（Top1）、董事会规模

（Board）。除此之外，本章还引入了行业、年度虚拟变量来控制行业固定效应（Industry FE）与年度固定效应（Year FE）。

2.2.2 样本选择与数据来源

本章的研究样本为2009~2018年中国A股上市企业，财务数据来源于中国经济金融研究（China Stock Market & Accounting Research，CSMAR）数据库，名义税率来源于万得（WIND）数据库，2014年和2015年两次固定资产加速折旧政策所涉及行业信息来源于国家税务总局相关政策文件。在初始样本的基础上，本章执行如下筛选程序：①剔除金融类上市企业样本，这是因为金融业及其会计准则具有特殊性；②剔除特别处理（special treatment，包括ST和*ST，*代表企业具有退市风险）的企业样本，这是因为这类企业财务特征异常，可能对结果产生不利影响；③剔除资产负债率大于1的企业样本，这是因为资不抵债的企业更可能发生异常财务行为；④剔除关键变量数据缺失的企业样本。最终得到16909个企业-年度数据观测值。上述筛选程序与现有文献（Zimmerman，1983；Chen et al.，2010a；吴联生，2009；刘骏和刘峰，2014；曹越等，2017a；孔东民等，2021）保持一致。为了尽量消除极端值的影响，本章对所有变量在上下1%的水平进行缩尾处理，并对回归结果在企业层面聚类标准误。

2.3 实证结果与分析

2.3.1 描述性统计

表2-3列示了主要变量的描述性统计结果。TaxBurden的平均值为0.1490，但是最小值与最大值分别达到−0.3370和0.6477，表明不同企业之间税负存在较大的差异。此外，Treat的平均值为0.6068，中位数为1，反映本章的样本总有60.68%的企业为处理组，即受到固定资产加速折旧政策影响的企业占比较大。其他变量与现有文献基本一致，因此不再赘述。

表2-3 主要变量的描述性统计

变量符号	样本量	平均值	标准差	最小值	中位数	最大值
TaxBurden	16909	0.1490	0.1223	−0.3370	0.1476	0.6477
Treat	16909	0.6068	0.4885	0	1	1
Post	16909	0.4313	0.4953	0	0	1

续表

变量符号	样本量	平均值	标准差	最小值	中位数	最大值
Size	16909	22.1784	1.3226	19.6662	21.9927	26.2058
Lev	16909	0.4454	0.2124	0.0505	0.4425	0.9269
Intia	16909	0.0474	0.0526	0	0.0340	0.3338
Equic	16909	0.0075	0.0162	−0.0078	0.0014	0.0987
Ppe	16909	0.2215	0.1661	0.0021	0.1867	0.7114
Top1	16909	35.5115	15.0141	9.0900	33.7100	74.9800
ROE	16909	0.0713	0.1047	−0.4878	0.0718	0.3554
Growth	16909	1.2090	0.4849	0.4863	1.1220	4.3029
Board	16909	2.2628	0.1771	1.7918	2.3026	2.7726
Cash	16909	0.0441	0.0709	−0.1651	0.0429	0.2408

2.3.2 相关性分析

表 2-4 列示了各变量的斯皮尔曼（Spearman）和皮尔逊（Pearson）相关系数。结果显示，TaxBurden 与 Treat 的相关系数显著为负，同时，TaxBurden 与 Post 的相关系数也显著为负，表明在未控制其他因素影响的条件下，试点企业的税负比非试点企业更低。TaxBurden 与大多数控制变量的相关系数显著，表明本章控制变量的选取较为合适；各控制变量之间的相关系数均小于 0.50，表明本章的模型不存在严重的多重共线性问题。

2.3.3 主回归结果

表 2-5 列示了模型（2.1）的回归结果：列（1）仅加入解释变量，采用普通最小二乘（ordinary least square，OLS）法回归，结果显示，Treat×Post 的回归系数显著为负，说明固定资产加速折旧政策对试点企业的税负具有显著的降低效应；列（2）加入所有控制变量，仍采用 OLS 法回归，结果显示，Treat×Post 的回归系数依然显著为负；列（3）改用固定效应（fixed effect，FE）模型，结果显示，Treat×Post 的回归系数仍然显著为负；列（4）将被解释变量改成企业所得税税负，Treat×Post 的回归系数不显著，表明固定资产加速折旧政策对企业所得税税负的影响不显著。从回归结果的经济意义来看，列（3）中 Treat×Post 的回归系数为−0.0075，说明与非试点企业相比，固定资产加速折旧政策的实施使得试点企业税负降低 0.0075 个单位，这相当于企业税负平均值的 5.03%（=0.0075/0.1490），具有显著的经济效果。上述结果支持了假设 2.1。

表 2-4 主要变量的相关系数

变量	TaxBurden	Treat	Post	Size	Lev	Intia	Equic	Ppe	Top1	ROE	Growth	Board	Cash
TaxBurden	1	-0.1919***	-0.0198**	0.0732***	-0.0890***	-0.0511***	-0.0214***	-0.1719***	0.1083***	0.1853***	0.0497***	0.0002	0.0885***
Treat	-0.1313***	1	0.0727***	-0.2818***	-0.3239***	0.1328***	-0.0761***	0.0271***	-0.1405***	-0.0292***	0.0325***	-0.0893***	0.0074
Post	-0.0113*	0.0727***	1	0.2236***	-0.0537***	0.0315***	0.1185***	-0.1109***	-0.0888***	-0.0642***	0.0092	-0.1094***	0.0090
Size	0.0535***	-0.2922***	0.2102***	1	0.4993***	-0.0733***	0.1827***	-0.0046	0.1897***	0.1330***	0.0385***	0.2268***	0.0284***
Lev	-0.0724***	-0.3250***	-0.0537***	0.4828***	1	-0.1018***	0.0052	0.0417***	0.0814***	-0.0234***	-0.0092	0.1396***	-0.1405***
Intia	0.0024	-0.0419***	0.0018	-0.0077	-0.0168**	1	-0.0544***	0.2924***	-0.0197***	-0.0755***	-0.0230***	0.0262***	0.1192***
Equic	-0.0489***	-0.0516***	0.0295***	0.0368***	-0.0238***	-0.0449***	1	-0.1042***	0.0017	0.1022***	-0.0748***	0.0332***	-0.0002
Ppe	-0.1179***	-0.0598***	-0.1134***	0.0639***	0.0926***	0.0941***	-0.1084***	1	0.0607***	-0.1472***	-0.1180***	0.1553***	0.2742***
Top1	0.0750***	-0.1552***	-0.0921***	0.2322***	0.0822***	-0.0376***	-0.0382***	0.0731***	1	0.1201***	-0.0234***	0.0096	0.0720***
ROE	0.2195***	-0.0122	-0.0580***	0.1063***	-0.0928***	0.0088	0.1070***	-0.1224***	0.1066***	1	0.3143***	0.0528***	0.3314***
Growth	0.0543***	-0.0195**	0.0174**	0.0340***	0.0379***	-0.0068	-0.0600***	-0.0971***	0.0063	0.1884***	1	-0.0183**	0.0325***
Board	0.0036	-0.1016***	-0.1035***	0.2509***	0.1420***	0.0364***	0.0068	0.1743***	0.0236***	0.0406***	-0.0304***	1	0.0562***
Cash	0.0593***	0.0218***	0.0113	0.0254***	-0.1522***	0.1022***	-0.0628***	0.2521***	0.0674***	0.2736***	0.0034	0.0514***	1

*相关系数在10%水平上显著，余同。
**相关系数在5%水平上显著，余同。
***相关系数在1%水平上显著，余同。
右上角为Spearman相关系数，左下角为Pearson相关系数。

表 2-5 主回归结果

项目	（1）OLS	（2）OLS	（3）FE	（4）FE
Treat×Post	−0.0085*	−0.0075*	−0.0075*	0.0008
	(−1.9190)	(−1.7843)	(−1.6713)	(−0.9780)
Treat	−0.0293***	−0.0032	−0.0109	−0.0077**
	(−7.9637)	(−0.6171)	(−0.7584)	(−2.1744)
Post	0.0048	0.0008	0.0008	−0.0019**
	(1.3188)	(0.1193)	(0.1273)	(−2.0477)
Size		0.0044***	0.0034	0.0015**
		(3.2001)	(0.9317)	(2.2510)
Lev		−0.0885***	−0.0988***	−0.0264***
		(−10.8979)	(−7.9609)	(−11.2347)
Intia		0.0410	−0.0147	−0.0117
		(1.5765)	(−0.3116)	(−1.4827)
Equic		−0.7516***	−0.5702***	0.0591***
		(−8.6740)	(−5.7602)	(3.2667)
Ppe		−0.0500***	−0.0433**	−0.0109***
		(−5.1670)	(−2.4512)	(−4.2880)
Top1		0.0002***	0.0006***	0.0001***
		(2.7733)	(2.6792)	(3.0418)
ROE		0.2098***	0.2061***	0.0239***
		(17.2910)	(13.9834)	(8.6596)
Growth		0.0011	0.0059**	−0.0046***
		(0.4758)	(2.4118)	(−8.8536)
Board		0.0017	0.0019	0.0003
		(0.2295)	(0.1621)	(0.1195)
Cash		0.0113	−0.0097	−0.0007
		(0.7016)	(−0.5574)	(−0.1906)
Year FE/Industry FE	否	是	是	是
R^2	0.0175	0.1338	0.0559	0.0893
N	16909	16909	16909	16909
F	40.6388	39.3231	12.1759	13.4631

注：R^2 指拟合系数；括号内为 t 值；标准误在企业层面进行聚类调整；N 指样本量；F 指 F 统计量。

2.3.4 拓展性分析

2.3.3 节的实证分析验证了固定资产加速折旧政策会降低企业税负,本节将进一步探寻其作用机制。2.1 节提到了固定资产加速折旧政策会提高企业的资本支出,进而降低企业税负。因此,本节尝试从资本支出渠道来检验固定资产加速折旧政策和企业税负的关系,从而揭示固定资产加速折旧政策降低企业税负的作用路径。

借鉴温忠麟等(2004)和 Gu 等(2008)的做法,本节在模型(2.1)的基础上建立如下递归模型来验证中介效应。借鉴陈文瑞等(2021)的做法,采用构建固定资产、无形资产及其他长期资产的净支出/总资产来衡量资本支出。另外,本节还控制了企业规模(Size)、资产负债率(Lev)、企业成长能力(Growth)、现金持有水平(Cash)、净资产收益率(ROE)、账面市值比(book-to-market,BM)和产权性质(Soe)等可能影响资本支出的变量,并引入年度、行业虚拟变量。

$$Capx = \theta_0 + \theta_1 Treat_{i,t} + \theta_2 Post_{i,t} + \theta_3 Treat_{i,t} \times Post_{i,t} + Controls_{i,t} \\ + \sum Industry + \sum Year + \varepsilon \quad (2.2)$$

$$TaxBurden = \rho_0 + \rho_1 Treat_{i,t} + \rho_2 Post_{i,t} + \rho_3 Treat_{i,t} \times Post_{i,t} + \rho_4 Capx_{i,t} \\ + Controls_{i,t} + \sum Industry + \sum Year + \varepsilon \quad (2.3)$$

检验步骤如下:首先估计模型(2.1),若 β_1 显著为负,则固定资产加速折旧政策降低了企业税负;其次估计模型(2.2)和模型(2.3),若 θ_3 显著为正,而 ρ_4 显著为负,则固定资产加速折旧政策通过提高企业的资本支出降低企业税负。表 2-6 列示了中介效应的检验结果:列(1)结果显示,Treat×Post 的回归系数 θ_3 为 0.0066,在 1%水平上显著,说明固定资产加速折旧政策提高了企业的资本支出,这与已有的研究结论一致;列(2)结果显示,Treat×Post 的回归系数 ρ_3 不显著,Capx 的回归系数 ρ_4 为–0.0630,且在 5%水平上显著,表明资本支出发挥了完全中介作用,即固定资产加速折旧政策通过提高企业的资本支出进而降低企业税负。

表 2-6 中介检验:资本支出

项目	(1)	(2)
	Capx	TaxBurden
Treat×Post	0.0066***	–0.0050
	(3.8239)	(–1.0811)
Treat	0.0057	–0.0116
	(0.8985)	(–0.7589)

续表

项目	(1) Capx	(2) TaxBurden
Post	−0.0070***	−0.0013
	(−3.2669)	(−0.2050)
Capx		−0.0630**
		(−2.3477)
Controls	是	是
Year FE/Industry FE	是	是
R^2	0.1060	0.0477
N	15133	15133
F	22.1769	9.2895

2.3.5 异质性分析

2.3.4 节从资本支出增加的角度分析和检验了固定资产加速折旧政策对企业税负的影响。那么，固定资产加速折旧政策对企业税负的影响是否存在异质性呢？本节将从产权性质、资本密集度、现金持有水平、外部环境及避税动机等角度深入分析其对固定资产加速折旧政策和企业税负关系的影响。

1. 产权性质

我国不同产权性质企业缴税的任务、动机及避税的强度均存在明显差异。首先，非国有企业面临着严重的融资歧视（毛新述和周小伟，2015），有更大的动机通过避税获得更多的资金支撑企业运营。其次，国有企业承担了税收、就业等政策性负担，往往可以获得更多的税收优惠和税收返还（Claessens et al.，2008），其避税动机小于非国有企业（Bradshaw et al.，2019）。最后，固定资产加速折旧政策对试点行业非国有企业的激励效应更加明显（刘行等，2019），从而可能影响企业税负。综上所述，本节预期固定资产加速折旧政策对不同产权性质企业的税负影响存在区别：相比国有企业，固定资产加速折旧政策对企业税负的降低效应在非国有企业中更为明显。

为了检验不同产权性质对主效应的影响，本节根据企业的产权性质进行分组回归，回归结果如表 2-7 所示。结果显示，固定资产加速折旧政策对不同产权性质的企业税负的影响不存在异质性。

表 2-7 异质性分析：产权性质

项目	(1) 国有企业	(2) 非国有企业
Treat×Post	−0.0061	−0.0036
	(−0.8174)	(−0.5525)
Treat	−0.0020	−0.0236
	(−0.1034)	(−1.0398)
Post	−0.0154	0.0045
	(−1.2871)	(0.5376)
Controls	是	是
Year FE/Industry FE	是	是
R^2	0.0586	0.0643
N	6681	10228

2. 资本密集度

固定资产加速折旧政策通过影响企业的资本支出进而影响企业税负。企业的资本密集度不同，对固定资产加速折旧政策的响应程度不同。资本密集型企业在生产过程中对机械设备的使用度较高，劳动力投入占比较少（黄先海等，2018）。因此，对于资本密集型企业，固定资产折旧额在产品成本中的占比很高。为了降低单位产品成本、获取持续竞争优势，这类企业更可能采取多种举措减少固定资产折旧额（董屹宇和郭泽光，2021）。固定资产加速折旧政策正好满足了企业减少折旧额这一需求。综上所述，本节预期固定资产加速折旧政策对不同资本密集度企业的税负影响存在差异：对于资本密集度更高的企业，固定资产加速折旧政策对企业税负的降低效应更为明显。

为了检验不同资本密集度对主效应的影响，本节设置如下虚拟变量：固定资产占总资产比例，借鉴董屹宇和郭泽光（2021）的做法，固定资产占总资产比例高于中位数的企业取值为1，否则取值为0。回归结果如表2-8所示。结果显示，在资本密集型企业中，Treat×Post 的回归系数为−0.0150，在5%水平上显著；在非资本密集型企业中，Treat×Post 的回归系数为0.0026，并不显著。这表明固定资产加速折旧政策对企业税负的影响在资本密集度高的企业中更加显著，验证了本节预期。

表 2-8 异质性分析：资本密集度

项目	(1) 资本密集型企业	(2) 非资本密集型企业
Treat×Post	−0.0150**	0.0026
	(−2.3534)	(0.3532)

续表

项目	(1) 资本密集型企业	(2) 非资本密集型企业
Treat	0.0013	−0.0472
	(0.0716)	(−1.3902)
Post	−0.0062	−0.0001
	(−0.6440)	(−0.0095)
Controls	是	是
Year FE/Industry FE	是	是
R^2	0.0555	0.0601
N	8413	8496

3. 现金持有水平

固定资产加速折旧政策近似一笔短期无息贷款,可以缓解企业资金短缺的困境。因此,当企业的现金比较充足时,利用固定资产加速折旧政策的动机便小。现金持有水平较高的企业对短期无息贷款的需求不如现金持有水平低的企业强烈,从而响应固定资产加速折旧政策的程度也不同。本节预期,对于现金持有水平较低的企业,固定资产加速折旧政策对企业税负的降低效应更加明显。

为了检验不同现金持有水平对主效应的影响,本节设置如下虚拟变量:现金持有水平(现金持有水平 = 货币资金/总资产),现金持有水平高于中位数的企业取值为1,否则取值为0。回归结果如表2-9所示。结果显示,对于现金不充足企业,Treat×Post的回归系数为−0.0140,在5%水平上显著,而对于现金充足企业,Treat×Post 的回归系数不显著,验证了本节预期。上述结果说明,企业的现金持有水平越低,固定资产加速折旧政策对企业税负的降低效应越明显。

表 2-9 异质性分析:现金持有水平

项目	(1) 现金充足企业	(2) 现金不充足企业
Treat×Post	−0.0066	−0.0140**
	(−0.9651)	(−2.0551)
Treat	0	−0.0101
	0.0015	(−0.4662)
Post	0.0018	0.0028
	(0.1888)	(0.2721)

续表

项目	（1）	（2）
	现金充足企业	现金不充足企业
Controls	是	是
Year FE/Industry FE	是	是
R^2	0.0401	0.0702
N	8413	8496

4. 外部环境

独立董事作为重要的企业内部治理机制，一方面可以监督管理层是否勤勉履行工作职责，另一方面可以防范大股东侵害中小股东的权益。税收制度的执行内嵌于相应的外部环境。因此，外部环境的差异可能影响固定资产加速折旧政策和企业税负之间的关系。一方面，外部环境较好的企业面临的诉讼风险、声誉成本及惩罚可信度更高，税务部门对其避税行为的容忍度更低，企业避税被发现，面临处罚的风险更高；另一方面，在外部环境较好的地区，更强的外部监督增加了企业税收规避的成本与风险，抑制了其从事激进避税活动的动机。因此，外部环境可能削弱固定资产加速折旧政策与企业税负之间的关系。

为了检验不同外部环境对主效应的影响，本节设置如下虚拟变量：独立董事占比，借鉴姜付秀等（2017）的做法，独立董事占比高于中位数的企业取值为1，即独立董事占比较高的企业、外部环境较好的企业；否则取值为0，即独立董事占比较少的企业、外部环境较差的企业。回归结果如表2-10所示。结果显示，在外部环境较差企业中，Treat×Post的回归系数为−0.0141，且在5%水平上显著；而在外部环境较好企业中，Treat×Post的回归系数为−0.0070，并不显著。上述结果表明，固定资产加速折旧政策对企业税负的影响在外部环境较差企业中更加显著，验证了本节预期。

表2-10 异质性分析：外部环境

项目	（1）	（2）
	外部环境较好企业	外部环境较差企业
Treat×Post	−0.0070	−0.0141**
	(−0.9717)	(−2.3981)
Treat	−0.0108	−0.0112
	(−0.5757)	(−0.5288)
Post	0.0034	0.0074
	(0.3290)	(0.8833)

续表

项目	（1） 外部环境较好企业	（2） 外部环境较差企业
Controls	是	是
Year FE/Industry FE	是	是
R^2	0.0487	0.0684
N	7602	9307

5. 避税动机

避税动机是影响企业避税行为的直接因素，不同的避税动机可能影响固定资产加速折旧政策与企业税负之间的关系。避税动机越强，企业越可能积极响应固定资产加速折旧政策。名义税率与实际税率是避税动机差异的重要来源。一方面，名义税率越高，避税动机越强，其避税行为也越激进（Fisman and Wei，2004）；另一方面，当企业的实际税率过高时，税收成本占企业总成本的比例更大（Weisbach，2002），企业有更强烈的动机从事避税活动，以降低税收成本。因此，本节预期，固定资产加速折旧政策对高税率企业税负的降低效应更明显。

本节按照企业所适用的法定税率高低分组，若企业法定税率高于总体税率的中位数，则为高名义税率组，反之则为低名义税率组。回归结果如表2-11所示，结果显示，高名义税率组Treat×Post的回归系数为−0.0282，且在1%水平上显著；低名义税率组Treat×Post的回归系数为−0.0053，不显著。这说明固定资产加速折旧政策对企业税负的降低效应随企业名义税率的提高而增大。上述结果说明，避税动机越强，固定资产加速折旧政策对企业税负的降低效应越明显。

表2-11 异质性分析：避税动机

项目	（1） 高名义税率组	（2） 低名义税率组
Treat×Post	−0.0282***	−0.0053
	(−2.6117)	(−1.0650)
Treat	−0.0153	0.0028
	(−0.6054)	(0.1051)
Post	−0.0019	0.0016
	(−0.0910)	(0.2362)
Controls	是	是
Year FE/Industry FE	是	是
R^2	0.0717	0.0528
N	2868	14041

第 3 章　研发费用加计扣除比例提高对企业所得税税负的影响

本章讨论研发费用加计扣除比例提高对企业所得税税负的影响。研发费用加计扣除政策是降低企业税负、促进企业加大研发投入、提高自主创新能力、推动企业高质量发展的重要结构性政策工具。自 1996 年起，我国开始在国有、集体工业企业中试行研发费用加计扣除 50%。2006 年，我国将该政策全面推广至各类企业。2008 年，研发费用加计扣除税收优惠被写入《中华人民共和国企业所得税法》和《中华人民共和国企业所得税法实施条例》中。2015 年，财政部、国家税务总局和科技部出台了更为全面的研发费用加计扣除政策，国税发〔2008〕116 号同年废止。为了进一步激励企业加大研发投入，支持科技创新，自 2017 年起，科技型中小企业的研发费用加计扣除比例提高至 75%。2018 年，这一政策的覆盖面由科技型中小企业扩大至所有企业，实施期限至 2020 年 12 月 31 日。2021 年，为进一步降低制造业企业税负，财政部将制造业企业研发费用加计扣除比例提高至 100%。

目前针对研发费用加计扣除的研究文献集中在：①影响研发费用加计扣除的因素，如税收征管（李艳艳，2018），政府财政补助和研发费用加计扣除对企业创新产出的激励效应，以及创新迎合倾向对这两类政策的约束机制（孙自愿等，2021）。②研发费用加计扣除政策的经济后果。第一，对不同企业研发投入的影响，如高新技术企业（甘小武和曹国庆，2020）、制造业企业（顾国蓉，2021）、新能源行业中的创业企业（彭华涛和吴瑶，2021）、民营企业（罗浩泉，2021）、战略性新兴产业（王登礼等，2018）和中小企业（张艺轩，2020）；第二，对企业创新产出（布义爽，2021）和研发投入（丁盈盈，2021）的影响，以及基于不同视角的研究，如在增量概念评估框架下对企业投入增量和产出增量的影响（王彤，2021），对企业研发投入的异质性效应研究（梁富山，2021），对企业创新产出与创新效率的实证检验（贺康等，2020），基于"投入-产出-收益"创新链全视角对企业的研发投入规模与强度、研发产出规模及收益规模与强度的影响（冯泽等，2019），基于研发费用归集类别分析研发费用加计扣除对企业研发创新的影响（刘茳，2021），基于融资约束视角研究其是否影响研发费用加计扣除政策对企业研发投入的促进作用（马灿，2021）；第三，对企业生存发展的影响，如对企业全要素生产率（柳雅君，2021）、企业绩效（杜悦琳，2021）、真实盈余管理行为（贺亚楠等，2021）、企业长期价值和短期研发操纵等机会主义行为（粟立钟等，2022）、企业杠杆率（袁业虎和沈立锦，2020）和企业股价（杨令仪和杨默如，2019）的影响研究。

现有文献集中研究研发费用加计扣除政策对企业应对行为和财务效应的逻辑均基于研发费用加计扣除政策能够降低企业税负，从而增加企业留存现金流，减轻企业研发活动资金压力，对企业的发展起到激励和推动作用，如增加研发费用。

然而，鲜有文献评估研发费用加计扣除政策对企业税负的实际作用效果。那么研发费用加计扣除政策是否切实降低了企业税负？首先，在经济下滑、财政压力加大、"严征管"和税收任务未相应减少、研发费用加计扣除政策执行困难导致企业参与热情不高的现实面前，地方税务部门可能通过不当行为（如收取"过头税"、收紧税收优惠条件等）增加企业税负，从而减损政策落地效果。其次，近些年我国政府尤其重视创新，政策出台更新较快，税务部门往往会更加严格地审批企业是否满足享受税收优惠政策的资格。虽然研发费用加计扣除政策旨在促进企业进行研发活动，但是对企业而言，随着制度环境不断改善，企业很可能使用研发费用作为操纵的手段。一则，企业通过虚增研发费用来进行真实盈余管理，隐蔽性较强，难以被监管部门发现（贺亚楠等，2021）；二则，企业管理人员为了平滑利润，以此获得较好的税收优惠（粟立钟等，2022），进行研发费用操纵，实现避税。因此，税务部门往往会更加严格地审批企业是否满足享受税收优惠政策的资格，从而增加了企业享受税收优惠政策的难度，减税效应可能不如理论预期。

本章利用财税〔2018〕99号检验研发费用加计扣除政策对企业有效税率（effective tax rate，ETR）的影响，并从外部环境（地区环境、法律环境）及企业特征（产权性质、企业规模）等维度予以细化。研究结果表明，①研发费用加计扣除政策降低了企业ETR，说明该政策有助于降低企业税负；②东部地区企业的ETR在研发费用加计扣除政策实施后显著下降，而东北、中部和西部企业受政策影响不明显；③研发费用加计扣除政策的减税效应在法律环境较好的地区更明显；④研发费用加计扣除政策对非国有企业及大规模企业ETR的降低效应更明显，而对国有企业ETR的影响并不显著。

3.1 研发费用加计扣除比例提高影响企业所得税税负的理论分析

企业所得税是对我国境内的企业和其他取得收入的组织就其生产经营所

得、其他所得和清算所得征收的一种税。《中华人民共和国企业所得税法》规定，收入减去各项扣除项目之后的应纳税额即征税对象。因此，《中华人民共和国企业所得税法》允许扣除的金额会直接影响企业实际承担的税负。

一方面，从会计实务角度而言，研发费用加计扣除比例提高，税前扣除增加，企业所得税税负下降。财税〔2018〕99号将所有企业的研发费用加计扣除比例提高至75%，这意味着企业的扣除项目金额大幅增加，应纳税额降低，从而降低企业所得税税负。根据《国家税务总局关于研发费用税前加计扣除归集范围有关问题的公告》，假设允许企业扣除的研发费用为100万元，那么可扣除的研发费用金额为175（=100+100×75%）万元，可减少43.75（=175×25%）万元的应纳税额。相较于以往政策50%的研发费用加计扣除比例，研发费用加计扣除比例提升至75%，每增加100万元研发费用可以使应纳税额减少12.5［=100×（75%–25%）×25%］万元。简而言之，即使企业不增加研发费用，研发费用加计扣除比例提高也会增加税前扣除，从而降低企业所得税税负。

另一方面，从政策效应角度而言，提高研发费用加计扣除比例可直接刺激企业增加研发费用，进一步增加税前扣除，从而降低税负。首先，政策利用企业的避税动机来引导企业加大研发投入，强化政策的减税效应。《中华人民共和国企业所得税法》允许的扣除项目分为两类：一类是企业实际发生的《中华人民共和国企业所得税法》允许扣除的项目，如生产经营成本、期间费用、损失等；另一类是税收优惠，如加计扣除税收优惠、加速折旧税收优惠等，体现政策的引导作用。例如，研发费用加计扣除政策允许企业在按规定据实扣除的基础上，按照实际发生额的75%在税前加计扣除，这便能够引导企业增加研发费用。其次，对于有意愿增加研发费用但囿于融资约束的企业而言，该政策通过降低税负，使得企业留存更多现金流，增加了企业的内部积累（贺康等，2020），间接缓解了资金不足对研发行为的约束（孙自愿等，2021）。最后，研发费用加计扣除政策有助于降低税后生产要素成本，降低研发活动成本（吴秋生和李官辉，2022），减轻企业研发活动的实际负担，使得更多小规模企业能够承受研发费用。

此外，近年来，我国推行了一系列简政放权措施，有利于研发费用加计扣除政策的落实。《关于完善研究开发费用税前加计扣除政策的通知》（财税〔2015〕119号）将针对研发费用的审核改为事后备案管理，简化了征管程序，使企业能够更便捷、更直接地享受研发费用加计扣除政策（李艳艳，2018）。"放管服"纳税服务简化了纳税人设立、迁移和注销手续，精简了涉税资料，降低了纳税人遵从成本（葛玉御，2017）。金税三期建立了全国统一的税收平台，能够精确推测出每家微观样本企业的实际税负，为进一步构建公平和规范的税负环境及落实减税降费政策提供了强大支持（李艳等，2020）。

然而，在现实中，由于企业经常出于各种目的操纵研发费用，税务部门会加大对企业研发费用的稽查和审核力度，从而增加企业享受税收优惠政策的难度，减税效应可能不如理论预期。近些年，我国政府非常重视创新，政策出台更新较快。虽然研发费用加计扣除政策旨在促进企业进行研发活动，但是随着制度环境不断改善，企业很可能使用研发费用作为操纵的手段。一方面，研发活动具有风险高、周期长、收益不确定的特点，通过虚增研发费用来进行真实盈余管理，隐蔽性较强，难以被监管部门发现（贺亚楠等，2021）。政策频繁变动可能使企业难以紧跟政策更新的步伐，由于知识溢出效应的存在，即使企业对研发活动的需求不高，出于对政策的支持，也可能虚增研发费用。另一方面，研发费用加计扣除政策的实施可以降低研发活动成本，根据契约理论和信息不对称理论，由于存在"沟通阻滞"，企业管理人员为了平滑利润、避免利润下降，可能在研发活动中采用不透明的交易行为，增加研发费用，以此获得较好的税收优惠，即利用研发费用操纵来实现自身利益最大化（粟立钟等，2022）。现有研究表明，税率变动会引发企业的盈余管理行为，也有研究表明，会计利润与应税所得差额越大，企业盈余管理水平越高。在研发费用加计扣除政策下，企业进行研发费用操纵有利于其实现避税。企业的操纵行为使得税务部门更加严格地审批企业是否满足享受税收优惠政策的资格。为了有效减少研发费用加计扣除政策的滥用和税收收入的流失，税务部门会要求企业在年终汇算清缴时提供与研发相关的翔实证明材料。部分企业难以对研发费用进行准确和全面的归集，导致其不符合享受研发费用加计扣除政策的条件（王再进和方衍，2013）。这在一定程度上制约了研发费用加计扣除政策效应的发挥，使得政策效应相对有限，减税效应可能不如理论预期。

经济下行使得财政压力加大，而税收任务并未相应减少，很多地方"严征管"问题仍然突出，地方税务部门可能通过不当行为（如收取"过头税"、收紧税收优惠条件等）增加企业税负，从而减损政策落地效果。此外，基层税务部门可能存在"懒政""偏袒""干预"等现象，执行力度较小，地方政府可能干预企业获得税收优惠政策的资格和流程（樊勇和李昊楠，2020），在税费征缴任务不减及地方财政可持续性面临挑战（王乔和黄瑶妮，2019）的实际情景下，地方政府的重视程度和政策执行力度可能有所欠缺。同时，部分纳税人对税收优惠政策缺乏了解，加之申请流程复杂、耗时较长，最终放弃享受税收优惠政策的资格（樊勇和李昊楠，2020）。

综上所述，研发费用加计扣除比例提高对企业所得税税负的影响具有不确定性，故本章提出以下假设。

假设3.1：限定其他条件，研发费用加计扣除比例提高对企业所得税税负无显著影响。

3.2 研发费用加计扣除比例提高影响企业所得税税负的研究设计

3.2.1 样本选择与数据来源

本章采用 2015~2020 年沪深 A 股上市企业为初始数据，并执行以下数据筛选程序：①剔除金融业企业样本；②剔除 ST、特别转让（particular transfer，PT）的企业样本及数据缺失样本；③剔除负面清单六大行业，这是因为研发费用加计扣除政策不会对负面清单六大行业产生影响[①]；④剔除 ETR＜0 和 ETR＞1 的观察值，这是为了防止 ETR 的异常值对结论产生影响。本章样本筛选过程与现有文献（刘行和叶康涛，2014）保持一致，最终得到 8072 个观测值。本章数据均来源于 CSMAR 数据库。为了消除极端值的影响，本章对连续变量在 1%~99% 分位进行缩尾处理。

3.2.2 变量定义与度量

1. 被解释变量

衡量企业所得税税负的指标是 ETR。鉴于现行所得税会计核算采纳资产负债表债务法，ETR 是最适合度量我国企业所得税税负的指标，ETR =（所得税费用-递延所得税费用）/（税前利润-递延所得税费用/所得税税率）（曹越等，2017b）。

2. 解释变量

财税〔2018〕99 号规定将原适用于科技型中小企业的研发费用加计扣除比例 75% 适用于所有企业，负面清单内企业除外。因此，该政策影响的是 2018 年之前的非高新技术企业。本章定义 Treat，如果企业在 2018 年之前不属于高新技术企业，则取 Treat = 1，否则取 Treat = 0。此外，由于该政策于 2018 年实施，本章定义 After，在 2018 年后（含 2018 年）的年份取 After = 1，否则取 After = 0。

3. 控制变量

借鉴曹越等（2017b）、刘行和叶康涛（2014）的做法，本章设置如下控制变量，同时控制了年度固定效应和行业固定效应。变量定义具体见表 3-1。

---

① 负面清单六大行业为烟草制造业、住宿和餐饮业、批发和零售业、房地产业、租赁和商务服务业、娱乐业。

表 3-1 变量定义

变量类别	变量符号	变量名称	变量定义
被解释变量	ETR	企业 ETR	（所得税费用-递延所得税费用）/（税前利润-递延所得税费用/所得税税率）
解释变量	Treat×After	—	—
	Treat	是否受政策影响	2018 年之前是否为高新技术企业，若不是，则取 Treat＝1，否则取 Treat＝0
	After	是否处于政策实施后	2018 年后（含 2018 年）的年份取 After＝1，否则取 After＝0
控制变量	Size	企业规模	期末总资产自然对数
	Lev	资产负债率	期末总负债/期末总资产
	Ppe	资本密集度	固定资产净值/总资产
	Invint	存货密集度	存货净额/总资产
	Intang	无形资产占比	无形资产净额/总资产
	ROA	资产收益率（return on assets）	期末净利润/期末总资产
	MB	市值账面比（market-to-book）	（流通股股数×当期收盘价＋非流通股股数×每股净资产）/总资产
	GS	国有股权比例	国有股股数/总股数
	T	名义税率	企业当年名义税率

3.2.3 模型构建

本章利用财税〔2018〕99 号这一外生事件，通过构建 DID 模型识别研发费用加计扣除政策对企业 ETR 的影响。具体模型设定为

$$\text{ETR}=\beta_0+\beta_1\text{Treat}\times\text{After}+\beta_2\text{Treat}+\beta_3\text{After}+\text{ConVar}+\sum\text{Industry}+\sum\text{Year}+\varepsilon \tag{3.1}$$

其中，参考曹越等（2017b）的研究，ETR 表示第 t 期企业 ETR。本章主要关注 Treat×After 的回归系数，该系数衡量的是，相对于控制组，研发费用加计扣除政策对处理组企业 ETR 的影响。如果研发费用加计扣除政策降低了企业 ETR，那么 Treat×After 的回归系数应为负；如果研发费用加计扣除政策提高了企业 ETR，那么 Treat×After 的回归系数应为正。

3.3 实证结果与分析

3.3.1 描述性统计

表 3-2 是主要变量的描述性统计结果。结果显示，ETR 平均值为 0.2001，说明平均而言，样本企业的 ETR 约为 20.01%。Treat 平均值为 0.5248，意味着 52.48%的样本为受政策影响的样本。其他变量描述性统计与现有文献基本一致，不再赘述。

表 3-2 主要变量的描述性统计

变量符号	样本量	平均值	标准差	最小值	中位数	最大值
ETR	8072	0.2001	0.1324	0.0027	0.1685	0.7601
After	8072	0.5384	0.4986	0	1.0000	1.0000
Treat	8072	0.5248	0.4994	0	1.0000	1.0000
Size	8072	22.5334	1.2957	20.2790	22.3088	26.5988
Lev	8072	0.4062	0.1789	0.0679	0.4031	0.8047
Ppe	8072	0.2183	0.1511	0.0076	0.1869	0.6933
Invint	8072	0.1194	0.0894	0.0004	0.1039	0.4523
Intang	8072	0.0496	0.0526	0.0007	0.0370	0.3625
ROA	8072	0.0516	0.0408	−0.0361	0.0431	0.1970
MB	8072	0.6055	0.2603	0.1141	0.5912	1.2012
GS	8072	0.0257	0.0935	0	0	0.6020
T	8072	19.4413	4.9690	15.0000	15.0000	25.0000

3.3.2 相关性分析

表 3-3 列示了主要变量的 Pearson 相关系数。未报告的结果显示，各变量的方差膨胀因子平均值为 1.8，这说明本章的模型不存在严重的多重共线性问题。

表 3-3 主要变量的 Pearson 相关系数

变量	ETR	Size	Lev	Ppe	Invint	Intang	ROA	MB	GS	T
ETR	1.000									
Size	0.113***	1.000								
Lev	0.199***	0.544***	1.000							
Ppe	0.020*	0.189***	0.121***	1.000						
Invint	0.040***	-0.028**	0.179***	-0.222***	1.000					
Intang	0.070***	0.083***	0.058***	0.004	-0.146***	1.000				
ROA	-0.304***	-0.103***	-0.388***	-0.094***	-0.083***	-0.055***	1.000			
MB	0.164***	0.562***	0.434***	0.198***	-0.029***	0.094***	-0.352***	1.000		
GS	0.027**	0.171***	0.113***	0.102***	-0.038***	0.027***	-0.058***	0.174***	1.000	
T	0.142***	0.250***	0.123***	0.116***	-0.036***	0.082***	-0.055***	0.124***	0.108***	1.000

3.3.3 主回归结果

表 3-4 列示了研发费用加计扣除政策对企业 ETR 的 DID 回归结果。结果显示，Treat×After 的回归系数在 1%水平上显著为负，说明与控制组相比，研发费用加计扣除政策显著降低了处理组企业 ETR。其中，控制年度固定效应和行业固定效应后，Treat×After 的回归系数为-0.0150，说明与控制组相比，研发费用加计扣除政策使处理组企业减少 0.0150 个单位的 ETR，相当于减少 ETR 平均值的 7.50%（=0.0150/0.2001），具有显著的经济意义。

表 3-4 主回归结果

项目	（1）ETR	（2）ETR	（3）ETR
Treat×After	-0.0299***	-0.0166***	-0.0150***
	(-5.038)	(-2.933)	(-2.662)
After	-0.0078*	-0.0128***	-0.0212***
	(-1.840)	(-2.995)	(-3.650)
Treat	0.0398***	0.0187***	0.0166***
	(9.198)	(4.223)	(3.735)
Size		-0.0002	-0.0007
		(-0.132)	(-0.482)
Lev		0.0473***	0.0398***
		(4.588)	(3.774)
Ppe		-0.0337***	-0.0477***
		(-3.455)	(-4.415)
Invint		0.0127	0.0136
		(0.767)	(0.779)
Intang		0.0991***	0.0568**
		(3.697)	(2.006)
ROA		-0.8093***	-0.8326***
		(-20.240)	(-20.675)
MB		0.0323***	0.0172**
		(4.230)	(2.106)
GS		-0.0293*	-0.0262*
		(-1.923)	(-1.714)

续表

项目	(1)	(2)	(3)
	ETR	ETR	ETR
T		0.0023***	0.0025***
		(7.163)	(7.206)
Constant	0.1929***	0.1671***	0.2822***
	(66.592)	(5.578)	(5.076)
Industry FE	否	否	是
Year FE	否	否	是
R^2	0.0166	0.1233	0.1414
N	8072	8072	8072
F	45.4107	94.4133	47.3182

注：Constant 指常数项。

3.3.4 异质性分析

3.3.3 节检验了研发费用加计扣除比例提高影响企业所得税税负的实际效果。那么研发费用加计扣除比例提高对企业所得税税负的影响是否存在异质性？本节将从外部环境（地区环境、法律环境）及企业特征（产权性质、企业规模）维度予以细化研究，深入分析研发费用加计扣除比例提高对不同企业所得税税负的异质性影响。

1. 外部环境

1）地区环境

我国经济发展状况存在鲜明的区域性差别，受政策、要素禀赋、区域、基础设施等多种因素影响，最终表现出经济发展上的地区差异（李新等，2019）。因此，参考曹越等（2017b）的研究，本节将企业所在地分为东北、东部、中部、西部四个地区，进一步完善对研发费用加计扣除政策影响企业 ETR 异质性的考察。表 3-5 列（2）中 Treat×After 的回归系数为负，且在 1%水平上显著，表明东部地区企业所得税税负在政策实施后显著下降，而东北、中部和西部企业所得税税负无明显变化。可能的原因是：东部地区，尤其是东北沿海地区，经济较为发达，行业竞争程度更大，企业所处的营商环境更好，市场更有效，政策落实更好；而中西部地区相对落后，政策落实相对较差，表现为研发费用加计扣除政策对中西部地区企业所得税税负无明显影响。

表 3-5　异质性分析：地区环境

项目	（1）东北	（2）东部	（3）西部	（4）中部
Treat×After	0.0287	−0.0231***	0.0103	−0.0146
	(0.847)	(−3.410)	(0.446)	(−0.882)
After	−0.0180	0.0094	0	0.0020
	(−0.490)	(1.280)	—	(0.104)
Treat	0.0342	0.0164***	0.0545***	0.0091
	(1.265)	(2.972)	(3.375)	(0.681)
Constant	0.7479***	0.2709***	0.0596	−0.0899
	(2.975)	(6.043)	(0.501)	(−0.727)
Controls	是	是	是	是
Industry FE	是	是	是	是
Year FE	是	是	是	是
R^2	0.2898	0.1498	0.1726	0.1554
N	305	5050	898	1107
F	4.1872	31.6037	6.9894	7.6428

2）法律环境

我国幅员辽阔，各省区市的制度环境发展水平参差不齐（唐英凯等，2011）。研发费用加计扣除政策的贯彻落实程度与当地法律环境紧密相关。一方面，廉洁的政府、高效的法律和司法体系对企业获得更多政策优惠及政策执行程度具有重要影响。法律环境作为一种重要的外部治理机制，对企业经营活动、融资活动及投资活动均有重要影响。较好的法律环境能够减少市场上的信息不对称，缓解企业融资约束，加速资金流通、增加人才流入，从而促进企业投资与研发，研发费用加计扣除政策影响力度越大。当法律环境不佳时，政策执行力度相对较小，企业实际能够获得的税收优惠也随之减少。参考曹越等（2020b）的做法，本节选取各地区市场中介组织的发育和法律制度环境的评分（简称企业法律环境指数）作为代理变量，得分越高，说明当地法律环境越好。本节设置法律环境（Law）虚拟变量，根据企业所在地区企业法律环境指数的年度-行业中位数将样本分为法律环境好组和法律环境差组。当企业法律环境指数高于年度-行业中位数时，法律环境取值为1，即法律环境好组，否则取值为0，即法律环境差组。分组回归结果如表 3-6 所示，法律环境好组 Treat×After 的回归系数显著为负，而法律环境差组 Treat×After 的回归系数并不显著。这说明研发费用加计扣除政策在法律环境较好的地区贯彻落实程度更高，对企业所得税税负的降低效应更明显。上述结果表明，法律环境作为一种重要的外部环境因素，对研发费用加计扣除政策的执行、落实与贯彻有重要作用，即研发费用加计扣除政策的有效发挥依赖良好的法律环境。

表 3-6　异质性分析：法律环境

项目	（1）法律环境好组	（2）法律环境差组
Treat×After	−0.0243***	−0.0007
	（−2.829）	（−0.074）
After	−0.0168**	−0.0145
	（−2.052）	（−1.475）
Treat	0.0134**	0.0153**
	（2.124）	（2.221）
Constant	0.2852***	0.3654***
	（4.608）	（3.312）
Controls	是	是
Industry FE	是	是
Year FE	是	是
R^2	0.1411	0.1594
N	3171	3179
F	19.1302	22.1245

2. 企业特征

1）产权性质

企业性质（国有企业、非国有企业）在很大程度上影响了企业和政府的关系，同时，不同的企业性质对其经营管理模式和市场的开拓方式等也具有不同的影响（李新等，2019）。企业所有制带来的政企关系及经营管理行为等的不同（鲍树琛，2018）使得不同所有制企业的 ETR 受研发费用加计扣除政策的影响程度不同。为了进一步开展对研发费用加计扣除政策影响企业 ETR 异质性的考察，本节在实证分析中加入企业所有制为差异项。如表 3-7 所示，对国有企业来说，研发费用加计扣除政策对企业 ETR 影响并不显著；而对非国有企业来说，Treat×After 的回归系数为负，并在 1%水平上显著。国有企业本身在多项政策的适用方面具有一定优先性，较好的政企关系也会使得国有企业本身就享有较大的政府补贴和优惠政策等，因此，研发费用加计扣除政策对国有企业 ETR 的降低效应并不明显，而非国有企业本身可以享受的优惠政策相对较少，因此，研发费用加计扣除政策对非国有企业 ETR 具有较明显的降低效应。

表 3-7 异质性分析：产权性质和企业规模

项目	（1）国有企业	（2）非国有企业	（3）大规模企业	（4）小规模企业
Treat×After	0.00547	−0.0215***	−0.0140*	−0.0105
	(0.452)	(−2.949)	(−1.772)	(−1.277)
After	−0.0396***	−0.0154*	−0.0092	−0.0003
	(−2.751)	(−1.798)	(−1.048)	(−0.035)
Treat	0.0000293	0.0207***	0.0233***	0.0095
	(0.003)	(3.795)	(3.699)	(1.448)
Constant	0.203***	0.254***	0.3706***	0.1067
	(3.030)	(4.765)	(4.867)	(1.118)
Controls	是	是	是	是
Industry FE	是	是	是	是
Year FE	是	是	是	是
R^2	0.154	0.143	0.1448	0.1466
N	2363	4563	4054	4018
F	15.75	27.01	24.3317	24.4808

2）企业规模

一般而言，企业规模对其创新活动具有重要影响。大规模企业综合技术能力、内部管理方案比较完善，同时大规模企业市场占有率较高，利润也较为可观，因此有一定能力承受巨额研发费用和承担研发风险（杨瑞平等，2021）。大规模企业不仅在资金上有优势，而且在人才和技术上具有巨大优势。小规模企业市场占有率较低，利润不稳定，研发投入不到位；小规模企业研发投入不足且缺乏一定经验，难以承担较高的研发风险。可见，相对于小规模企业，大规模企业研发投入力度较大，研发费用加计扣除政策可以帮其节省更多的资金，其政策效果更为明显。本节根据企业规模的年度-行业中位数进行分组，若高于年度-行业中位数，表明企业规模较大，则取值为 1，否则取值为 0。如表 3-7 列（3）所示，对大规模企业来说，Treat×After 的回归系数为负，并在 10%水平上显著；如表 3-7 列（4）所示，对小规模企业来说，研发费用加计扣除政策对企业 ETR 的影响并不显著。

第 4 章　研发费用加计扣除政策对企业融资约束的影响

本章探究研发费用加计扣除政策对企业融资约束的影响。在 2018 年 5 月召开的中国科学院第十九次院士大会、中国工程院第十四次院士大会上，习近平总书记提出"要坚持科技创新和制度创新'双轮驱动'……强化国家战略科技力量，提升国家创新体系整体效能"[①]。科技创新是人类社会持续发展的重要引擎，也是实现经济高质量发展的必经之路。随着社会的不断发展，科技创新被赋予越来越高的期望。从改革开放提出科学技术是第一生产力，到党的十八大提出全面实施创新驱动发展战略，再到如今坚持推进创新型国家建设，我国始终高度重视科技创新，坚持科技为先。为了引导企业投入研发活动，我国政府采取了一系列政策和措施，研发费用加计扣除政策就是国家为引导企业进行研发活动而实施的一项税收优惠政策。

然而，由于研发活动往往经历较长的研发周期，并且研发活动的每个阶段都需要足够的资金投入，任一阶段的资金支持得不到满足都可能导致研发失败，企业创新过程中普遍存在研发投入高、投资周期长、投资风险高等特点，导致企业容易面临"融资难、融资贵"的难题。融资约束关乎企业的长远稳定发展，一直以来是企业发展需要突破的关键因素。在此背景下，破解融资难题、帮助企业摆脱融资困境，便是激发企业创新动力、扩大有效投资的必由之路。

当市场在处理企业融资约束问题失灵时，需要政府通过实施财政政策或者货币政策来发挥作用（储政和孙英隽，2021），政府的有效引导对推进社会资源合理分配具有重要意义。研发费用加计扣除政策作为政府出台的一项间接补贴的税收优惠政策，可以减轻企业税负，向外界发送企业优质的信号（贺康等，2020）。如果研发费用加计扣除政策能够在一定程度上缓解企业的融资约束，无疑对帮助企业纾困解难和推动企业高质量发展有着积极作用。

近年来，政策不断加码升级，助力企业纾困解难、提高抗风险能力，为市场主体的发展创造了良好的环境，研发费用加计扣除政策就是其中不可或缺的一部分。国家税务总局数据显示，2021 年，企业提前享受研发费用加计扣除政

[①] 人民网. 在中国科学院第十九次院士大会、中国工程院第十四次院士大会上的讲话[EB/OL]. (2018-05-29)[2024-06-14]. http://politics.people.com.cn/n1/2018/0529/c1024-30019281.html.

策减免税额 3333 亿元，进一步降低了企业研发成本、增强了企业创新动能。"2021 年，我们享受研发费用加计扣除 1000 万元，延缓缴纳税款 400 多万元，不仅有效缓解了资金压力，也让我们更有动力加大自主创新、实现产品升级"，全国人大代表、河北金后盾塑胶有限公司董事长李彦平代表说①。2022 年政府工作报告特别指出，"加大企业创新激励力度……加大研发费用加计扣除政策实施力度……对企业创新给予大规模资金支持……以促进企业加大研发投入，培育壮大新动能"②。这充分表明了政府深化推进研发费用加计扣除政策的决心，同时也用实践证明了研发费用加计扣除政策在助力企业减负纾困的过程中发挥了重要作用。

研发费用加计扣除政策作为对经济发展具有重要意义的税收优惠政策，其政策效应也受到国内外学者的广泛关注。从现有考察研发费用加计扣除政策效应的研究来看，关于研发费用加计扣除政策对企业创新所发挥的作用的研究为主要方向，大多数研究认为研发费用加计扣除政策有效促进了企业创新（任海云和宋伟宸，2017；贺康等，2020）。也有研究以企业绩效为切入点，发现研发费用加计扣除政策有利于通过增大企业研发投入强度来提高企业绩效（王玺和刘萌，2020）。还有部分研究从企业全要素生产率的角度进行了探索，研究发现研发费用加计扣除政策主要通过推动企业增加研发投入来提升全要素生产率（郭健等，2020）。可见，已有研究集中于研发费用加计扣除政策对企业研发投入的影响及带来的创新激励效应等方面。因此，探究研发费用加计扣除政策是否还具有其他潜在的经济价值，对促进政策完善和推动经济发展具有重要意义。

基于上述背景，本章拟通过研发费用加计扣除比例提高（财税〔2018〕99 号）这一准自然实验实证考察研发费用加计扣除政策对企业融资约束的影响。本章选取 2016~2020 年 A 股上市企业的数据为样本，利用 DID 模型进行实证研究，并控制企业固定效应（Firm FE）和年度固定效应，消除遗漏变量偏差。研究结果表明，研发费用加计扣除比例提高可以显著缓解企业融资约束。进一步地，本章考虑异质性因素的影响，通过分组回归进行检验，结果显示，研发费用加计扣除比例提高只有在非国有、小规模、由非"四大"审计及处于东部地区的企业中可以显著缓解企业的融资约束。

本章的贡献主要包括：第一，考察研发费用加计扣除政策对企业融资约束的影响，发现其对缓解企业融资约束具有显著的促进作用，为研发费用加计扣

---

① 中国政府网. 代表委员热议预算报告"国家账本"惠企利民[EB/OL]. (2022-03-07)[2024-06-14]. https://www.gov.cn/xinwen/2022-03/07/content_5677610.htm.
② 中国政府网. 政府工作报告——2022 年 3 月 5 日在第十三届全国人民代表大会第五次会议上[EB/OL]. (2022-03-12)[2024-06-14]. https://www.gov.cn/gongbao/content/2022/content_5679681.htm.

除政策的效果提供了新的经验证据，同时也拓展了融资约束的影响因素文献；第二，探讨研发费用加计扣除政策对企业融资约束产生影响的理论逻辑，并从产权性质、企业规模、是否由"四大"审计、所处地区等方面检验研发费用加计扣除政策影响企业融资约束的异质性，为我国继续优化和改进研发费用加计扣除政策、推进经济高质量发展提供参考，对当前我国税收优惠体系的建设具有重要的启示作用。

4.1 研发费用加计扣除政策影响企业融资约束的理论分析

研发费用加计扣除政策作为我国一项重要的税收优惠政策，对促进我国企业创新发展有着重要的意义。随着研发费用加计扣除政策的不断优化和发展，学者从不同的切入点探究了其政策效应，同时也对影响政策发挥作用的各种因素提出了很多观点，但鲜有文献探讨研发费用加计扣除政策对企业融资约束的影响。而融资约束又是众多企业在发展过程中遇到的普遍问题。健康发展的企业是国家经济发展与进步的重要支撑，因此，国家的适当干预对缓解企业融资约束、促进企业良好发展尤为重要。从理论上来讲，研发费用加计扣除政策对企业融资约束产生影响的途径可能有以下三种。

第一，研发费用加计扣除政策通过减轻企业税负，增加了企业内部现金流，从而缓解融资约束。作为政府出台的减税降费措施之一，研发费用加计扣除政策实施的直接目的是降低创新型经济主体的成本，以减轻经济主体的财政负担，从而促进其以创新为目标。研发费用加计扣除政策可以直接降低企业的应纳税额，增加企业的留存收益和自由现金流，为企业进行内源融资提供更大的可能性，以缓解企业融资约束（邓力平等，2020；王玺和刘萌，2020）。

第二，研发费用加计扣除政策可以发挥信号传递作用，减轻企业信息不对称性，从而缓解融资约束。外部获取企业信息的渠道主要包括企业自身的信息披露和市场信息中介的信息披露。从企业的角度来说，由于市场竞争越来越激烈，企业不得不提高自身的信息披露质量，以满足投资者对研发活动相关信息的要求。在此过程中，企业信息质量的提高可能使投资者对企业的具体情况有更为详尽的了解，从而降低由信息不对称造成的交易成本（倪筱楠等，2021）。从市场信息中介的角度来说，作为政府实施的税收优惠政策，研发费用加计扣除政策可以通过向外界传递利好信号，帮助企业吸引市场关注度，缓解信息不对称状况，使外部投资者对企业的发展情况有更为准确的了解，从而增强企业的外源筹资能力。因此，企业面临的融资约束也可能得到纾解（Hadlock and Pierce，2010）。

第三，研发费用加计扣除政策可以降低企业代理成本，缓解融资约束。企业能享受研发费用加计扣除政策是可以提升外部投资者信心的积极信号，此时外部投资者对企业的乐观态度可能占主导地位。当投资者乐观情绪成为市场主导时，企业外部监督人对企业的关注度就会提高，从而增加企业高管隐藏负面消息或采取自利性决策的难度，导致企业高管隐藏负面消息或采取自利性决策的可能性降低（黄俊威和龚光明，2019）。这会缓解企业的代理问题，降低企业的代理成本。因此，研发费用加计扣除政策可以通过降低企业代理成本来缓解融资约束。

综上，研发费用加计扣除政策作为一项具有激励效应的税收优惠政策，可以降低符合条件的企业的税负，为企业投资活动的开展提供更多的内部资金作为支撑；缓解信息不对称问题，降低企业的外源融资成本；弱化企业的代理冲突，降低企业代理成本，缓解企业融资约束。因此，本章提出假设。

假设4.1：研发费用加计扣除政策可以缓解企业融资约束。

4.2 研发费用加计扣除政策影响企业融资约束的研究设计

4.2.1 样本选择与数据来源

本章选取A股上市企业2016～2020年的数据为样本，数据均选自WIND数据库和CSMAR数据库。之所以选择2016～2020年的数据，是因为研发费用加计扣除政策在2015年和2021年均有变动（财税〔2015〕119号、财税〔2021〕13号）。本章数据处理过程如下：首先，剔除金融行业企业样本，金融行业企业相较一般企业在企业经营和财务特点方面具有差异性，且金融行业不属于研发费用加计扣除政策的主要目标行业，因此剔除该类样本；其次，剔除ST、*ST及存在缺失值的企业样本，考虑其在财务数据方面存在的特殊性可能给研究结果带来影响，选择删除此类样本；最后，剔除科技型中小企业样本，因为该类样本会受到2017年政策变动（财税〔2017〕34号）的冲击，所以需要排除该类样本。经过上述处理过程，最终获得1750家上市企业的8750个观测值。同时，本章对连续变量在1%水平上进行了缩尾处理，以消除异常值所带来的影响。

4.2.2 实证模型与变量定义

1. 模型构建

本章基于财税〔2018〕99号实施导致研发费用加计扣除比例提高这一背景进行研究设计。该政策将75%研发费用加计扣除比例的享受范围由科技型中小企业扩大到了除负面清单行业之外的所有企业。由于该政策的实施对享受政策的企业来说是一项准自然实验，本章选择构建 DID 模型来进行数据分析。基本模型设定如下：

$$\text{FCIKZ}_{i,t} = \beta_0 + \beta_1 \text{Treat}_i + \beta_2 \text{Period}_t + \gamma \text{Did}_{i,t} + \sum_{k=1}^{K} \delta_k \text{Controls}_{i,t} + \mu_i + \varphi_t + \varepsilon_{i,t}$$

（4.1）

其中，$\text{FCIKZ}_{i,t}$ 为上市企业 i 在年份 t 下的融资约束指数；Treat_i 为区分处理组和控制组的分组虚拟变量；Period_t 为区分政策实施前后的时间虚拟变量；Did 为时间虚拟变量 Period 与分组虚拟变量 Treat 的交互项，代表研发费用加计扣除政策冲击；γ 为政策净效应；$\text{Controls}_{i,t}$ 为本章选取的一组控制变量；δ_k 为不同控制变量的回归系数；μ_i 为企业固定效应，用于反映企业个体特征；φ_t 为年度固定效应，用于反映年度趋势特征；$\varepsilon_{i,t}$ 为随机误差项。

2. 变量选取

（1）被解释变量。本章的被解释变量是融资约束。本章参考已有研究中所采用的融资约束衡量方法，选用卡普兰-津加莱斯（Kaplan-Zingales，KZ）指数来度量企业所面临的融资约束。KZ 指数越大，代表企业面临的融资约束越大（Kaplan and Zingales，1997）。

（2）解释变量。借鉴石绍宾和李敏（2021）对享受研发费用加计扣除政策企业样本的确定方法，本章将负面清单行业的企业归为控制组，取 Treat = 0，其他所有企业归为处理组，取 Treat = 1。本章定义 Period 为财税〔2018〕99 号是否实施的虚拟变量，若样本企业处于政策实施当年及以后年份，取 Period = 1，否则取 Period = 0。Treat 和 Period 的交互项 Did 为本章的核心解释变量。

（3）控制变量。本章的主要控制变量有企业规模（Size）、企业年龄（Age）、净资产收益率（ROE）、资产负债率（Lev）、研发支出水平（research and development，RD）、经营活动现金流（cash flow，CF）、金融支持（Fin）、董事会规模（Dboard）、短期债务规模（short-term debt，SD）、营运资金规模（Working）、现金持有水平（Cash）等。同时，为减弱年度固定效应和企业固定效应对回归分析的影响，本章对年度固定效应和企业固定效应亦加以控制。

4.3 实证结果与分析

4.3.1 描述性统计

表 4-1 的统计结果显示，企业融资约束指数（FCIKZ）的变化范围为 –5.974～

4.495，平均值为 0.386，标准差为 2.066，说明融资约束指数的波动幅度较大，且存在比较明显的个体差异。其他变量分布均在合理范围内，不再赘述。

表 4-1 主要变量的描述性统计

变量符号	样本量	平均值	标准差	最小值	最大值
FCIKZ	8750	0.386	2.066	−5.974	4.495
Did	8750	0.575	0.494	0	1
Size	8750	22.49	1.259	20.19	26.45
Age	8750	11.36	6.725	1	26
Lev	8750	0.412	0.186	0.0625	0.839
ROE	8750	0.0656	0.113	−0.486	0.343
RD	8750	0.0478	0.0450	0.000425	0.258
Fin	8750	0.829	0.202	0.238	1
Dboard	8750	8.460	1.615	5	14
SD	8750	0.335	0.157	0.0497	0.732
CF	8750	0.0523	0.0615	−0.111	0.234
Working	8750	0.229	0.210	−0.270	0.723
Cash	8750	0.144	0.102	0.0131	0.522

4.3.2 相关性分析

表 4-2 报告了主要变量的 Pearson 相关系数。结果显示，第一，研发费用加计扣除政策（Did）与融资约束（FCIKZ）之间的相关系数为−0.0496，且在 10%水平上显著，初步表明，当企业享受研发费用加计扣除比例提高这一政策时，企业所面临的融资约束会得到缓解，印证了假设 4.1；第二，本章选取的大部分控制变量与被解释变量显著相关，说明选取的控制变量比较具有代表性；第三，大部分变量之间的 Pearson 相关系数小于 0.5000，未报告的结果显示，各变量的方差膨胀因子平均值为 2.24，最大值为 7.12，均小于 10，说明本章各变量间不存在严重的多重共线性问题。

第4章 研发费用加计扣除政策对企业融资约束的影响

表 4-2 主要变量的 Pearson 相关系数

变量	FCIKZ	Did	Size	Age	ROE	Lev	RD	Fin	CF	Dboard	SD	Cash	Working
FCIKZ	1												
Did	-0.0496*	1											
Size	0.0936*	0.0569*	1										
Age	0.0988*	0.1469*	0.3929*	1									
ROE	-0.4180*	-0.1130*	0.1721*	0.0121	1								
Lev	0.5539*	0.0418*	0.5411*	0.2624*	-0.1194*	1							
RD	-0.0507*	0.0863*	-0.2683*	-0.2238*	-0.1287*	-0.2836*	1						
Fin	0.0995*	0.2592*	0.1914*	0.4191*	-0.0586*	0.1772*	-0.0984*	1					
CF	-0.6326*	0.0959*	0.0781*	0.0160	0.3461*	-0.1545*	-0.0567*	0.0441*	1				
Dboard	-0.00320	-0.0212	0.2811*	0.1921*	0.0622*	0.1451*	-0.1400*	0.1006*	0.0449*	1			
SD	0.4931*	0.0328*	0.3844*	0.2207*	-0.1173*	0.8868*	-0.2446*	0.1536*	-0.1573*	0.0967*	1		
Cash	-0.5336*	-0.0531*	-0.1534*	-0.00860	0.1552*	-0.3203*	0.1882*	-0.0685*	0.1877*	-0.0268	-0.2667*	1	
Working	-0.4512*	-0.0582*	-0.4386*	-0.2260*	0.1313*	-0.6840*	0.2546*	-0.1506*	0.00300	-0.1571*	-0.5892*	0.5112*	1

4.3.3 主回归结果

本章首先考察了研发费用加计扣除政策对企业融资约束的直接影响。基于假设4.1进行回归分析，回归结果如表4-3所示。列（1）报告了在仅控制企业基本特征情况下的回归结果，Did 的回归系数在5%水平上显著为负。列（2）汇报了在加入其他控制变量后的回归结果，Did 的回归系数仍在5%水平上显著为负，说明提高研发费用加计扣除比例有助于减轻企业面临的融资约束。因此，假设 4.1 得到验证。

表4-3 主回归结果

项目	（1）FCIKZ	（2）FCIKZ
Did	−0.322**	−0.207**
	(0.143)	(0.088)
Period	−1.596***	0.111
	(0.421)	(0.379)
Treat	−0.216	−0.341
	(0.420)	(0.355)
Size	−0.715***	−0.800***
	(0.099)	(0.087)
Age	−0.021	0.036
	(0.115)	(0.129)
ROE	−2.814***	−1.653***
	(0.196)	(0.142)
Lev	5.454***	4.014***
	(0.293)	(0.314)
RD		1.242
		(0.891)
Fin		0.297***
		(0.110)
CF		−13.503***
		(0.248)
Dboard		−0.009
		(0.016)

续表

项目	(1)	(2)
	FCIKZ	FCIKZ
SD		−0.975***
		(0.360)
Cash		−6.291***
		(0.295)
Working		−1.310***
		(0.272)
Constant	14.733***	18.778***
	(2.479)	(2.280)
Year FE	是	是
Firm FE	是	是
N	8750	8750
R^2	0.215	0.593

4.3.4 异质性分析

1. 产权性质

不同产权性质的企业在资源获取、市场环境等方面可能存在差异。一般来讲，国有企业具有天然的市场竞争优势，在获取资源方面具有优越性。因此，产权性质可能使研发费用加计扣除提高产生的政策效应在不同企业间存在差异。鉴于此，本节将全体样本划分为产权性质不同的两组，利用模型（4.1）进行回归，回归结果如表4-4所示。可以看出，Did的回归系数仅在非国有企业中显著为负。这说明研发费用加计扣除比例的提高仅能缓解非国有企业所面临的融资约束。可能的原因是非国有企业的灵活经营体制使得其可以更好地利用研发费用加计扣除这一政策，而国有企业在资源获取方面的优势可能使研发费用加计扣除政策缓解融资约束的效应被弱化。

表 4-4 异质性分析：产权性质

项目	(1)	(2)
	国有企业	非国有企业
Did	−0.081	−0.271**
	(0.131)	(0.127)

续表

项目	（1）	（2）
	国有企业	非国有企业
Period	0.498	0.031
	(0.408)	(0.530)
Treat	0.387***	−0.434
	(0.146)	(0.505)
Constant	12.098***	21.032***
	(3.646)	(3.021)
企业基本特征	是	是
其他控制变量	是	是
Year FE	是	是
Firm FE	是	是
N	2678	6072
R^2	0.694	0.568

2. 企业规模

从企业规模的层面来看：一方面，随着规模增加，企业可能形成规模效应从而更易获得超额利润（李鹏，2010），充实企业的内部现金流；另一方面，减税效应与企业的利润基础息息相关，在利润空间较大的企业中，研发费用加计扣除政策产生的减税效应可能并不明显（任海云和宋伟宸，2017）。因此，企业规模可能给研发费用加计扣除政策产生的减税效应带来一定影响，从而影响研发费用加计扣除政策缓解融资约束的效应。鉴于此，本节将全体样本划分为两组：企业规模大于或等于样本中位数的企业为大规模企业；企业规模小于样本中位数的企业为小规模企业。利用模型（4.1）进行分组回归，表4-5的回归结果显示，对于小规模企业，Did的回归系数在5%水平上显著为负，说明研发费用加计扣除政策缓解融资约束的效应仅在小规模企业样本中显著。

表4-5 异质性分析：企业规模

项目	（1）	（2）
	大规模企业	小规模企业
Did	−0.000	−0.376**
	(0.089)	(0.151)
Period	0.930***	−0.548
	(0.327)	(0.520)

续表

项目	(1) 大规模企业	(2) 小规模企业
Treat	0.792***	−0.544
	(0.130)	(0.505)
Constant	11.427***	24.855***
	(3.017)	(2.982)
企业基本特征	是	是
其他控制变量	是	是
Year FE	是	是
Firm FE	是	是
N	4397	4353
R^2	0.633	0.598

3. 是否由"四大"审计

一般来说，会计师事务所规模越大，审计质量越高，最终有助于提升财务会计报告的可信度，从而提高会计信息质量（苏武俊和陈锋，2019）。相对于由"四大"审计的企业，由非"四大"审计的企业会计信息质量较低，与外部投资者存在更严重的信息不对称问题。研发费用加计扣除政策可以通过减轻企业信息不对称性来缓解融资约束，因此，本节预期研发费用加计扣除政策在由非"四大"审计的企业中缓解融资约束的效应会更为显著。鉴于此，本节根据企业是否由"四大"审计将全体样本划分为两组。表 4-6 的回归结果显示，对于由非"四大"审计企业，Did 的回归系数在 10%水平上显著为负，说明仅在由非"四大"审计的企业样本中研发费用加计扣除政策可以显著缓解融资约束。

表 4-6 异质性分析：是否由"四大"审计

项目	(1) 由"四大"审计企业	(2) 由非"四大"审计企业
Did	−0.258	−0.168*
	(0.159)	(0.100)
Period	0.364	0.042
	(1.411)	(0.381)
Treat	—	—
	—	—
Constant	13.766*	19.242***
	(7.944)	(2.386)

项目	(1)	(2)
	由"四大"审计企业	由非"四大"审计企业
企业基本特征	是	是
其他控制变量	是	是
Year FE	是	是
Firm FE	是	是
N	545	8205
R^2	0.677	0.592

4. 所处地区

不同地区在经济发展水平、市场化进程等多方面存在差异性，而良好的外部环境往往更有利于调动市场参与者的积极性，推动社会资源的高效流动。因此，本节预测研发费用加计扣除政策在不同地区间缓解融资约束的效果存在不同。根据《第二次全国基本单位普查主要数据公报》指出的东、中、西部地区的划分情况，结合西部大开发战略中对部分省区市区域归属的调整（表4-7），本节将全体样本分为三组。表4-8的回归结果显示，在东部地区，Did 的回归系数在10%水平上显著为负，说明仅在东部地区的企业样本中，研发费用加计扣除政策才能显著缓解融资约束。

表4-7　东、中、西部地区划分

区域	省区市
东部地区	北京、天津、河北、辽宁、上海、江苏、浙江、福建、山东、广东、海南
中部地区	山西、吉林、黑龙江、安徽、江西、河南、湖北、湖南
西部地区	重庆、四川、贵州、云南、西藏、陕西、甘肃、青海、宁夏、新疆、广西、内蒙古

注：不涉及港澳台。

表4-8　异质性分析：所处地区

项目	(1)	(2)	(3)
	东部地区	中部地区	西部地区
Did	−0.195*	−0.155	−0.371
	(0.105)	(0.195)	(0.274)
Period	0.017	0.272	−1.036
	(0.445)	(2.187)	(1.169)
Treat	−0.440	0.050	—
	(0.416)	(0.218)	—

续表

项目	（1）东部地区	（2）中部地区	（3）西部地区
Constant	21.414***	9.578	11.889*
	(2.400)	(7.233)	(6.036)
企业基本特征	是	是	是
其他控制变量	是	是	是
Year FE	是	是	是
Firm FE	是	是	是
N	6449	1288	1013
R^2	0.601	0.587	0.574

第 5 章 增值税税率调整对企业创新的影响

本章研究增值税税率调整对企业创新的影响。改革开放以来，中国经济转型成就受人瞩目，经济学界围绕中国经济高速增长的内在机制展开了丰富研究，最终形成"税制改革助推经济增长"这一重要观点。张军等（2016）认为，1994年分税制改革驱动了地方政府对财政收入最大化的角逐，加速了中国经济的市场化、工业化和资本积累进程，是中国经济增长的重要解释因素。当前，我国经济已由高速增长阶段转向高质量发展阶段，要以税制改革助推高质量发展。与西方国家以所得税为主体税种的税制结构不同，在中国现有的税收收入构成中，增值税收入占总税收收入的比例接近40%，长期稳居中国第一大税种的地位。因此，当讨论中国的税制改革与高质量发展时，本质上讨论的是增值税改革与高质量发展的关系（范子英和高跃光，2019）。从实际情况来看，增值税改革一直是我国税制改革的核心内容。分税制改革以来，党中央、国务院部署实施了包括增值税转型（财税〔2004〕156号）、"营改增"试点改革（财税〔2011〕110号）、简并增值税税率（财税〔2017〕37号）和深化增值税改革（财税〔2018〕32号，财政部、国家税务总局、海关总署公告2019年第39号）在内的多项重大增值税改革。基于增值税在中国税制结构中的重要地位，探讨增值税改革的经济后果具有重要的理论与现实意义。

多档税率并存是我国增值税制度的主要特征。现有研究认为，税率差异会导致抵扣链条出现"低征高扣"和"高征低扣"现象，这会造成企业间产生抵扣差异，进而扭曲中间投入价格，由此造成的劳动、资本、土地等资源错配会造成全要素生产率损失（陈晓光，2013；刘柏惠等，2019），且税率档次越多，效率损失越严重。为了完善增值税制度，保持税收中性，推进增值税实质性减税，党的十八届三中全会将"推进增值税改革，适当简化税率"列入"深化财税体制改革"的重点工作任务，指明了增值税改革的基本方向，成为新时代深化增值税改革的根本遵循。财政部、国家税务总局于2017年4月28日、2018年4月4日和2019年3月20日相继发布《关于简并增值税税率有关政策的通知》（财税〔2017〕37号）、《关于调整增值税税率的通知》（财税〔2018〕32号）和《关于深化增值税改革有关政策的公告》（财政部、国家税务总局、海关总署公告2019年第39号），明确了税率调整的具体方案。表5-1总结了三次增值税税率调整的详细内容。连续三年调低增值税税率充分反映了政府试图利用税收政策减轻企业负担、增强经济活力的期待与努力。税制改革成效的检验是税收制度持续完善的重要基础，深入研究增值税税率调整的政策效应对后续推进税率简并、完成供给侧结构性改革目标、实现经济高质量发展具有重要借鉴意义。

表 5-1　增值税税率调整历程

改革内容	一般纳税人适用税率	受影响业务或行业	实施时间	政策依据
取消13%的增值税税率，原适用13%税率的，税率调整为11%	改革前：17%、13%、11%和6% 改革后：17%、11%和6%	销售低税率货物（13%→11%）	2017年7月1日	财税〔2017〕37号
原适用17%和11%税率的，税率分别调整为16%、10%	改革前：17%、11%和6% 改革后：16%、10%和6%	销售一般货物和有形动产租赁服务（17%→16%）；销售低税率货物及提供"五大"服务（11%→10%）	2018年5月1日	财税〔2018〕32号
原适用16%和10%税率的，税率分别调整为13%和9%	改革前：16%、10%和6% 改革后：13%、9%和6%	销售一般货物和有形动产租赁服务（16%→13%）；销售低税率货物及提供"五大"服务（10%→9%）	2019年4月1日	财政部、国家税务总局、海关总署公告2019年第39号

注：销售低税率货物即与生产生活紧密相关的货物，如农产品、液化石油气、天然气、食用盐、电子出版物等；"五大"服务涉及建筑安装业、基础电信业、房地产业、邮政业和运输业。

惟改革者进，惟创新者强，惟改革创新者胜。党的十九大报告指出，创新是引领发展的第一动力，是建设现代化经济体系的战略支撑。"十四五"规划强调，要坚持创新在我国现代化建设全局中的核心地位。以科技创新驱动高质量发展，是贯彻新发展理念、破解当前经济发展中突出矛盾和问题的关键所在，也是转变发展方式、转换增长动力的重要抓手。高质量发展在企业层面体现为技术进步，企业作为技术创新的主体，是驱动经济发展的中坚力量（He and Tian，2013）。税收是影响企业创新行为的重要因素（Mukherjee et al.，2017；Armstrong et al.，2019），因此，税收政策成为政府刺激企业创新的常用工具和重要手段（Becker，2015；Rao，2016；刘行和赵健宇，2019）。检验增值税税率调整能否激励企业创新是评价改革能否助推高质量发展的重要环节，关系能否实现高质量发展。考察增值税税率调整对企业创新的影响并厘清其作用机制具有现实意义上的必要性和紧迫性。

现有关于增值税税率调整的政策效应研究主要从两个层面展开：第一，宏观经济效应，现有研究主要从财政效应（郭庆旺，2019）、减税效应（胡海生等，2021）、资本回报率（Piggott and Whalley，2001；Kesselman，2011；孙正等，2020）和经济增长（胡海生等，2021）等维度展开；第二，微观财务效应，学者重点关注税率调整对企业投资（Jacob et al.，2019；肖春明，2021）、企业绩效（Kosonen，2015）和企业价值（汤泽涛和汤玉刚，2020）的影响，以及税率调整改革的市场反应（刘行和叶康涛，2018；曹越和周佳，2019）。可见，目前尚无文献对增值税税率调整如何影响企业创新展开理论分析并提供经验证据。

现有针对企业创新影响因素的研究主要从两个方面展开：第一，外部制度环境，学者重点关注法律制度（Acharya et al.，2014；Atanassov，2013）、税收政策（Rao，2016；Becker，2015；刘行和赵健宇，2019）、金融市场发展（Hsu et al.，2014）及知识产权保护（Fang et al.，2017a）对企业创新的影响；第二，内部治理机制，学者侧重考察股权结构对企业创新的影响，包括股权集中度（Minetti et al.，2015）、所有权性质（Guadalupe et al.，2012；陈林等，2019；程承坪和陈志，2021）、高管持股（朱德胜和周晓珮，2016）、机构持股（Luong et al.，2017）和职工持股（Chang et al.，2015；孟庆斌等，2019）。其中，学者围绕税收政策与企业创新开展了大量研究。在企业所得税方面，现有研究发现，研发费用税收抵免和企业所得税税率降低均可以激励企业创新（Rao，2016；Atanassov and Liu，2020），提高企业所得税税率则会显著抑制企业创新（Mukherjee et al.，2017；Atanassov and Liu，2020）。在个税方面，Armstrong等（2019）研究发现，高管的个税税率越高，企业风险承担水平越高，表现为研发投入越多。在增值税方面，部分学者发现增值税转型和"营改增"显著促进了企业创新（Howell，2016；Lan et al.，2020；刘行和赵健宇，2019；刘建民等，2019）；另有学者发现"营改增"显著减少了制造业企业的创新产出（王桂军和曹平，2018）。上述文献为本章的研究奠定了重要基础，但关于增值税税率调整与企业创新的研究尚无文献涉及，且增值税转型、"营改增"和税率调整的减税逻辑各不相同：增值税转型允许企业抵扣购进固定资产的进项税额，通过增加进项税额减少了企业增值税；"营改增"打通了行业间抵扣链条，却导致税率档次过多；税率调整降低了增值税税率，减税逻辑更为直接。未来继续简并增值税税率势在必行，评估增值税税率调整的政策效应能够为后续简并增值税税率的推进提供重要参考。综上，增值税税率调整对企业创新的影响值得深入研究。

本章基于2014~2019年沪深A股上市企业数据，使用Staggered DID考察了增值税税率调整对企业创新的影响。实证结果表明，增值税税率调整显著促进了企业创新，它使得企业的创新产出在改革后增加了约11.33%，具体到发明专利申请数量上相当于多出3.77个，具有显著的经济意义。机制分析发现，企业的经营性净现金流越少、现金持有越少及银行借款越少，增值税税率调整对企业创新的激励效应越明显，这表明增值税税率调整通过改善企业内部现金流和增加银行借款两条路径促进了企业创新。区分税负转嫁难度和外源融资难度的异质性分析发现，增值税税率调整对企业创新的激励效应在税负转嫁难度较大（产品需求价格弹性较大）和外源融资难度较大（非国有、抵押担保能力较弱和所处地区金融发展水平较低）的企业中更明显，间接验证了本章机制分析的合理性。拓展性分析发现，增值税税率调整显著提高了企业创新效率。

本章的研究贡献主要体现在以下三个方面：第一，本章首次考察了增值税税率调整对企业创新的影响，为税收激励与企业创新领域的研究提供了新的经验证据。纵观已有文献，首先，大量学者遵循西方研究范式，将研究重点集中在企业所得税（王伟同等，2020；冯泽等，2019；王亮亮，2018）和个税（Li et al.，2017；江轩宇等，2019；田志伟等，2017），忽略了增值税在中国税收收入体系中占主体的制度背景，对增值税的关注较少。其次，在现有针对增值税的研究中，大量文献聚焦增值税的宏观效应（Charlet and Owens，2010；Lejeune，2011；陈晓光，2013；毛捷等，2018），以及增值税转型和"营改增"的政策效应（Zhang et al.，2018；Liu and Mao，2019；范子英和彭飞，2017），针对增值税税率调整的研究明显不足，且增值税转型、"营改增"和税率调整的减税逻辑各不相同，故增值税税率调整对企业创新的影响值得深入研究。本章填补了增值税税率调整与企业创新研究领域的空缺，拓展了增值税的相关学术研究。第二，本章剖析了增值税税率调整促进企业创新的作用机理并提供了经验证据。厘清作用机理有助于深入理解宏观财税政策和微观企业行为之间的传导机制，本章从内部现金流和外源融资两个层面验证了增值税税率调整促进企业创新的作用机理，为后续利用减税降费助推高质量发展提供了可行路径。第三，本章为增值税税率调整的政策效应提供了直接的经验证据，为后续增值税改革的政策优化和落实奠定了坚实基础。增值税改革成效的检验是增值税制度持续完善的重要基础，是提高改革质量、优化改革效果的必然要求。本章从企业创新角度验证了税收激励的有效性和必要性，对后续利用税收政策完成供给侧结构性改革目标、推动高质量发展具有借鉴意义。

5.1 增值税税率调整影响企业创新的理论分析

深化增值税改革的政策目标是"确保所有行业税负只减不增，重点降低制造业和小微企业税负"。调低增值税税率是深化增值税改革的重要组成部分，其最终目标并不仅局限于减税，更重要的是通过减轻企业税负来降低企业成本、优化资源配置，从而推动企业技术进步和产业分工细化，最终实现产业转型升级，助推高质量发展。根据"企业税负变化必然影响企业财务行为、绩效和投资者决策"的传导逻辑,增值税税率降低直接减少了企业增值税支出,增加了税后现金流,缓解了融资约束,能够为企业创新提供必需的资金支持,从而激励企业创新。

企业创新是一项长期而持续的投资活动,需要大量、持续的资金支持。因此,创新活动对资金的依赖性极强(Hottenrott and Peters, 2012)。然而,相较于一般性投资活动,企业创新活动更易受到融资约束的制约(鞠晓生等, 2013;Hsu et al., 2014),究其原因:第一,创新活动所具有的投入大、周期长、失败率高和回报不可预知等高风险特征(Holmstrom, 1989)加大了投资者潜在的投资风险,使得创新投资需要承担比一般投资活动更高的外源融资成本(Chava et al., 2013);第二,银行等债权人更信赖实物资产一类的担保抵押物,而创新产出通常属于无形资产,价值评估的难度较大,难以作为银行贷款的抵押物,这增加了企业获得银行贷款的难度(余明桂等, 2019);第三,企业研发活动极高的机密性决定了研发信息披露的全面性和充分性有所欠缺,这将增加企业与外部投资者之间的信息不对称程度,由此引发的道德风险和逆向选择问题将进一步加剧企业的融资难度(Myers and Majluf, 1984)。大量研究证实,融资约束会显著抑制企业创新(Brown et al., 2009;Brown and Petersen, 2011;余明桂等, 2019;张璇等, 2019),是企业创新的重要瓶颈。

本章认为,增值税税率调整可能通过增加内部现金流、缓解内源融资约束而促进企业创新。在理想状态下,当增值税抵扣链条完整时,各流通环节产生的增值税由终端消费者承担,企业只是代为缴纳。这意味着企业可以转嫁增值税税负,增值税税率变化并不会影响企业的税后收益,故不会对企业行为产生影响(Alesina et al., 2002;Kenkel, 2005;DeCicca et al., 2013)。然而,在现实中,增值税很可能影响企业行为。

第一,需求价格弹性的存在使得企业无法将增值税税负全部转嫁至终端消费者。假设在不存在增值税的情况下,消费者支付给生产者的价款为 P,引入增值税(value added tax, VAT)T_{VAT} 后,若生产者将税负完全转嫁至消费者,则消费者支付的价款变为 $P + T_{VAT}$。在排除需求价格弹性极端的情况后,随着消费者支付价款的增加,消费者的购买意愿和产品需求数量会下降,此时需求曲线下移。由于 T_{VAT} 需要上交至税务部门,生产者获得的价款仍为 P。为了提高消费者的购买意愿,生产者会适当削减价格,减少供给,此时供给曲线下移。产品价格削减和消费者需求数量下降将使生产者的生产剩余减少,故生产者可能无法以提高价格的方式将增值税税负完全转嫁给终端消费者,仍需自己承担部分税款,此时,增值税税率变化将显著影响企业行为(刘行和叶康涛, 2018)。现有研究论证了税负转嫁的不完全性。Coase(1960)认为,税收将在生产者和消费者之间重新分配,双方所承担的税负主要取决于商品的供给和需求弹性。

虽然 Choi（2010）对此提出疑问，认为供给和需求弹性并非决定生产者和消费者之间税负分配的唯一因素，但实际上认可了流转税税负并非完全由消费者承担这一前提。Carare 和 Danninger（2008）基于德国增值税税率改革的研究发现，消费者承担了 73%的增值税税负。增值税税率下降直接减少了企业当期的增值税支出，从而增加了企业当期经营性净现金流。

第二，与增值税相关的其他附加税费也将对企业现金流产生影响。除了增值税本身与企业现金流紧密相关，以企业实际缴纳的增值税和消费税税额为计税依据的城市维护建设税、教育费附加和地方教育附加也会直接影响企业的现金流。增值税税率下降使得企业增值税税额减少，这意味着与增值税相关的其他附加税费也会随之减少，企业税后现金流会增加。

第三，增值税税率降低将减少企业因发生某些销售行为而实际承担的增值税税负。具体而言，企业发生以下销售行为所产生的增值税需要其自行承担：①视同销售行为产生的增值税销项税额；②因发生应收账款坏账损失而无法收回货款及相应的增值税销项税额；③赊销过程中为客户提前垫付的增值税。对于前两种情形，企业已经确认了增值税销项税额，却无法从下游客户处获得相应的现金流入，此时增值税支出需要企业自行承担。对于第三种情形，虽然这部分增值税税款只是由企业暂时代为垫付，但考虑货币具有时间价值，企业实际上付出了从垫付增值税税款至收到客户货款这段时间内增值税税款的时间价值，相当于减少了企业的可支配资金。增值税税率下降后，企业因上述销售行为产生的增值税现金流出也将随之下降。

本章通过估算增值税税率调整对企业现金流的影响，有助于从理论上清晰、直观地论证增值税税率调整的作用机制。企业实际缴纳的增值税未在财务报表中披露，需要估算。鉴于本章的理论分析和现金流紧密相关，本章参考刘骏和刘峰（2014）的研究，估算企业的增值税现金流支出：增值税现金流支出 = 支付的各项税费-收到的税费返还-（所得税费用-递延所得税费用-Δ 应交所得税）-（营业税金及附加-Δ 应交的营业税金及附加），其中，应交的营业税金及附加 = 应交税费-应交所得税-应交增值税，"Δ"为当年相对上年的变动。本章样本企业的研发费用平均值为 1.250 亿元。如表 5-2 所示，增值税税率调整前（即 2016 年），样本企业的增值税支出平均值为 1.694 亿元。第一次税率调整后（即 2017 年），样本企业的增值税支出平均值为 1.693 亿元，相比税率调整前仅略有下降，可能的原因是，本次税率调整的覆盖范围较小（仅限于与生产生活紧密相关的货物，如农产品、液化石油气、天然气、食用盐、电子出版物等），受影响的企业数量仅占样本企业总数的 27.48%，加之相关政策于 2017 年 7 月 1 日才开始实施（仅影响纳税人纳税义务发生时间在 7 月 1 日及以后期间的业务），政策的平均效应尚不明显。第二次税率调整后（即 2018 年），全部企业均受到影响，样本企业的增值税支出平均值为 1.609 亿元，相比税率调整前减少了 0.085（＝1.694–1.609）亿元，这意味着企业在税率调整后平均可节约现金流 850 万元，相当于研发费用平均值的 6.80%（＝0.085/1.250）。第三次税率调整后（即 2019 年），样本企业的增值税支出平均值为 1.550 亿元，相比税率调整前减少了 0.144（＝1.694–1.550）亿元，这意味着企业在税率调整后平均可节约现金流 1440 万元，相当于研发 0.085/1.250 的 11.52%（＝0.144/1.250）。由此可见，增值税税率调整改善企业现金流的作用明显，能够为企业创新活动提供必要的资金保障，从客观上刺激企业创新。

表 5-2 增值税税率调整的现金流效应

项目	调整前	调整后		
	2016 年	2017 年	2018 年	2019 年
增值税支出平均值/亿元	1.694	1.693	1.609	1.550
增值税支出减少额/亿元	—	0.001	0.085	0.144
研发费用平均值/亿元	1.250			
增值税支出减少额占研发费用平均值的比例/%	—	0	6.80	11.52

此外，当企业的现金流状况改善后，银行等债权人以企业现金流状况为依据的贷款决策可能随之改变，从而影响企业的债务融资状况和创新行为。我国的金融体系以银行为主导，银行贷款是企业最重要的债务融资渠道（Amore et al.，2013；姜军等，2017）。相比于股权融资，企业更偏好通过债务融资为创新活动筹集资金。债务融资可以防止控制权被稀释（Myers and Majluf，1984），避免创新收益被攫取（Brown et al.，2012），且不同于股权融资信息披露的强制性，企业与银行之间的信息交流通常是非公开的，能最大限度地降低企业研发信息外泄的可能性（Benfratello et al.，2008；唐清泉和巫岑，2015）。因此，银行贷款成为企业创新活动的重要资金来源（Benfratello et al.，2008；Amore et al.，2013；张璇等，2019；王靖宇和张宏亮，2020）。现有研究证实，持续的信贷供给能有效促进企业创新（Ayyagari et al.，2011；Amore et al.，2013；马光荣等，2014）。债权人在进行借贷决策时会重点关注企业的利润、现金流等财务特征（Boubakri and Ghouma，2010），理性评估企业的偿债能力和违约风险，进而要求相应的风险溢价。增值税税率下降所带来的增值税支出减少改善了企业现金流，有助于提高企业的偿债能力，降低企业陷入财务困境和破产的风险，从而降低债权人的投资风险，可能使得债权人降低风险溢价要求，增加信贷资金供给，在一定

程度上缓解享受政策企业的外源融资约束，有助于企业突破资金约束瓶颈，开展更多的研发活动。

综上所述，增值税税率调整可能通过增加企业内部现金流和改善债务融资状况促进企业创新。据此，提出本章以下假设。

假设 5.1：限定其他条件，增值税税率调整有助于促进企业创新。

5.2 增值税税率调整影响企业创新的研究设计

5.2.1 样本选择与数据来源

本章以 2014~2019 年沪深 A 股上市企业为初始研究样本。以 2019 年为样本终止年是因为各大数据库的企业研发创新数据仅更新至 2019 年；以 2014 年为样本起始年，既保证了政策实施前有足够长的观察期，又尽可能控制了样本区间长度以减轻宏观经济因素干扰。在初始样本的基础上，本章执行如下筛选程序：①删除金融行业企业样本；②删除 ST、*ST 企业样本；③删除相关数据缺失的样本。最终得到 10771 个观测值。上述筛选程序与现有文献（刘行和赵健宇，2019；刘行和叶康涛，2018）基本一致。本章的专利数据和研发费用数据来自中国研究数据服务平台（Chinese Research Data Services Platform，CNRDS）数据库，该数据库不仅提供上市企业本身的专利数据，也提供包括其子企业、联营企业和合营企业专利数在内的集团企业合计专利数据。考虑上市企业不仅独立开展研发活动，而且需要借助子企业和联营企业的资源和技术进行联合研发活动，集团企业合计专利数据能够全面反映上市企业的创新水平（田轩和孟清扬，2018）。财务数据和实际控制人数据来自 CSMAR 数据库，增值税税率数据来自锐思（RESSET）数据库，地区金融市场化指数来自《中国分省份市场化指数报告（2018）》，本章对所有连续变量在1%和99%分位上进行了缩尾处理。

5.2.2 模型构建

Standard DID 假定处理组的所有个体开始受到政策冲击的时间点完全相同，然而现实中常常出现处理组个体开始受到政策冲击的时间点不一致的情况。Staggered DID 是 Standard DID 的拓展，适用于同一政策在影响群体中的渐进实施。为检验增值税税率调整对企业创新的影响，本章构建如下 Staggered DID 模型：

$$LnPatent = \theta_0 + \theta_1 Treat \times Post + ConVars + \mu + \gamma + \varepsilon \quad (5.1)$$

其中，LnPatent 为衡量企业创新的被解释变量；Treat 和 Post 分别为表示政策处理组和处理期的虚拟变量；μ 为企业固定效应；γ 为年度固定效应；ConVars 为随时间和个体变化的控制变量；ε 为随机误差项。值得注意的是，模型中不需要加入处理组虚拟变量 Treat，因为模型中的 μ 包含了更多的信息，即控制了个体层面不随时间变化的特征，而 Treat 仅控制了组别层面不随时间变化的特征，二者同时加入会产生多重共线性问题。同样地，模型中不需要加入处理期虚拟变量 Post，因为模型中的 γ 包含了更多的信息，即控制了每期的时间效应，而 Post 仅控制了处理期前后的时间效应，二者同时加入也会产生多重共线性问题。θ_1 为处理效应，θ_0 为常数项。此外，本章对标准误进行了企业层面的聚类调整，以避免随机误差项序列相关导致统计显著性被高估。

5.2.3 变量定义与度量

1. 解释变量

自 2017 年起，我国增值税税率经历了三次重大调整，仅 6%这一档税率从始至终未发生变化，但从上市企业多元化经营的现实情况可以合理推断，仅适用 6%这一档增值税税率的上市企业极少。本章的实证数据证实了这一推断，研究样本中不存在只适用 6%这一档增值税税率的企业，最终所有企业都接受了政策处理。因此，本章取 Treat = 1。

2017 年第一次增值税税率调整规定，取消 13%的增值税税率，原适用 13%税率的，税率调整为 11%。本章借鉴刘行和叶康涛（2018）的方法，如果企业适用的增值税税率中包含 13%这一档税率，那么该企业被认为受 2017 年税率调整的影响。对于此类企业，2017 年及以后年份取 Post = 1，反之取 Post = 0。2018 年第二次增值税税率调整规定，原适用 17%和 11%税率的，税率分别调整为 16%、10%。此次税率调整将影响几乎全部上市企业。因此，对于除受第一次税率调整影响之外的其他企业，2018 年及以后年份取 Post = 1，反之取 Post = 0。

2. 被解释变量

目前，主流文献多基于专利指标来构造企业创新变量（Aghion et al., 2013; He and Tian, 2013; Hsu et al., 2014; Mukherjee et al., 2017），在衡量企业创新时，专利指标相较于研发费用更为准确和科学，原因在于：第一，研发费用仅从财务资源这个维度反映了企业的研发投入，企业为创新活动投入的其他资源（如技术、人力、管理和组织等）均无法包含其中（Aghion et al., 2013），而专利指标准确反映了企业成功利用各种资源取得的最终创新成果，是企业技术进步的直接体现（Fang et al., 2014）；第二，研发费用存在列报失真的可能性（He and Tian，2013），而专利指标更为客观和真实。可见，使用研发费用衡量企业创新存在较大噪声。因此，本章亦基于专利指标构造企业创新变量。专利指标又可分为专利申请数量和专利获批数量，考虑增值税税率调整开始于 2017 年，距本章的样本截止年份较近，而一项专利从研发成功到最终获批平均需要两年（He and Tian，2013），在本章的样本区间内无法捕捉增值税税率调整对专利获批数量的影响。专利申请数量更及时地反映了企业创新成果（Fang et al.，2014），更适合本章针对增值税税率调整政策的研究情境。此外，根据《中华人民共和国专利法》，我国专利类型包括发明专利、实用新型专利和外观设计专利三种，其中，发明专利是对产品和方法的实质性创新，技术含量最高，获批难度最大，而实用新型专利和外观设计专利的技术含量相对较低（田轩和孟清扬，2018；权小锋和尹洪英，2017）。因此，本章重点关注企业的发明专利。综上所述，本章借鉴袁建国等（2015）、田轩和孟清扬（2018）及江轩宇等（2019）的做法，使用发明专利申请数量加 1 的自然对数（LnPatent）来衡量企业创新。此外，考虑企业创新决策、实施及最终产出需要耗费较长时间，本章重点关注 $t+1$ 期的创新产出情况。

3. 控制变量

参考 Fang 等（2014）、He 和 Tian（2013）及孟庆斌等（2019）的研究，本章控制如下可能影响企业创新的变量：企业规模（Size），等于期末总资产的自然对数；资产负债率（Lev），等于期末总负债/期末总资产；资产收益率（ROA），等于期末净利润/期末总资产；企业年龄（Age），等于上市年限的自然对数；企业成长能力（Growth），等于期末营业收入增长率；研发人数占比（RDstaff），等于研发人数/职工总数；董事会规模（Bsize），等于董事会人数的自然对数；高管薪酬（Pay），等于前三名高管薪酬总额的自然对数；股权制衡度（Share5），等于第二～第五大股东持股比例之和/第一大股东持股比例；第一大股东持股比例（Top1）。

5.3 实证结果与分析

5.3.1 描述性统计

表 5-3 示出了主要变量的描述性统计结果。未取对数的发明专利申请数量（Patent）的平均值为 33.291，中位数为 9，说明样本企业每年发明专利申请数量约为 33 个。Patent 的平均值远大于中位数，说明发明专利申请数量的样本分

布呈现明显的右偏,本章对发明专利申请数量取自然对数可以减小样本分布的离散程度,这一处理是科学的。企业成长能力(Growth)的平均值为0.197,反映我国上市企业的成长能力较好。资产负债率(Lev)的平均值为0.407,说明上市企业的整体负债水平较为合理,基本实现了偿债风险与获利能力之间的均衡。资产收益率(ROA)的平均值为0.035,说明样本企业盈利能力偏低。第一大股东持股比例(Top1)的平均值为0.332,75%分位数为0.424,说明75%以上的企业第一大股东没有达到绝对控制。其他变量结果与现有文献基本一致,不再赘述。

表5-3 主要变量的描述性统计

变量符号	平均值	标准差	最小值	中位数	75%分位数	最大值	样本量
Patent	33.291	128.011	0	9	26	4184	10771
LnPatent	1.925	1.601	0	1.946	3.135	5.892	10771
Size	22.151	1.186	20.001	22.001	22.821	25.811	10771
Lev	0.407	0.197	0.059	0.395	0.551	0.910	10771
ROA	0.035	0.065	−0.299	0.036	0.065	0.187	10771
Growth	0.197	0.411	−0.508	0.125	0.293	2.505	10771
Age	10.451	6.759	2	8	16	26	10771
Share5	0.149	0.103	0.015	0.123	0.200	0.502	10771
Bsize	2.190	0.312	1.099	2.197	2.398	2.890	10771
Pay	14.351	0.655	12.781	14.321	14.741	16.181	10771
Top1	0.332	0.140	0.085	0.312	0.424	0.705	10771
RDstaff	0.155	0.131	0.003	0.123	0.190	0.673	10771

5.3.2 相关性分析

表5-4列出了主要变量的Spearman和Pearson相关系数。结果显示,绝大多数控制变量均与企业创新(LnPatent)在1%水平上显著相关,且绝大多数控制变量之间的相关系数小于0.5,说明本章选取的控制变量较为合适,本章模型不存在严重的共线性问题。

表 5-4 主要变量的相关系数

变量	LnPatent	Size	Lev	ROA	Age	Share5	Bsize	Pay	Growth	Top1	RDstaff
LnPatent		0.298***	0.205***	0.001	0.066***	0.046***	0.096***	0.095***	0.099***	0.054***	0.036***
Size	0.338***		0.515***	−0.052***	0.458***	0.100***	0.195***	0.387***	0.057***	0.115***	−0.260***
Lev	0.205***	0.511***		−0.390***	0.338***	0.022**	0.149***	0.087***	−0.001	0.052***	−0.230***
ROA	0.062***	0.012	−0.350***		−0.236***	0.139***	−0.076***	0.248***	0.319***	0.107***	0.084***
Age	0.055***	0.411***	0.338***	−0.147***		−0.134***	0.172***	0.114***	−0.154***	−0.073***	−0.252***
Share5	0.070***	0.185***	0.035***	0.140***	−0.083***		−0.029***	0.016*	−0.022***	0.665***	−0.135***
Bsize	0.121***	0.202***	0.145***	−0.051***	0.171***	−0.018*		0.049***	−0.033***	−0.029***	−0.097***
Pay	0.116***	0.398***	0.079***	0.195***	0.117***	0.042***	0.038***		0.102***	−0.005	−0.001
Growth	0.075***	0.052***	0.009	0.220***	−0.081***	−0.015	0.018*	0.048***		−0.036***	0.096***
Top1	0.068***	0.166***	0.053***	0.131***	−0.044***	0.659***	−0.025***	0.005	−0.022***		−0.143***
RDstaff	−0.042***	−0.210***	−0.220***	0.029***	−0.200***	−0.138***	−0.085***	0.027***	0.061***	−0.141***	

注：右上角为 Spearman 相关系数，左下角为 Pearson 相关系数。

5.3.3 主回归结果

模型（5.1）的回归结果列于表 5-5。列（1）中仅放入了处理组（Treat）和处理期（Post）的交互项，列（2）在列（1）的基础上控制了企业财务特征，列（3）进一步控制了其他企业特征。结果显示，Treat×Post 的回归系数均在 1%水平上显著为正，这说明增值税税率调整显著促进了企业创新。从经济意义上来看，当加入全部控制变量时，Treat×Post 的回归系数为 0.1133，样本期内 Patent 的平均值为 33.291，这意味着增值税税率调整使得企业创新增加了约 11.33%（=100×0.1133%），具体到发明专利申请数量上相当于多出 3.77（=11.33%×33.291）个，具有显著的经济意义。上述结果验证了假设 5.1。

表 5-5 主回归结果

项目	（1）	（2）	（3）
	\multicolumn{3}{c}{$LnPatent_{t+1}$}		
Treat×Post	0.1138***	0.1178***	0.1133***
	(2.687)	(2.787)	(2.687)
Size		0.1556***	0.1423***
		(4.251)	(3.845)
Lev		0.0312	−0.0073
		(0.238)	(−0.056)
ROA		0.7754***	0.6565***
		(3.319)	(2.824)
Growth		0.0645**	0.0883***
		(2.396)	(3.132)
Age			−0.1129
			(−0.851)
Share5			−1.4156
			(−1.423)
Bsize			−0.0391
			(−0.927)
Pay			0.1048***
			(2.873)

续表

项目	（1）	（2）	（3）
	\multicolumn{3}{c}{LnPatent$_{t+1}$}
Top1			1.6821**
			(2.312)
RDstaff			0.1133
			(0.449)
Constant	1.9879***	−1.4472*	−1.9893
	(99.496)	(−1.843)	(−1.431)
N	10771	10771	10771
R^2	0.319	0.323	0.325
Year FE	是	是	是
Firm FE	是	是	是

5.3.4 机制分析

如 5.3.3 节所证，增值税税率调整显著促进了企业创新，本节将进一步探寻其中的作用机理。根据前面的逻辑推导，增值税税率调整可能通过两条路径促进企业创新：第一，改善企业现金流，缓解内源融资约束；第二，改善债务融资状况，缓解外源融资约束。本节将分别对上述两条路径进行验证。

本节使用两种指标衡量企业的内源融资状况：第一，参考李汇东等（2013）的研究，使用经营活动产生的现金流量净额/总资产（Ocf）作为内源融资的替代变量，Ocf 越大，表示企业内源融资状况越好。现有研究认为，创新投资的转换成本较高，会更加依赖现金流中较为持久的部分，而经营活动产生的现金流更为持久且更加难以被操纵（Cleary et al.，2007），是企业创新内源融资的重要来源。第二，参考阳佳余（2012）、罗宏和陈丽霖（2012）的研究，使用现金持有量/总资产（即现金持有水平，Cash）度量企业的内部积累，Cash 越大，表示企业内源融资状况越好。如果改善内源融资状况是增值税税率调整促进企业创新的路径，那么应该能够观察到，企业内源融资状况越差，增值税税率调整对企业创新的促进作用越大。表 5-6 列（1）和列（2）结果显示，Treat×Post×Ocf 的回归系数在 1%水平上显著为负，Treat×Post×Cash 的回归系数在 10%水平上显著为负，这说明企业内源融资状况越差，增值税税率调整对企业创新的促进作用越大，故增值税税率调整通过缓解内源融资约束促进企业创新的路径得以验证。

表 5-6 作用机制分析

项目	（1）经营现金流	（2）现金持有	（3）借款总额	（4）长期借款	（5）债务融资成本
	LnPatent_{t+1}				Debtcost_t
Treat×Post	0.1188***	0.0530	0.7589***	0.5606***	−0.0078***
	(2.805)	(1.486)	(2.791)	(3.049)	(−7.790)
Treat×Post×Ocf	−0.3799***				
	(−2.742)				
Treat×Post×Cash		−0.2048*			
		(−1.673)			
Treat×Post×Sumdebt			−0.0366***		
			(−2.866)		
Treat×Post×Longdebt				−0.0297***	
				(−3.243)	
Treat×Ocf	0.0972				
	(1.182)				
Treat×Cash		0.1156			
		(1.194)			
Treat×Sumdebt			0.0015		
			(0.676)		
Treat×Longdebt				−0.0003	
				(−0.192)	
Size	0.1482***	0.0741***	0.0437	0.0498*	0.0010
	(3.982)	(2.850)	(1.622)	(1.807)	(0.876)
Lev	−0.0182	−0.0820	0.0246	0.0481	0.0594***
	(−0.137)	(−0.915)	(0.225)	(0.444)	(13.715)
ROA	0.7562***	0.3076**	0.1675	0.1639	−0.0107*
	(3.109)	(2.173)	(0.861)	(0.846)	(−1.864)
Age	−0.1057	0.1732*	0.0838	0.0876	0.0044*
	(−0.794)	(1.737)	(1.539)	(1.600)	(1.823)
Share5	−1.4701	−1.2061*	0.1412	0.1030	−0.0452
	(−1.479)	(−1.876)	(0.178)	(0.130)	(−1.624)
Bsize	−0.0405	0.0103	−0.0349	−0.0371	−0.0008
	(−0.963)	(0.400)	(−1.008)	(−1.074)	(−0.848)

续表

项目	（1）经营现金流	（2）现金持有	（3）借款总额	（4）长期借款	（5）债务融资成本
	LnPatent$_{t+1}$				Debtcost$_t$
Pay	0.1002***	0.0373	0.0431	0.0436	−0.0016*
	(2.747)	(1.624)	(1.570)	(1.590)	(−1.845)
Growth	0.0880***	0.0657**	0.0177	0.0190	0.0019***
	(3.126)	(2.445)	(0.881)	(0.944)	(2.936)
Top1	1.7276**	0.7578	−0.0859	−0.0697	0.0121
	(2.379)	(1.596)	(−0.159)	(−0.129)	(0.558)
RDstaff	0.1019	−0.0533	−0.1285	−0.1130	
	(0.405)	(−0.321)	(−0.552)	(−0.483)	
Ppe					0.0449***
					(8.104)
Constant	−2.1138	−3.1683***	−1.8376**	−1.9899**	−0.0538
	(−1.521)	(−3.018)	(−2.238)	(−2.379)	(−1.555)
N	10771	10771	7362	7362	10771
R^2	0.326	0.028	0.078	0.079	0.131
Year FE	是	是	是	是	是
Firm FE	是	是	是	是	是

在债务融资状况方面，由于银行贷款是我国企业最重要的债务融资渠道（Amore et al.，2013；姜军等，2017）和企业创新活动的重要资金来源（Amore et al.，2013；张璇等，2019），本节重点关注企业的银行借款融资。借鉴Cosci等（2016）和海本禄等（2021）的研究，本节同时使用（短期借款+长期借款）/总资产（Sumdebt）和长期借款/总资产（Longdebt）衡量企业的银行借款状况。如果改善债务融资状况是增值税税率调整促进企业创新的路径，那么应该能够观察到，企业的银行借款越少，即企业债务融资状况越差，增值税税率调整对企业创新的促进作用越大。表5-6列（3）和列（4）结果显示，Treat×Post×Sumdebt和Treat×Post×Longdebt的回归系数均在1%水平上显著为负，这说明企业债务融资状况越差，增值税税率调整对企业创新的促进作用越大，故增值税税率调整通过改善债务融资状况促进企业创新的路径得以验证。

进一步地，本节试图验证税率调整后债权人降低风险溢价要求所带来的债务融资成本降低是不是企业债务融资增加的原因。本节借鉴林钟高和丁茂桓（2017）、钱雪松等（2019）的研究，使用财务费用/负债总计（Debtcost）衡量企业的债务融资成本[①]。参考周楷唐等（2017）、钱雪松等（2019）的研究，控制了如下可能影响企业债务融资成本的变量：企业规模（Size），等于期末总资产的自然对数；资产负债率（Lev），等于期末总负债/总资产；资产收益率（ROA），等于期末净利润/总资产；企业年龄（Age），等于上市年限的自然对数；企业成长能力（Growth），等于期末营业收入增长率；资本密集度（Ppe），等于固定资产净值/总资产；董事会规模（Bsize），等于董事会人数的自然对数；高管薪酬（Pay），等于前三名高管薪酬总额的自然对数；股权制衡度（Share5），等于第二～第五大股东持股比例之和/第一大股东持股比例；第一大股东持股比例（Top1）。表 5-6 列（5）结果显示，Treat×Post 的回归系数在 1%水平上显著为负，说明增值税税率调整显著降低了企业债务融资成本，进而增加了企业债务融资，为企业创新提供了资金支持。

5.3.5 异质性分析

如 5.1 节所述，首先，增值税税负转嫁的不完全性是增值税税率影响企业行为的重要前提；其次，改善外源融资状况是增值税税率调整促进企业创新的重要机制。因此，考察增值税税率调整的政策效应在不同税负转嫁难度和外源融资难度企业中的异质性有助于间接验证 5.3.4 节的机制分析。为此，本节将进一步从税负转嫁难度（产品需求价格弹性）和外源融资难度（产权性质、抵押担保能力和地区金融发展水平）层面予以细化。

1. 税负转嫁难度

企业所销售产品的需求价格弹性越大，消费者对产品价格变化越敏感，企业以提高售价的方式将增值税税负转嫁给消费者的难度越大（刘行和叶康涛，2018；刘行和陈澈，2021），因而这类企业受增值税税率调整的影响程度越大，表现为从增值税税率下降中获利更多。值得注意的是，若考虑两类企业在税率下调后的产品价格下降幅度差异，产品需求价格弹性较大的企业似乎从增值税税率下降中获利更少，这是因为产品需求价格弹性较小的企业的产品价格在税率下调后的下降幅度会小于产品需求价格弹性较大的企业，这意味着消费者能够更多地分享到产品需求价格弹性较大企业的税收收益，而难以分享到产品需求价格弹性较小企业的税收收益。但是，上述分析忽视了两类企业在商品价格下降后的需求增加幅度差异。相较于产品需求价格弹性较小的企业，产品需求价格弹性较大企业的产品价格下降一个单位所带来的消费需求增加幅度会更大，由此产生的收益也更大。

---

① 在收集和整理数据的过程中发现，企业利息支出数据包含大量的缺失值，约占样本量的 73.85%，故无法用于计算债务融资成本。

因此,产品需求价格弹性较大的企业从增值税税率下降中所获得的综合收益会大于产品需求价格弹性较小的企业(刘行和叶康涛,2018)。本节借鉴刘行和陈澈(2021)的方法,使用企业的市场占有率(Market)衡量企业的税负转嫁难度,市场占有率 = 企业的营业收入/所属行业的总营业收入。理论上,企业的市场占有率越大,意味着企业的市场地位越高,其产品的竞争力越强,需求价格弹性越小。企业的市场占有率越小,表示企业的产品需求价格弹性越大,税负转嫁难度越大。本节预期,增值税税率调整对企业创新的促进作用在税负转嫁难度较大的企业中更明显。调节效应结果列于表 5-7 列(1),结果显示,Treat×Post×Market 的回归系数在 5%水平上显著为负,这表明增值税税率调整对企业创新的促进效应在产品需求价格弹性较大(即税负转嫁难度较大)的企业中更明显,与前面的路径分析一致。

表 5-7 异质性分析

项目	(1) 税负转嫁难度	(2) 产权性质	(3) 抵押担保能力	(4) 地区金融发展水平
			$LnPatent_{t+1}$	
Treat×Post	0.1296***	0.1578***	0.1897***	0.1453***
	(3.033)	(3.433)	(3.539)	(2.892)
Treat×Post×Market	-2.1134**			
	(-2.566)			
Treat×Post×Soe		-0.1210**		
		(-2.553)		
Treat×Post×Ppe			-0.4277***	
			(-2.885)	
Treat×Post×Findev				-0.0154***
				(-3.062)
Treat×Market	-1.4115**			
	(-2.453)			
Treat×Soe		0.0348		
		(0.294)		
Treat×Ppe			0.0352	
			(0.172)	
Treat×Findev				0.0192*
				(1.838)
Size	0.1355***	0.1342***	0.1805***	0.0462**
	(3.458)	(3.618)	(4.184)	(2.183)

续表

项目	（1）税负转嫁难度	（2）产权性质	（3）抵押担保能力	（4）地区金融发展水平
	\multicolumn{4}{c}{$LnPatent_{t+1}$}			
Lev	−0.0327	−0.0257	−0.1600	0.0284
	(−0.249)	(−0.197)	(−1.140)	(0.394)
ROA	0.4891**	0.7247***	1.2436***	0.1209
	(2.177)	(3.105)	(5.071)	(0.904)
Age	−0.1386	−0.1311	−0.1061	0.0692
	(−1.061)	(−1.016)	(−0.590)	(1.046)
Share5	−1.4297	−1.3054	−0.1291	−0.0934
	(−1.439)	(−1.317)	(−0.129)	(−0.155)
Bsize	−0.0456	−0.0355	0.0047	−0.0437*
	(−1.080)	(−0.843)	(0.113)	(−1.761)
Pay	0.1102***	0.1024***	0.1018***	0.0424**
	(3.024)	(2.806)	(2.829)	(2.093)
Growth	0.0886***	0.0911***	0.0741**	0.0024
	(3.140)	(3.245)	(2.435)	(0.061)
Top1	1.6846**	1.6447**	0.5361	0.0976
	(2.319)	(2.270)	(0.720)	(0.231)
RDstaff	0.1126	0.1161	0.3058	−0.0985
	(0.451)	(0.461)	(1.093)	(−0.678)
Constant	−1.6741	−1.6501	−1.9933	−1.8529**
	(−1.194)	(−1.206)	(−1.105)	(−2.449)
N	10771	10771	10771	10771
R^2	0.327	0.326	0.219	0.068
Year FE	是	是	是	是
Firm FE	是	是	是	是

2. 外源融资难度

1）产权性质

国有企业和非国有企业在外源融资状况上存在显著差异，这深刻影响着增值税税率调整的实际效果。首先，根据预算软约束理论，为了追求政治目标，政府通过干预国有企业使其承担了政策性负担，如增加就业和控制失业。因此，政府需要对国有企业由于承担社会责任而导致的成本增加或盈利不佳做出相应的补偿，补偿的方式包括给予融资便利、财政补贴和税收优惠等（Megginson et al., 2014；Lin et al.，1998；江伟和李斌，2006）。同时，政府为国有企业提供的隐性贷款担保使得国有企业拥有更丰富的资源（余明桂等，2019）。与国有企业相反，非国有企业无从获取上述各类补贴和优惠，只能更多地依靠银行贷款和股权融资，融资渠道更为单一。

在我国的金融市场中，针对非国有企业的信贷歧视长期存在（李广子和刘力，2009；余明桂和潘红波，2010；陈耿等，2015）。非国有企业遭受信贷歧视的原因主要包括：第一，国有企业处于政府的隐性保护之下，在陷入财务困境、偿债困难时能够获得政府的扶持，因此，国有企业的债务违约风险较低（Chen et al.，2010b），而非国有企业无法享受政府庇护，因此，其财务风险比国有企业更高。第二，国有企业过度占用金融资源对非国有企业信贷产生了挤出效应，导致非国有企业不得不接受更苛刻的信贷条件，否则难以获得银行贷款（巴曙松等，2005）。针对非国有企业的信贷歧视造成信贷市场的资金主要流向了国有经济部门，对经济增长做出主要贡献的非国有经济部门却难以获得来自正规金融体系的支持（Allen et al.，2005；卢峰和姚洋，2004）。不仅如此，信贷歧视还造成非国有企业被迫承担更高的融资成本（Brandt and Li，2003），这是非国有企业外源融资约束严重的重要原因。

综上所述，相比国有企业，非国有企业面临的融资约束更严重（刘行等，2017；申慧慧和于鹏，2021），创新活动的资金缺口更大。本节预期，增值税税率调整对企业创新的促进作用在非国有企业中更明显。本节根据企业产权性质将样本分为国有企业（Soe = 1）与非国有企业（Soe = 0），调节效应结果列于表 5-7 列（2）。结果显示，Treat×Post×Soe 的回归系数在 5%水平上显著为负，这表明增值税税率调整通过缓解非国有企业的融资约束激励其创新，表现为增值税税率调整对企业创新的促进效应在非国有企业中更明显，从而验证了前面的路径分析。

2）抵押担保能力

理论分析认为，融资约束会显著抑制企业创新，是企业创新的重要瓶颈，而银行贷款是我国企业的重要融资渠道。基于此，本节将考察企业获取银行贷款的难易程度是否会影响增值税税率调整促进企业创新的实际效果。抵押担保能力是影响企业获取银行贷款的重要因素，固定资产是最常见的抵押物，因此，本节借鉴刘行等（2017）的做法，使用固定资产净值/总资产（即资本密集度，Ppe）衡量企业的抵押担保能力，Ppe 越大，表示企业抵押担保能力越强，获取银行贷款的难度越小。本节预期，增值税税率调整对企业创新的促进作用在获取银行贷款难度较大的企业中更明显。调节效应结果列于表 5-7 列（3），结果显示，Treat×Post×Ppe 的回归系数在 1%水平上显著为负，这表明增值税税率调整通过缓解银行借款难度较大企业的融资约束激励其创新，表现为增值税税率调整对企业创新的促进效应在抵押担保能力较弱的企业中更明显，从而验证了前面的路径分析。

3）地区金融发展水平

从外部约束条件来看，金融市场发展水平低是企业创新融资约束的重要原因。金融市场的功能不仅体现在资金融通，而且体现在减少信息收集成本及为投资项目提供更好的评估、选择和监督，进而优化资源配置（Hsu et al.，2014）。企业创新离不开金融的支持，发达的金融市场有助于拓宽企业融资渠道和降低融资成本，从而有效缓解企业创新的融资困境，推动企业创新（Chava et al.，2013；Brown et al.，2009；张璇等，2019）。本节借鉴刘行和叶康涛（2014）的做法，以王小鲁等（2019）计算的金融业市场化指数（Findev）来衡量地区金融发展水平。由于该指数只更新到2016年，本节借鉴曹越等（2020a）的方法，根据2016年以前各省区市金融业市场化指数的平均增长率将该指数推算至2019年。Findev越大，表示企业所处地区金融发展水平越高，外源融资难度越小。本节预期，增值税税率调整对企业创新的促进作用在所处地区金融发展水平较低的企业中更明显。调节效应结果列于表5-7列（4），结果显示，Treat×Post×Findev的回归系数在1%水平上显著为负，这表明在金融市场欠发达的地区，企业外源融资难度较大，此时，增值税税率调整增加企业内部积累、缓解内源融资约束的作用凸显，有效弥补了外源融资的不足，从而验证了前面的路径分析。

5.3.6 拓展性分析

如前面所证，增值税税率调整显著促进了企业创新，本节将进一步从投入-产出视角考察增值税税率调整对创新效率的影响。借鉴姚立杰和周颖（2018）、王华等（2020）的思路，使用第 $t+1$ 年发明专利申请数量/当年研发费用（Efficiency）衡量企业创新效率，并将 Efficiency 乘以 10^7 以便于结果观测。Efficiency越大，表示企业创新效率越高。本节将模型（5.1）的被解释变量替换为创新效率，重新对模型执行回归。回归结果列于表5-8。本节在列（1）中仅放入了处理组（Treat）和处理期（Post）的交互项，列（2）加入全部控制变量。结果显示，Treat×Post 的回归系数均在5%水平上显著为正，这说明增值税税率调整不仅显著促进了企业创新，而且提高了企业创新效率。

表 5-8 增值税税率调整与创新效率

项目	（1）	（2）
	Efficiency	Efficiency
Treat×Post	0.2008**	0.1795**
	（2.182）	（1.980）

续表

项目	(1)	(2)
		Efficiency
Size		−0.3958***
		(−5.007)
Lev		0.2312
		(0.560)
ROA		0.4060
		(1.005)
Growth		−0.0204
		(−0.293)
Age		0.0817
		(0.509)
Share5		0.7470
		(0.326)
Bsize		−0.0249
		(−0.395)
Pay		−0.0108
		(−0.134)
Top1		−0.1038
		(−0.056)
RDstaff		−0.9565***
		(−2.708)
Constant	0.7781***	8.8912***
	(21.840)	(3.569)
N	10734	10734
R^2	0.036	0.029
Year FE	是	是
Firm FE	是	是

第 6 章　亏损后转年限延长对企业研发投入的影响

本章研究检验亏损后转年限延长对企业研发投入的影响。《中华人民共和国国民经济和社会发展第十四个五年规划和 2035 年远景目标纲要》提出"坚持创新在我国现代化建设全局中的核心地位……强化企业创新主体地位，促进各类创新要素向企业集聚"。在我国全面建设社会主义现代化国家的关键时期，企业作为推动高质量发展的重要力量，其对研发的重视程度和投入力度受到来自顶层设计、学术研究及社会实践领域的广泛关注。然而，创新所具有的特性使开展创新活动的企业难以通过市场配置实现资源的最优分配，从而引发该领域的市场失灵（Nelson，1959；Arrow，1962）。具体而言，一方面，创新具有显著的正外部性，创新过程产生的知识和技术溢出效应会使其他企业乃至整个社会从中受益（Glaeser et al.，1992），同时，创新成果在使用和收益上具备非排他性和非独占性（童锦治等，2018），上述特性使从事创新活动的企业无法获得全部创新收益。另一方面，创新具有投入高、周期长、失败率高和回报不可预知等高风险特征（Holmstrom，1989），这使企业开展创新活动的成本十分高昂。收益与成本的不匹配导致企业的研发投入往往低于社会最佳水平。为了解决因市场失灵引发的研发投入低下，各国政府普遍通过实施财政政策激励企业增加创新支出（Romer，1986；Aghion and Howitt，1992），亏损结转就是其中重要的政策工具之一。为贯彻落实创新驱动发展战略，更好地支持创新型企业的发展，财政部、国家税务总局于 2018 年 7 月 11 日发布《关于延长高新技术企业和科技型中小企业亏损结转年限的通知》（财税〔2018〕76 号），规定自 2018 年 1 月 1 日起，高新技术企业和科技型中小企业亏损结转最长年限由 5 年延长至 10 年。

亏损结转政策通过准允纳税人使用其他纳税年度盈利对某一纳税年度发生的经营亏损进行抵补，使得国家帮助企业承担部分损失[①]，分担投资风险，减少创新失败时企业面临的成本，有助于提高创新项目整体的期望收益，缓解因市场失灵引发的研发投入低下。在结转形式上，亏损结转分为亏损前转（loss carryback）和亏损后转（loss carryforward）：前者是指企业发生亏损的当年可以使用以前年度的利润额进行抵扣，并退回相应已缴纳的所得税税款；后者是指当纳税人发生年度亏损时，可以使用以后纳税年度的所得对其进行补偿，并在弥补年度减少相应

---

① 即国家让渡企业所得税税收利益给企业。

数额的应纳税额。新冠疫情的暴发、众多自然灾害的出现及亏损前转在全球范围的逐渐取消（Heitzman and Lester，2022）使亏损后转政策愈加重要。此外，该政策的特殊性质使其对企业的影响与其他税收优惠政策相比存在较大差异：首先，亏损后转无法通过减少当期税收支出使企业获得即期的现金流支持；其次，企业能否享受税收优惠具有较大的不确定性，这是因为企业可否采用亏损进行抵扣取决于日后的经营状况，Bethmann等（2018）对21个国家企业的研究发现，样本中50%的亏损企业没有在规定期内实现对亏损的全额抵扣；最后，亏损后转与其他财税政策之间存在复杂的相互作用，例如，它可以使企业更好地消化研发费用加计扣除政策可能造成的巨额亏损，从而充分享受政策红利，但同时它也会使企业损失固定资产加速折旧政策所带来的资金时间价值。综上，亏损后转政策愈加重要的同时，关于其对企业的影响仍然莫衷一是。

亏损结转是政府用来解决市场失灵的财政工具，但运用不当可能产生资源错配等政府失灵相关问题。Bethmann等（2018）的研究发现，相对于亏损后转，更为宽松的亏损前转政策会延长低生产率企业退出市场的时间。Auerbach（1986）指出，亏损结转政策一直试图在默许失败企业继续无效经营和鼓励企业勇于承担风险投资之间取得平衡——过于宽松的亏损结转政策会使失去活力的亏损企业存活下来挤占市场资源，并可能导致僵尸企业（zombie）的形成；过于严格的亏损结转政策则可能抑制具有发展潜力的企业承担风险的积极性。如何对企业进行甄别是解决此问题的关键。《中共中央 国务院关于构建更加完善的要素市场化配置体制机制的意见》中强调"引导各类要素协同向先进生产力集聚"，同时指出需具有"问题导向，分类施策"。根据企业生命周期理论，处于不同生命周期阶段的企业在组织规模、营利性、成长性和战略目标等方面存在显著差异（Miller and Friesen，1984），使得其在不同时期有着不一样的创新需求（马玉琪等，2017），并面临不同程度的融资约束（黄宏斌等，2016）。因此，基于企业所处生命周期阶段，进行分类施策，使资源向有活力、有潜力和有需要的企业聚集，可以实现要素市场配置优化，更好地缓解创新领域的市场失灵及干预不当可能造成的政府失灵问题。

如前面所述，基于亏损后转政策的特殊性质，学术界关于其对企业投资决策的影响众说纷纭：一些研究认为，亏损后转政策的实施使政府与企业共担风险，从而促使企业增强风险承担能力并增加投资支出（Edgerton，2010；Dreßler and Overesch，2013；毛捷等，2016）；另一些研究指出，相比亏损前转，亏损后转的激励程度和税收优惠力度有限，在理论模型和实证检验中对企业的投资策略都不具有较大影响（Barlev and Levy，1975；Auerbach and Poterba，1986；Devereux et al.，1994；Cooper and Knittel，2006；Cooper and Knittel，2010；Ljungqvist et al.，2017；Langenmayr and Lester，2018）。

现有文献为本章奠定了重要基础，但仍有待进一步推进：首先，多数研究较少考虑企业异质性对亏损结转政策实施效果的影响，尤其忽略了时间维度上的异质性——企业生命周期。基于亏损后转政策的特点，企业成功享受政策红利需要满足的条件较为苛刻，且横跨周期长，企业进行投资决策（尤其是创新这类会增加未来经营不确定性的高风险投资）需要将现在的经营状况和未来的经营前景都考虑在内。因此，在对亏损后转政策的效应进行研究时，忽略企业异质性容易使结果产生偏误。其次，现有文献在亏损结转政策效应的识别上仍有完善空间。目前较常使用的识别检验方法有三种：第一，通过研究所得税税率变化对企业风险承担的影响来间接检验亏损结转政策的政策效应（Dreßler and Overesch，2013；毛捷等，2016；Ljungqvist et al.，2017）；第二，使用不同国家亏损结转年限作为解释变量进行回归（Langenmayr and Lester，2018）；第三，通过企业盈亏的顺序来定义其是否为亏损结转政策的受益企业，以其作为解释变量参与回归（Bethmann et al.，2018）。上述方法一定程度上都存在识别不准确和遗漏变量等内生性问题，从而影响结论的科学性。

本章拟通过延长高新技术企业亏损后转年限（财税〔2018〕76号）这一准自然实验来检验亏损后转政策对企业研发投入的影响。首先，本章以 2015~2020 年中国沪深 A 股上市企业的数据为样本，运用面板 DID 进行实证研究。实证结果显示，在控制可能影响企业投资决策的企业层面特征、年度固定效应和行业固定效应之后，亏损后转年限延长对企业研发投入有显著的促进作用。在进行一系列稳健性检验之后，本章的结论依然不变。其次，本章考虑企业时间维度上的异质性——企业生命周期对研究结论的影响，结果发现，亏损后转年限延长对企业研发投入的促进作用只在成长期和成熟期的企业中显著；不同生命周期阶段企业在融资约束和经营前景上的差异是影响亏损后转政策激励效果的重要因素。最后，本章探究亏损后转政策放宽与僵尸企业之间的联系，发现亏损后转年限延长对企业研发投入的促进效应只在非僵尸企业的组别中显著；财税〔2018〕76号实施后，企业僵尸化的概率有所增加，且这一问题在淘汰期的企业中最为严重，衰退期次之。

本章的研究贡献在于：第一，研究视角上，本章首次从企业创新视角讨论亏损后转年限延长政策的经济后果，实证检验了吉黎（2020）提出的亏损结转政策的创新效应；就市场失灵与政府失灵及其关系这一长期存续的重要研究问题，本章从亏损后转政策方面进行探索，发现该政策在缓解创新领域市场失灵问题上具有积极作用，但在实施过程中忽略企业异质性也可能引发资源错配等政府失灵问题，首次对亏损后转政策可能存在的负向影响进行检验。第二，研究内容上，本章将企业生命周期理论纳入亏损后转年限对企业研发投入影响的讨论中，并就不同生命周期阶段企业在创新意愿、融资约束和经营前景方面的差异对政策实施效果的影响因素进行分析,为亏损后转政策能否有效激励企业研发投入这一争论提供一个较为合理的理解角度。第三,研究方法上,本章利用财税〔2018〕76号实施这一准自然实验环境,运用DID检验该政策对企业研发投入的影响。鉴于现有文献在亏损结转政策效应的识别上仍有完善空间,存在识别不准确和遗漏变量等内生性问题。本章利用财税〔2018〕76号实施这一冲击,运用DID对亏损后转年限延长与企业研发投入之间的因果效应进行识别。在控制年度固定效应和行业固定效应的基础上,采用企业层面的聚类稳健标准误,并进一步通过PSM+DID等一系列稳健性检验来确保结论的严谨性和科学性。

6.1 亏损后转年限延长影响企业研发投入的理论分析

税收是国家财政最主要的收入形式和来源[①],同时是一种重要的政策工具(Ljungqvist et al.,2017;Armstrong et al.,2019),对企业经济活动有着重大影响。税收政策所具有的不对称性会导致高风险项目的期望收益减少,从而扭曲企业的投资决策,使其风险投资支出降低(Domar and Musgrave,1944;Stiglitz,1969;Auerbach,1986;Ljungqvist et al.,2017;Langenmayr and Lester,2018)。税收政策不对称是指政府在对待企业的盈利和亏损时采取不同的态度和处理方法:对于企业获得的利润,政府会按照计算出的应纳税额立即对其征税;对于企业发生的损失,政府却不能给予一个及时的现金流弥补(Auerbach,1986)。以具体例子对税收政策不对称降低企业风险投资这一逻辑进行阐述。如表6-1所示,假设现在有两个投资项目,分别是甲和乙;投资结果有"好"和"坏"两种。甲项目"好"结果出现的概率为P_1,预期收益为A_1;"坏"结果出现的概率为$1-P_1$,预期收益为B_1;$A_1>B_1>0$。乙项目"好"结果出现的概率为P_2,预期收益为A_2;"坏"结果出现的概率为$1-P_2$,预期亏损为$-B_2$;$A_2>B_2>0$。假定所有企业均为风险中性,在不考虑企业所得税的情况下,令两个项目的期望收益相等,即$A_1P_1+B_1(1-P_1)=A_2P_2-B_2(1-P_2)$。此时,对企业而言,风险较低的甲项目和风险较高的乙项目在效用上不存在差异。令企业所得税税率为T,在没有亏损结转政策的情况下,政府对企业的盈利征税,但不参与分担企业的亏损。因此,项目甲的期望收益为$[A_1P_1+B_1(1-P_1)](1-T)$,项目乙的期望收益为$[A_2P_2-B_2(1-P_2)](1-T)-B_2(1-P_2)T$,项目乙比项目甲的期望收益少了$B_2(1-P_2)T$,此时,企业会偏好风险较低的投资项目。由此可知,税收政策不对称性会使企业回避高风险的投资项

---

① 2018年、2019年和2020年全年全国一般公共预算收入分别为183352亿元、190382亿元和182895亿元,其中,税收收入分别为156401亿元、157992亿元和154310亿元,税收收入在全年全国一般公共预算收入中占比分别为85.30%、82.99%和84.37%(资料来源:国家统计局)。

目，特别是创新活动，这是因为创新活动本身具有投入大、周期长、失败率高和回报不可预知等高风险特征（Holmstrom，1989）。

表6-1 所得税、亏损结转与企业投资决策

决策	项目甲	项目乙
"好"结果（预期收益×发生概率）	A_1P_1	A_2P_2
"坏"结果（预期收益×发生概率）	$B_1(1-P_1)$	$-B_2(1-P_2)$
不考虑所得税时的期望收益	$A_1P_1+B_1(1-P_1)$	$A_2P_2-B_2(1-P_2)$
考虑所得税无亏损结转时的期望收益	$[A_1P_1+B_1(1-P_1)](1-T)$	$A_2P_2(1-T)-B_2(1-P_2)$ $=[A_2P_2-B_2(1-P_2)](1-T)-B_2(1-P_2)T$
考虑所得税有亏损结转时的期望收益	$[A_1P_1+B_1(1-P_1)](1-T)$	$A_2P_2(1-T)-B_2(1-P_2)+B_2(1-P_2)T$ $=[A_2P_2-B_2(1-P_2)](1-T)$

为了减弱税收政策不对称对企业创新等风险投资活动的消极影响，学者认为应当合理运用亏损结转政策（Domar and Musgrave，1944；Auerbach，1986）。亏损结转通过准予纳税人使用其他纳税年度盈利对某一纳税年度发生的经营亏损进行抵补，从而帮助企业分担部分投资风险，增加高风险项目的期望收益。同样见表6-1，在上述情景的基础上，进一步引入亏损结转政策。假设一种极端情况，即企业发生的亏损可以立即实现全额抵扣，此时，高风险项目乙在投资失败出现$-B_2$的亏损时，会获得B_2T的税收返还，因此，该项目的期望收益（$[A_2P_2-B_2(1-P_2)](1-T)$）与低风险项目甲的期望收益（$[A_1P_1+B_1(1-P_1)](1-T)$）不再存在差异，对风险中性的企业具有同等吸引力。综上，亏损结转政策可以缓解由税收政策不对称引发的企业投资决策扭曲。与没有亏损结转政策的情况相比，此时，企业更愿意对研发创新之类的高风险项目进行投资。

值得注意的是，现实中各国普遍采取的亏损结转方法与上述分析中所列举的极端情况下的例子存在差异。通过上述理论分析发现，如果企业发生的亏损可以立即实现全额抵扣，那么税收政策不对称不复存在，高风险项目与低风险项目的期望收益一致，企业将不会回避高风险投资，投资决策也不会发生扭曲。但是，在实际生产经营中，企业产生的亏损并不一定可以实现全额抵扣[①]，抵扣金额的多少取决于亏损结转政策的宽松程度。亏损结转政策越宽松，企业越容易实现亏损金额的抵扣，对税收政策不对称的缓解程度也越大，从而对企业创新等风险投资决策的扭曲程度更小（Langenmayr and Lester，2018）。在结转形式上，亏损前转相对于后转更为宽松，它可使企业在亏损当年获得一个即时的

---

① Bethmann等（2018）通过对21个国家共905899家企业2005~2013年的数据统计发现，样本中50%的企业没有实现亏损的全额抵扣。

现金流支持，而无须等到未来盈利（Graham and Kim，2009）；但在世界范围内，实施亏损前转政策的国家和地区较少①且这一政策正在被逐渐取消（Heitzman and Lester，2022）。

亏损后转政策的宽松程度主要与后转年限有关，较长的后转年限有助于增大企业成功实现亏损抵扣的概率（Majd and Myers，1987；Edgerton，2010；Dreßler and Overesch，2013）。创新活动具有投入高、周期长、失败率高和回报不可预知等高风险特征（Holmstrom，1989）；加之研发费用加计扣除的政策效应，可能使许多企业在研发初期从会计上的盈利企业变成企业所得税上的亏损企业，或造成企业所得税上的亏损数额增大。研发投入造成的巨大亏损额和创新活动较长的盈利周期使企业在较短的亏损后转年限中很可能无法实现对亏损的抵扣，同时使研发费用加计扣除政策的优惠力度大打折扣。财税〔2018〕76 号规定，高新技术企业和科技型中小企业亏损后转最长年限由 5 年延长至 10 年。亏损后转年限的延长可以增加企业在未来经营期间抵扣成功的概率，从而提高企业研发项目的期望收益；同时，也可以使企业当期研发费用加计扣除引发的应纳税额大额亏损通过未来足够的盈利来消化，让企业充分享受研发费用加计扣除政策带来的红利。研发项目收益的提高将吸引企业将资源投入到创新活动中。据此，本章提出以下假设。

假设 6.1：亏损后转年限延长会促使企业增加研发投入。

基于需求定理，需求是购买欲望与购买能力的统一。延伸至创新需求这一概念时，则指企业拥有创新意愿及可用于研发投入的资源。根据企业生命周期理论，处于不同生命周期阶段的企业在组织规模、营利性、成长性和战略目标等方面存在显著差异，由此导致其在不同时期有着不一样的创新意愿，并面临不同程度的资源约束（Miller and Friesen，1984）。企业在进行创新决策时主要受到两种约束类型的影响：第一，创新机会约束，即缺乏好的创新项目；第二，融资约束，即缺乏创新活动所需资金（Modigliani and Miller，1958；Fazzari et al.，1988；Schoder，2013；于泽等，2015；宋建波等，2019）。考虑亏损后转政策对企业创新活动可能的影响机理，本章主要从创新活动前期企业的创新意愿、可能面临的融资约束及创新活动后期企业的经营前景三个角度对不同生命周期阶段的企业进行分析，由此探究亏损后转年限延长对企业研发投入影响的异质性。选择这三个角度切入是因为：首先，企业需具备创新意愿才会开展创新活动，它关系到企业是否会将政策红利转化为创新支出；其次，亏损后转政策无法在企业亏损当期给予其现金流支持，因此企业需具备可用于研发的充足资金；最后，企业需在后期经营中获利时才能使用亏损额对应纳税额进行抵扣，从而享受政策红利，因此，只有在其对未来经营前景有良好预期时，才会受亏损后转年限延长政

---

① 目前世界上只有少数国家和地区允许亏损前转，且前转年限大多为 1 年（包括法国、德国、爱尔兰、日本、韩国、荷兰、新加坡和英国），前转最长年限为 3 年（包括加拿大和圣马丁岛）（资料来源：Worldwide Corporate Tax Guide 2020）。

策的激励对创新加大投入，Langenmayr 和 Lester（2018）的研究也发现，亏损结转政策是否影响企业风险投资取决于企业是否可以在未来实现亏损抵扣。

首先，就不同生命周期阶段企业的创新意愿展开讨论。初创期企业往往采取利基战略①，通过专业化的经营来占领通常被大企业所忽略的细分市场，从而最大限度地获取利益并站稳根基。为了实现这一战略，企业需要实行重大创新，因此具有很强的风险承担意愿（Miller and Friesen，1984）。成长期企业已初尝到产品差异化所带来的甜头，并致力于进一步打造品牌独特性以攻占其他市场领域（Dickinson，2011）。在扩张的过程中，企业需要持续加强自身的竞争优势，因此拥有较强的创新意愿（Miller and Friesen，1984）。成熟期企业已稳定占领部分市场并正在享受前期高额研发支出所带来的红利（Dickinson，2011），这个阶段企业的战略方向主要是巩固市场及提高效率，与前期相比，创新意愿较为保守（Miller and Friesen，1984）。衰退期企业正在逐渐失去已有的竞争优势，此阶段企业往往期望通过新产品的研发与运营推动自身进入新的生命周期循环，因此具有极强的创新意愿（Miller and Friesen，1984；黄宏斌等，2016）。淘汰期企业对风险极度厌恶且战略十分保守，此阶段企业通常尽力收割已有市场份额，创新意愿极低（Miller and Friesen，1984）。

其次，在融资约束方面，将从内源融资和外源融资两个渠道展开分析。在内源融资上，初创期企业产品竞争力较弱且生产效率较低，因此难以在经营活动中获得盈利（Lynall et al.，2003；Liao，2006），导致很少有留存收益可用于再投资。当企业进入成长期后，产品在市场中的竞争力已显著增强，经营利润不断增加（Selling and Stickney，1989；Dickinson，2011），使企业有大量资金可用于创新活动的开展（Zhao and Xiao，2019）。企业的财富在成熟期时到达顶峰（Dickinson，2011），此阶段企业拥有多种类和多样化的产品，稳定占领部分市场份额（Gort and Klepper，1982），并从中获取丰厚利润。衰退期企业在产品竞争力和数量上都出现了明显降低（Gort and Klepper，1982），由此导致产品价格的下降和企业利润空间的不断压缩（Wernerfelt，1985）。淘汰期企业的市场份额持续萎缩，且没有新产品可投入市场（Gort and Klepper，1982），企业自身财务状况进一步恶化。

在外源融资上，初创期企业经营不确定性较高，尚未建立起良好的市场声誉，外界投资者对其大部分持谨慎态度，限制了企业的外部资金来源（刘诗源等，2020）。成长期企业前期积累的声誉和资源使其相对初创期企业有更强的能力去获得外源融资（Zhao and Xiao，2019）。成熟期企业拥有高水平的市场占有率、丰厚的盈余积累、稳定的利润水平和充足的现金流（黄宏斌等，2016），这些资源使企

---

① 利基战略是指企业为了避免在市场上与强大的竞争对手发生正面冲突而受其攻击，选取被大企业忽略的、需求尚未得到满足、力量薄弱的、有获利基础的小市场作为其目标市场，集中力量进入并成为领先者。

业进行外源融资时更为容易（Barclay and Smith，2005）。衰退期和淘汰期企业缺乏新的利润增长点，现金流开始萎缩且财务状况不断恶化（黄宏斌等，2016），较差的业绩表现容易使外部投资者丧失对该部分企业的信心，不愿将资金注入其中，从而使这部分企业面临较大的外源融资约束。

最后，在经营前景方面，初创期企业对未来的经营方向仍处于摸索和探究阶段，面临较大的不确定性；同时，由于尚未建立品牌忠诚度，缺乏稳定的客户群，并且在企业运营上存在知识与经验的不足，这些因素通常会导致企业在较长的一段时间内处于亏损状态（Jovanovic，1982）。基于前期的积累与探索，成长期企业已建立起一定的竞争优势，利润处于高速增长状态（Selling and Stickney，1989），此阶段企业的发展势头良好，经营前景较为稳定且乐观。成熟期企业拥有高水平的市场占有率、丰厚的盈余积累、稳定的利润水平和充足的现金流（黄宏斌等，2016），此阶段企业注重效率的提升与市场的巩固（Miller and Friesen，1984），经营前景较为稳定。衰退期企业由于之前建立的竞争优势不断丧失，利润空间持续被压缩，企业往往会寻找新的利润增长点，希望通过新产品的开发与运营使自身进入新的生命周期循环（Dickinson，2011），此阶段企业未来的经营状况面临较大的不确定性。此外，Benmelech 等（2010）的研究表明，衰退期企业的高管为了向外界隐瞒企业经营不善的现状，会投资预期净现值为负的项目（此时企业缺少预期净现值为正的投资项目），以使人们相信企业仍拥有较强的投资机会和发展潜力，该举动会进一步恶化企业未来的经营业绩。淘汰期企业的市场份额持续萎缩，且未寻找到新的利润增长点（Gort and Klepper，1982），导致企业成长性减弱，未来收益下滑（Wernerfelt，1985）。

如前面所述，当企业拥有一定的创新意愿、融资约束较小且对未来经营前景有较为稳定的良好预期时，亏损后转政策才能有效激励企业加大研发投入。初创期和衰退期企业创新意愿虽强，但前者主要受困于融资约束，后者则缺乏好的投资机会，难以发现新的利润增长点，并且两者经营前景都具有较大的不确定性。因此，综合以上分析，本章提出以下假设。

假设 6.2：亏损后转年限延长主要促使成长期和成熟期企业增加研发投入。

6.2 亏损后转年限延长影响企业研发投入的研究设计

6.2.1 样本选择与数据来源

财税〔2018〕76 号规定，自 2018 年 1 月 1 日起，高新技术企业和科技型中小企业亏损结转最长年限由 5 年延长至 10 年。使用 DID 的前提条件是政策干预前处理组和控制组具有共同趋势，而在干预后两组受到政策的影响程度不同。

为满足 DID 的使用场景，本章以 2018 年为政策发生年份，选取 2015~2020 年沪深 A 股上市企业共 21758 个企业-年度层面的观测值作为初始样本，并在此基础上进行如下筛选：①因金融行业企业与其他行业企业的财务指标不具有可比性，故删除 527 个金融行业企业样本；②由于数据库中没有科技型中小企业资质认定数据，无法将这部分受政策影响的企业识别出来进行分组，本章根据《科技型中小企业评价办法》第六条，科技型中小企业须同时满足"职工总数不超过 500 人、年销售收入不超过 2 亿元、资产总额不超过 2 亿元"，将符合这一条件的企业样本进行剔除，使保留下的企业中不存在科技型中小企业，在这一过程中共删除 65 个企业样本；③ST、*ST 及 PT 企业的相关数据可能存在异常，从而导致回归结果不准确，于是剔除 979 个企业样本；④部分企业仅在某段样本区间内获得高新技术企业认证，无论将其归为处理组还是控制组都会使结果产生偏误，故将 7636 个企业样本剔除；⑤删除 3812 个相关变量数据缺失的企业样本。经过上述筛选程序，最终共获得 8739 个观测值，样本筛选过程如表 6-2 所示。本章企业资质认定数据来自 CSMAR 数据库；研发投入数据来自 CNRDS 数据库；其余企业特征和财务表现方面数据来自 CSMAR、CNRDS 和 WIND 数据库。本章对所有连续变量在 1%和 99%的分位水平上进行缩尾处理以避免极端值的影响。此外，为了使回归结果更为稳健，本章采用企业层面的聚类稳健标准误。

表 6-2 样本筛选过程

筛选程序	样本量
初始企业样本	21758
删除金融行业企业样本	21231
删除科技型中小企业样本	21166
删除 ST、*ST 和 PT 企业样本	20187
删除在样本期间部分阶段为高新技术企业的企业样本	12551
删除相关变量数据缺失企业样本，即最终企业样本	8739

6.2.2 变量定义与度量

1. 被解释变量

借鉴李常青等（2018）、李宇坤等（2021）的做法，本章使用企业研发支出/营业收入来衡量企业的研发投入。

2. 核心解释变量

2008 年 4 月，科技部与财政部、国家税务总局联合发布《高新技术企业认定管理办法》，首次对高新技术企业进行界定。高新技术企业资格自颁发证书之日起有效期为三年，企业获得该认定后需每三年进行复审。借鉴毕晓方等（2017）、邱洋冬和陶锋（2020）对高新技术企业样本的确定方法，本章根据 CSMAR 数据库中披露的高新技术企业认定数据，将在 2015 年及之前被确定为高新技术企业且在 2015～2020 年持续通过复审的上市企业划分为处理组（Treat = 1），在样本期间从未获得高新技术企业认定的企业归为控制组（Treat = 0）。本章定义 Post 为财税〔2018〕76 号是否实施的虚拟变量，若样本企业处于政策实施当年（2018）及以后年份，则取 Post = 1，否则取 Post = 0。Treat 和 Post 的交互项即本章的核心解释变量。

3. 控制变量

为缓解遗漏变量对回归结果的干扰，本章参考 Bethmann 等（2018）的研究，在模型中加入下列控制变量：企业规模（Size）、资产负债率（Lev）、资产收益率（ROA）、企业成长能力（Growth）、企业年龄（Age）、产权性质（Soe）、现金持有水平（Cash）、固定资产占比（Fix）。变量定义见表 6-3。此外，本章还控制年度固定效应和行业固定效应。

表 6-3 变量定义

变量符号	变量定义	计算方式
RD	研发投入	本期研发支出/本期营业收入
Treat	是否为处理组	企业持续获得高新技术企业认定：Treat = 1 企业未获得高新技术企业认定：Treat = 0
Post	是否处于政策实施后	2018 年及以后年份：Post = 1 2018 年以前：Post = 0
Size	企业规模	期末总资产的自然对数
Lev	资产负债率	期末总负债/期末总资产
ROA	资产收益率	期末净利润/期末总资产
Growth	企业成长能力	期末营业收入增长率
Age	企业年龄	ln（当年年份–企业成立当年年份 + 1）
Soe	产权性质	国有企业：Soe = 1；否则，Soe = 0
Cash	现金持有水平	本期货币资金/期初总资产
Fix	固定资产占比	期初固定资产净额/期初总资产

6.2.3 模型构建

财税〔2018〕76 号的实施对企业属于外生的准自然实验，故本章借鉴已有文献的做法，采用 DID 模型对该政策效应进行识别，以缓解遗漏变量和反向因果等问题对估计结果可能造成的偏误。本章的研究模型设定如下：

$$RD_{i,t}=\beta_0+\beta_1 Treat_i \times Post_t+\beta_2 Treat_i+\beta_3 Post_t+\sum \gamma X_{i,t}+\sum Year+\sum Industry+\varepsilon_{i,t} \quad (6.1)$$

其中，被解释变量为研发投入（RD）；β_1 为主要关注的回归系数。若 β_1 显著为正，则亏损后转年限延长会使企业加大研发投入；反之，则不会；$X_{i,t}$ 为控制变量组；$\sum Year$ 和 $\sum Industry$ 分别为年度固定效应和行业固定效应；$\varepsilon_{i,t}$ 为随机误差项。

6.3 实证结果与分析

6.3.1 描述性统计

表 6-4 列出了主要变量的描述性统计结果。Panel A 报告了各变量在政策实施前的描述性统计结果。结果显示，高新技术企业研发投入的平均值在政策实施前显著高于非高新技术企业。Panel B 报告了各变量在政策实施后的描述性统计结果。结果显示，在政策实施后，两组企业研发投入较前期均有增长，但高新技术企业研发投入的增长速度高于非高新技术企业，两组间的研发支出差距从 0.026 扩大至 0.028。这初步证明亏损后转年限延长会促使企业增加研发投入。

表 6-4 主要变量的描述性统计

变量符号	Panel A：政策实施前的样本描述性统计				
	处理组		控制组		平均差异检验
	样本量	平均值	样本量	平均值	
RD	1557	0.051	2283	0.025	0.026***
Size	1557	21.782	2283	22.777	−0.995***
Lev	1557	0.352	2283	0.471	−0.119***
Growth	1557	0.219	2283	0.197	0.022
Age	1557	2.861	2283	2.979	−0.118***
ROA	1557	0.045	2283	0.030	0.015***
Soe	1557	0.144	2283	0.478	−0.334***
Cash	1557	0.222	2283	0.203	0.019***
Fix	1557	0.216	2283	0.231	−0.015***

续表

Panel B：政策实施后的样本描述性统计

变量符号	处理组 样本量	处理组 平均值	控制组 样本量	控制组 平均值	平均差异检验
RD	2062	0.057	2837	0.029	0.028***
Size	2062	21.888	2837	22.930	−1.042***
Lev	2062	0.382	2837	0.468	−0.086***
Growth	2062	0.138	2837	0.108	0.030***
Age	2062	2.977	2837	3.078	−0.101***
ROA	2062	0.038	2837	0.025	0.013***
Soe	2062	0.109	2837	0.374	−0.265***
Cash	2062	0.187	2837	0.184	0.003
Fix	2062	0.200	2837	0.212	−0.012***

Panel C：总样本的描述性统计

变量符号	平均值	标准差	最小值	中位数	最大值	样本量
RD	0.039	0.042	0	0.031	0.240	8739
Treat	0.414	0.493	0	0	1.000	8739
Post	0.561	0.496	0	1.000	1.000	8739
Size	22.440	1.340	20.085	22.237	26.502	8739
Lev	0.428	0.197	0.063	0.418	0.887	8739
Growth	0.158	0.409	−0.561	0.094	2.620	8739
Age	2.989	0.280	2.197	2.996	3.611	8739
ROA	0.033	0.071	−0.335	0.035	0.195	8739
Soe	0.298	0.457	0	0	1.000	8739
Cash	0.196	0.152	0.017	0.154	0.868	8739
Fix	0.215	0.155	0.003	0.185	0.677	8739

与此同时，还有两个现象值得关注：第一，在政策实施前，高新技术企业的现金持有水平显著多于非高新技术企业，但在政策实施后，两组企业在这一指标上的差异从 0.019 缩小至 0.003，且不再显著。现金是企业预防和应对风险的重要工具（Opler et al.，1999；杨兴全等，2016），在政策实施后，处理组现金持有水平减少，从侧面反映了亏损后转年限延长提高了企业的风险承担能力，并可能将之前储蓄的资金更多用于创新之类的风险投资。第二，高新技术企业成长能力在政策实施后明显优于非高新技术企业，表现为这一指标和非高新技术企业之间的差异从政策实施前的 0.022（不显著）增长至政策实施后的 0.030（显著），说明处

理组企业业务的核心竞争力得到了显著提升。创新能力是企业竞争优势产生和可持续的关键（Prahalad and Hamel，1990；Barney et al.，2001），因此，政策实施后，处理组企业业务收入的快速增长可能源于其研发投入的增加。上述结果和推断初步验证了亏损后转年限延长有利于促使企业加大研发投入。

除此之外，Panel A 和 Panel B 的结果显示，平均而言，高新技术企业较非高新技术企业规模更小、资产负债率更低、年龄更小且成长能力更好。Panel C 报告了总样本的描述性统计结果。结果显示，Treat 的平均值为 0.414，说明有 41.4%的企业在样本期间持续获得了高新技术企业认定；不同企业在研发投入（RD）上相差较大，表现为标准差（0.042）较大，且最小值（0）远小于最大值（0.240）。

6.3.2 相关性分析

表 6-5 列示了主要变量的 Spearman 和 Pearson 相关系数。结果显示，本章选取的大部分控制变量在 1%水平上与被解释变量显著相关，说明选取的控制变量具有较好的代表性。未报告的结果显示，本章 OLS 法回归模型的方差膨胀因子平均值为 1.640，且除了企业规模（Size）和资产负债率（Lev），其他变量之间的相关系数均小于 0.500，说明本章模型不存在严重的多重共线性问题。考虑到多重共线性会导致回归系数不显著且拟合系数 R^2 偏大，本章采用中心化处理方式控制 Size 和 Lev 之间的共线性问题。

表 6-5 主要变量的相关系数

变量	RD	Size	Lev	ROA	Growth	Age	Soe	Cash	Fix
RD		−0.388***	−0.319***	0.022**	−0.156***	0.107***	−0.310***	0.112***	−0.115***
Size	−0.291***		0.533***	0.028***	0.177***	−0.081***	0.356***	−0.110***	0.064***
Lev	−0.276***	0.525***		0.007	0.137***	−0.408***	0.245***	−0.199***	0.010
ROA	−0.020*	0.028***	0.020*		−0.104***	0.330***	−0.074***	0.171***	−0.049***
Growth	−0.115***	0.126***	0.134***	−0.054***		−0.090***	0.168***	−0.068***	−0.010
Age	−0.028***	0.012	−0.340***	0.232***	−0.068***		−0.144***	0.298***	−0.048***
Soe	−0.224***	0.375***	0.250***	−0.064***	0.157***	−0.059***		−0.048***	0.108***
Cash	0.123***	−0.104***	−0.205***	0.284***	−0.081***	0.255***	−0.047***		−0.247***
Fix	−0.195***	0.134***	0.051***	−0.042***	0.011	−0.005	0.151***	−0.224***	

注：右上角为 Spearman 相关系数，左下角为 Pearson 相关系数。

6.3.3 主回归结果

表 6-6 列出了模型（6.1）的主回归结果。该结果共分为三部分：首先，在列（1）

的回归分析中加入了核心解释变量和其交互项以及所有控制变量，结果显示，Treat×Post 的回归系数在 1%水平上显著为正；其次，列（2）在列（1）的基础上控制了行业固定效应，Treat×Post 的回归系数同样显著为正；最后，在列（2）的基础上，列（3）进一步控制了年度固定效应，Treat×Post 的回归系数依然在 1%水平上显著为正。上述结果说明，与非高新技术企业相比，亏损后转年限延长促使高新技术企业加大了研发投入。其中，在控制了年度固定效应和行业固定效应后，Treat×Post 的回归系数为 0.004，而在样本期内，上市企业平均年度营业收入为 137 亿元，平均年度研发支出为 25500 万元。这意味着与控制组相比，财税〔2018〕76 号实施后，处理组企业的年度研发投入增加了 5480（=1370000×0.004）万元，增长了约 21.49%（=5480/25500），具有显著的经济意义。

表 6-6 主回归结果

项目	（1）	（2）	（3）
	RD		
Treat×Post	0.004***	0.003***	0.004***
	(2.935)	(2.810)	(2.889)
Treat	0.017***	0.007***	0.007***
	(9.247)	(3.855)	(3.787)
Post	0.004***	0.003***	0.005***
	(3.682)	(3.496)	(4.340)
Size	−0.001**	−0.000	−0.000
	(−2.059)	(−0.529)	(−0.643)
Lev	−0.042***	−0.036***	−0.036***
	(−7.863)	(−7.281)	(−7.241)
ROA	−0.080***	−0.061***	−0.061***
	(−6.358)	(−5.250)	(−5.256)
Growth	−0.002	−0.003**	−0.003**
	(−1.328)	(−2.362)	(−2.316)
Age	−0.007**	−0.005**	−0.006**
	(−2.420)	(−2.214)	(−2.378)
Soe	−0.005***	−0.005***	−0.005***
	(−2.919)	(−3.138)	(−2.825)
Cash	0.021***	0.012**	0.012**
	(3.740)	(2.514)	(2.487)
Fix	−0.038***	−0.019***	−0.019***
	(−8.224)	(−3.799)	(−3.768)

续表

项目	（1）	（2）	（3）
	RD		
Year FE	否	否	是
Industry FE	否	是	是
Constant	0.056***	0.036***	0.036***
	(6.826)	(4.617)	(4.559)
N	8739	8739	8739
Adj-R^2	0.205	0.396	0.397

注：Adj-R^2 指调整的拟合系数。

6.3.4 异质性分析

如前面所述，由于企业所处生命周期阶段不同，亏损后转年限延长对其研发投入的激励效果会存在差异。本节根据企业归属的生命周期阶段将样本划分为初创期、成长期、成熟期、衰退期和淘汰期五组，再分别进行回归，以此来检验企业生命周期的异质性对亏损后转年限延长和企业研发投入之间关系的影响。

Dickinson（2011）在已有文献的基础上提出现金流模式法，并对企业生命周期阶段进行划分。现金流中所包含的信息能够反映企业的盈利能力、成长能力与风险状况，因此可以根据企业经营、投资和筹资三个方面现金流净额的正负来区分不同生命周期阶段（Dickinson，2011）。与较常使用的单变量判定法（如通过企业的年龄和规模对生命周期阶段进行区分）、综合指标法（Anthony and Ramesh，1992）和未分配利润判定法（DeAngelo et al.，2006）相比，现金流模式法更为客观且操作性更强（陈旭东等，2008；黄宏斌等，2016；Hasan and Habib，2017）。据此，本节采用现金流模式法对企业所处生命周期阶段进行判定，具体划分方法如表 6-7 所示。

表 6-7 企业生命周期阶段划分方法

现金流	初创期	成长期	成熟期	衰退期			淘汰期	
经营现金流净额	−	+	+	−	+	+	−	−
投资现金流净额	−	−	−	+	+	+	+	+
筹资现金流净额	+	+	−	+	+	−	+	−

表 6-8 示出了不同生命周期阶段下亏损后转年限延长对企业研发投入的影响。回归结果显示，Treat×Post 的回归系数仅在成长期和成熟期的企业中显著为正，

说明亏损后转年限延长对企业研发投入的促进效应具有异质性。成长期和成熟期企业有一定的创新意愿，且融资能力较强、经营前景良好，因此有资金加大研发投入，并有信心能够在亏损发生后实现抵扣，从而充分享受政策红利，验证了假设6.2。

表 6-8 异质性分析：企业生命周期

项目	（1）初创期	（2）成长期	（3）成熟期	（4）衰退期	（5）淘汰期
			RD		
Treat×Post	−0.001	0.005**	0.005**	0.002	−0.007
	(−0.217)	(2.151)	(2.470)	(0.477)	(−0.816)
Treat	0.003	0.008***	0.008***	0.009**	0.013*
	(0.609)	(2.947)	(3.274)	(2.236)	(1.864)
Post	0.009*	0.007***	0.004***	0.005	0.006
	(1.729)	(3.520)	(2.647)	(1.348)	(0.709)
ConVars	是	是	是	是	是
Year FE	是	是	是	是	是
Industry FE	是	是	是	是	是
Constant	0.030*	0.036***	0.034***	0.028*	0.029
	(1.663)	(3.733)	(3.399)	(1.781)	(0.906)
N	918	2830	3268	1290	427
Adj-R^2	0.338	0.430	0.460	0.377	0.272

6.3.5 进一步分析

理论分析发现，成长期和成熟期企业融资能力较强且经营前景良好，因此有资金进行研发投入，并且有信心能够在亏损发生后实现抵扣，从而会受到亏损后转相关政策的激励来加大研发投入。为验证融资约束和经营前景是影响亏损后转年限延长与企业研发投入之间关系的重要因素，将进行如下检验。

1. 融资约束

本节采用现有文献中广泛使用的KZ指数（魏志华等，2014；姜付秀等，2016；徐思等，2019）和更符合中国金融发展水平与制度环境的融资约束综合指标（罗长远和曾帅，2020）来衡量企业的融资约束。

首先，借鉴 Kaplan 和 Zingales（1997）、Lamont 等（2001）的做法，KZ 指数的计算方法如下：

$$KZ = -1.002\text{CashFlow} + 0.283\text{Tobin's Q} + 3.139\text{Lev} \\ - 39.368\text{Dividends} - 1.315\text{CashHoldings} \quad (6.2)$$

其中，CashFlow 为当期经营性净现金流量与滞后一期固定资产之比；Tobin's Q 为经行业调整的年末企业相对价值；Dividends 为当期现金股利与滞后一期固定资产之比；CashHoldings 为当期现金和现金等价物与滞后一期固定资产之比。KZ 指数越大，表明企业的融资约束越大。本节以计算得出的 KZ 指数作为分组依据，当企业的 KZ 指数高于年度中位数时，KZ=1，否则，KZ=0。表 6-9 的列（1）和列（2）报告了不同融资约束下亏损后转年限延长对企业研发投入的影响。回归结果显示，Treat×Post 的回归系数仅在融资约束较小（KZ=0）的组显著，与本节预期相同。

表 6-9 企业融资约束和经营前景的异质性影响

项目	融资约束				经营前景			
	（1）	（2）	（3）	（4）	（5）	（6）	（7）	（8）
	KZ=0	KZ=1	FC=0	FC=1	Z-score=0	Z-score=1	Tobin's Q=1	Tobin's Q=0
Treat×Post	0.004**	0.003	0.004**	0.001	0.006***	0.001	0.005*	0.001
	(2.273)	(1.457)	(2.330)	(0.691)	(2.762)	(0.748)	(1.953)	(1.111)
Treat	0.008***	0.007***	0.009***	0.007***	0.009***	0.005**	0.008***	0.006***
	(2.984)	(3.084)	(3.658)	(3.048)	(3.393)	(2.461)	(2.772)	(3.096)
Post	0.003**	0.004***	0.004**	0.005***	0.003*	0.007***	0.004*	0.004***
	(2.012)	(3.030)	(2.263)	(3.835)	(1.887)	(4.568)	(1.820)	(3.244)
ConVars	是	是	是	是	是	是	是	是
Year FE	是	是	是	是	是	是	是	是
Industry FE	是	是	是	是	是	是	是	是
Constant	0.043***	0.026***	0.018*	0.036***	0.033***	0.033***	0.042***	0.022***
	(3.596)	(2.950)	(1.839)	(3.777)	(2.817)	(4.636)	(3.374)	(2.866)
N	4370	4369	3627	4301	5028	3711	4369	4370
Adj-R^2	0.439	0.345	0.473	0.401	0.393	0.384	0.346	0.401

其次，参考王碧珺等（2015）、魏浩等（2019）、罗长远和曾帅（2020）的研究，本节构建融资约束综合指标。该指标的构建过程主要分为三步：①计算如表 6-10 所示的七个指标，其中，前两项度量的是内源融资约束，剩余五项度量的是外源融资约束。每项指标的数值越大，意味着企业的融资约束越小。②根据每

家企业分项指标在同年度企业中所处分位数阶段，赋予 1～5 的数值，分别对应 80%～100%、60%～80%、40%～60%、20%～40%和 0～20%五个分位。③将每家企业七项指标的赋值加总，标准化到[0, 10]，得到融资约束综合指标，其值越大，意味着企业融资约束越大。本节将融资约束综合指标取值为[5, 10]的企业归为融资约束大的组（FC = 1），将融资约束综合指标取值为[0, 5)的企业归为融资约束小的组（FC = 0），再分别进行回归。回归结果如表 6-9 列（3）和列（4）所示，只有融资约束较小的企业才会受亏损后转年限延长的影响增加研发投入，与理论分析一致。

表 6-10 融资约束综合指标构建

指标名称	计算方法
经营活动现金流量比率	本期经营活动产生的现金流量净额/期末总资产
应收账款周转率	本期销售收入/应收账款平均余额
利息保障倍数	本期息税前利润/本期利息费用
流动比率	期末流动资产/期末流动负债
清偿比率	期末所有者权益/期末总负债
固定资产净值率	期末固定资产净额/期末总资产
盈利水平	本期净利润/期末总资产

2. 经营前景

本节以企业风险（Z 指数，Z-score）和企业相对价值（托宾 Q，Tobin's Q）来判定一家企业的经营前景。企业风险越低，则企业未来预期外损失越少，陷入财务困境、发生破产的可能性也越小（于富生等，2008），表明其经营前景良好，反之，则经营前景较差；企业相对价值越高，说明企业的成长性越好、投资机会越多，市场对企业未来的发展充满信心，即企业的经营前景明朗，反之，则经营前景暗淡。

首先，使用企业风险这一代理指标进行检验。参考于富生等（2008）、曹越等（2020b）的研究，以 Z-score[①]衡量企业风险。其中，当 Z-score＞2.67 时，财务状况良好，发生破产的可能性较小，企业风险较低；当 Z-score＜1.81 时，陷入财务困境，潜伏着破产危机，企业面临极大风险；1.81≤Z-score≤2.67 为灰色地带，说明企业的财务状况极不稳定，发生财务困境的可能性很大，企业风险较高。本节将 Z-score＞2.67 的企业划分为企业风险较低的组别（Z-score = 0），剩下企业归

---

① Z-score = 1.2×营运资金/总资产 + 1.4×留存收益/总资产 + 3.3×息税前利润/总资产 + 0.6×股票总市值/负债账面价值 + 0.999×销售收入/总资产，Z-score 与企业风险（Risk）成反比。

为企业风险较高的组别（Z-score = 1）。分组回归结果列于表 6-9 的列（5）和列（6）。结果显示，只有在企业风险较低、经营前景较为明朗的企业（Z-score = 0）中，亏损后转年限延长才能有效激励企业进行研发投入，与前面推理一致。

其次，本节采用企业相对价值（Tobin's Q）作为分组依据。Tobin's Q =（流通股市值 + 非流通股股数×每股净资产 + 负债账面值）/总资产。高于 Tobin's Q 年度-行业中位数的企业归为企业相对价值较高的一组，即 Tobin's Q = 1；低于 Tobin's Q 年度-行业中位数的企业则归为企业相对价值较低的一组，即 Tobin's Q = 0。回归结果列于表 6-9 的列（7）和列（8）。结果显示，Treat×Post 的回归系数只在企业相对价值较高即经营前景较好的组别（Tobin's Q = 1）显著为正，与本节逻辑一致。

6.3.6 拓展性分析

亏损后转年限延长可以为大额亏损和长期亏损的企业减轻税负，减轻经济下行压力（吉黎，2020）。但是，更为宽松的亏损后转政策是否会引发资源错配等政府失灵问题，导致本该被淘汰的企业存活下来，挤占市场资源，并为其演变为僵尸企业提供机会呢？僵尸企业是指主营业务缺乏竞争力，长期亏损、负债严重，但依靠外部支持长期保持存续状态的企业（Peek and Rosengren，2005；Hoshi and Kashyap，2010；Nakamura and Fukuda，2013；王万珺和刘小玄，2018）。亏损后转年限延长为此类企业提供了更大的喘息空间，使其更有可能获得税收抵扣以维持生存状态。

为了对上述问题进行探究，首先对僵尸企业进行界定。参考 Caballero 等（2008）、李旭超等（2018）、饶静和万良勇（2018）、宋建波等（2019）的研究，本节采取普遍使用的卡巴雷罗-霍西-凯夏普（Caballero-Hoshi-Kashyap，CHK）法及更符合中国国情的持续经营亏损判别法对僵尸企业进行定义。

CHK 法尝试计算企业获得的信贷补贴，并将获得信贷补贴的企业识别为僵尸企业。具体计算公式如下：

$$R_{i,t}^{*} = \text{BS}_{i,(t-1)} \text{rs}_{t-1} + \text{BL}_{i,(t-1)} \left(\frac{1}{5} \sum_{j=1}^{5} \text{rl}_{t-j} \right) \qquad (6.3)$$

$$x = \frac{R_{i,t} - R_{i,t}^{*}}{B_{i,(t-1)}} \qquad (6.4)$$

式（6.3）用来计算企业的最低应付利息 $R_{i,t}^{*}$，式（6.4）则将企业实际支付利息 $R_{i,t}$ 与 $R_{i,t}^{*}$ 进行比较，若 $R_{i,t} < R_{i,t}^{*}$，则该企业被界定为僵尸企业，取 zombie_CHK = 1，否则取 zombie_CHK = 0。其中，$\text{BS}_{i,t}$ 和 $\text{BL}_{i,t}$ 分别为企业 i 在

t 年的短期负债和长期负债；rs_t 和 rl_t 分别为根据中国人民银行公布的金融机构人民币贷款基准利率计算得到的 t 年平均短期最低利率和长期最低利率[①]；$B_{i,t}$ 为企业 t 年末的负债合计。

持续经营亏损判别法于 2015 年 12 月 9 日国务院常务会议首次提出，"对不符合国家能耗、环保、质量、安全等标准和长期亏损的产能过剩行业企业实行关停并转或剥离重组，对持续亏损三年以上且不符合结构调整方向的企业采取资产重组、产权转让、关闭破产等方式予以'出清'"。因此，借鉴饶静和万良勇（2018）、宋建波等（2019）的做法，若企业连续三年扣除非经常损益后净利润小于 0，则被界定为僵尸企业，取 zombie_pro = 1，否则取 zombie_pro = 0。

首先，本节将样本按照上述僵尸企业的界定方法划分为两组，之后分别对模型（6.1）进行回归。回归结果列于表 6-11 列（1）～列（4），结果显示，亏损后转年限延长后，只有非僵尸企业会显著增加研发投入，僵尸企业更有可能将获取的亏损抵扣用于维持存续状态。

表 6-11 僵尸企业的异质性及政策对僵尸企业数量的影响

项目	RD				zombie	
	（1）	（2）	（3）	（4）	（5）	（6）
	zombie_pro = 1	zombie_pro = 0	zombie_CHK = 1	zombie_CHK = 0	zombie_pro	zombie_CHK
Treat×Post	0.010	0.004***	0.002	0.004*	0.096	0.419***
	(0.884)	(2.831)	(0.986)	(1.482)	(0.405)	(3.385)
Treat	0.013	0.007***	0.006***	0.011***	−1.107***	−0.221*
	(1.116)	(3.816)	(2.957)	(3.168)	(−4.360)	(−1.780)
Post	0.003	0.006***	0.006***	0.004	−0.286	−2.659***
	(0.508)	(4.403)	(5.502)	(1.243)	(−1.512)	(−18.966)
ConVars	是	是	是	是	是	是
Year FE	是	是	是	是	是	是
Industry FE	是	是	是	是	是	是
Constant	0.066	0.037***	0.027***	0.048***	−5.059***	2.633***
	(1.339)	(4.667)	(3.533)	(3.344)	(−4.454)	(4.476)
N	583	8156	5387	3352	8680	8729
Adj-R^2	0.306	0.423	0.386	0.396	—	—

[①] 对中国人民银行公布的六个月以内、六个月至一年人民币贷款基准利率进行算术平均，得到每年的短期最低利率；对一至三年、三至五年、五年以上贷款基准利率进行算术平均，得到每年的长期最低利率。计算最低利率时，根据中国人民银行公布调息日期的前后时间区间，计算时间权重，加权平均得到每年的短期、长期最低利率。将每年的短期、长期最低利率下浮 10%，计算得到 rs 和 rl。

其次，本节以是否为僵尸企业作为被解释变量，检验亏损后转年限延长对企业僵尸化的影响。由于被解释变量为虚拟变量，以评定模型（logit model）进行回归，并参考范子英和王倩（2019）的研究，对企业规模（Size）、资产负债率（Lev）、资产收益率（ROA）、企业年龄（Age）、产权性质（Soe）、固定资产占比（Fix）予以控制。回归结果列于表6-11列（5）和列（6）。结果显示，当用CHK法界定僵尸企业时（zombie_CHK），亏损后转年限延长显著增加了企业僵尸化的概率；当用持续经营亏损判别法界定僵尸企业时（zombie_pro），Treat×Post的回归系数为正但不显著。

最后，本节基于企业生命周期阶段进行分组，进一步检验亏损后转年限延长政策实施对僵尸企业数量的影响。此处使用zombie_CHK作为被解释变量，并按照企业生命周期阶段分组进行logit model回归。表6-12的结果显示，亏损后转年限延长主要增加了成熟期、衰退期和淘汰期企业僵尸化的概率；其中，淘汰期企业在政策实施后僵尸化的概率变为实施前的2.795[= exp（1.028）]倍，问题最为严重，衰退期次之。

表6-12 政策对僵尸企业数量的影响——基于生命周期阶段分组回归

项目	zombie_CHK				
	（1）	（2）	（3）	（4）	（5）
	初创期	成长期	成熟期	衰退期	淘汰期
Treat×Post	0.108	0.148	0.512**	0.831**	1.028*
	(0.272)	(0.641)	(2.434)	(2.414)	(1.750)
Treat	0.081	0.187	−0.433**	−0.400	−1.165**
	(0.248)	(0.961)	(−2.230)	(−1.264)	(−2.321)
Post	−3.295***	−2.612***	−2.360***	−3.054***	−3.370***
	(−6.622)	(−10.042)	(−10.158)	(−8.577)	(−4.768)
ConVars	是	是	是	是	是
Year FE	是	是	是	是	是
Industry FE	是	是	是	是	是
Constant	6.431***	3.670***	1.614*	1.001	2.166
	(3.684)	(4.435)	(1.819)	(0.832)	(0.937)
N	895	2815	3266	1277	408

第 7 章 社保征管与企业创新行为：来自演化博弈模型的证据

本章研究社保征管对企业创新行为的影响。创新是引领发展的第一动力。充足的资金和物质资源是企业创新的基本前提（李姝等，2018），而税费征管是政府参与企业资源分享的重要方式。根据 2018 年世界银行发布的营商环境报告，中国企业税负较重的主要原因是社保缴费过高（白重恩，2019）。企业社保缴费越多，用于创新的资金就越少，即社保缴费负担与创新投入之间存在挤出效应。社保缴费负担又与社保征管力度紧密相关。因此，社保征管对企业创新行为具有重要影响。

1999 年国务院颁布的《社会保险费征缴暂行条例》是中国有关社保征管的第一部规范法规。然而，由于没有上位法作为依据，法院无法根据该条例判定企业未缴纳或少缴纳社保费属于违法行为。2010 年 10 月，第十一届全国人民代表大会常务委员会第十七次会议审议通过了《中华人民共和国社会保险法》，进一步规范了社保征管行为，使社保征管力度大幅提高。但是，《社会保险费征缴暂行条例》和《中华人民共和国社会保险法》均未明确规定社保的征收主体，形成社保机构和税务部门二元征收主体并存的模式。其中，社保机构征收模式是由社保机构负责全流程；税务部门代征模式是由税务部门负责直接征收和后期跟踪监控，但缴费信息的核准为社保机构的职责；税务部门全责征收模式则是除缴费人的登记办理为社保机构的职责外，其余皆由税务部门负责。这种二元征收模式使得我国社保征管存在诸多不确定性，实施过程又具有地区差异，因而存在较大的社保费"征管空间"。征管过程的弹性会对企业创新行为产生何种影响？又是如何影响的？这是需要关注的核心问题。

有关社保征管的文献主要集中在两个方面。第一，从宏观层面讨论社保征收机构的选择问题。选择不同的社保征收机构对征缴率、欠费率等宏观经济后果的影响不同。部分学者认为，社保由社保机构征收时，社保的足额征缴率和扩面率效果要好于由地方税务部门征收（彭雪梅等，2015），有利于灵活就业人员参保并建立财务的可持续性和长效机制（郑秉文和房连泉，2007）。另一部分学者则支持由税务部门征收，因为地方税务部门拥有强大的征收队伍、充分的信息，更有利于扩大社保覆盖面和保障基金的安全（刘军强，2011；郑秉文，2017；郑春荣和王聪，2014；李波和苗丹，2017）。

第二，从微观层面关注社保缴费对企业资源、避税和创新的影响。一方面，企业缴纳社保费会减少内部现金流，挤压用于技术进步、研发创新的资金投入（Phan and Hegde，2013；Rauh，2006；Sasaki，2015），从而不利于企业创新能力和生产效率的提高（Autor et al.，2007；Krishnan et al.，2015；沈永建等，2017；赵健宇和陆正飞，2018）；另一方面，缴纳社保是一种人力资本投资手段而并非单纯的成本压力，增加企业的社保投入可以有效提升劳动生产率（程欣等，2019），这是因为社保投入的增加有利于职工形成一种稳定的未来工作预期，从而释放有效劳动供给。同时，及时足额缴纳社保费有助于提高职工的满意度，职工将以更高的劳动生产率反哺企业（胡秋明和景鹏，2014）。若企业为了减轻负担而瞒报、少缴社保费，这将导致职工利益受损，抑制职工工作积极性。因此，职工的行为策略空间为"积极反哺，消极响应"。此外，也有学者关注社保征管与企业避税问题。社保费的计费依据、个税的工资薪金所得和企业所得税的合理的工资薪金均以职工薪酬为基础，三者存在钩稽关系。企业缴纳的社保费越高，职工工资薪金所得负担的个税越多，企业所得税工资薪金扣除的金额越大。社保征管力度的加强会在客观上加大税务稽核力度，从而实现"以费促税"。《中华人民共和国社会保险法》的实施加强了社保费的征管力度，有助于降低企业信息不对称，增加避税成本，抑制税收规避，使得劳动密集型企业的避税程度显著降低了约1.9%（许红梅和李春涛，2020）。

值得注意的是，有关社保征管和企业创新行为的讨论并未达成一致结论：部分学者认为，社保费会推高企业劳动力成本，挤压研发资金的投入，不利于提高企业创新能力及全要素生产率（Autor et al.，2007；赵健宇和陆正飞，2018）。另一部分学者从资本劳动比的视角发现，社保费会提高劳动力的相对价格，从而增加固定资产投资和减少劳动力雇佣，实现资本替代劳动力，促进企业的转型升级（唐珏和封进，2019）。但这一观点仅从要素替代效应单一传导机制进行分析，忽视了创新活动不仅需要必要的资金投入，而且需要高质量的人才（董新兴和刘坤，2016）。强化社保征管可以保障劳动者的权益，增强企业在劳动力市场的竞争力，从而使企业聚集和留住优秀的人才，提高创新活动成功的概率（程欣等，2019）。在进一步考虑要素替代效应、人力资本效应和融资成本效应等叠加效应后，缴纳社保可以通过要素替代效应与人力资本效应使企业增加对研发人员的需求，减少对低技能者的雇佣，以提升资本密集度，从而提高企业创新水平，缴纳社保又会挤出企业净利润，通过融资成本效应限制企业研发活动（何子冕等，2020）。这三种叠加效应的相互作用使社保缴费与企业创新行为呈现非线性关系。

可见，社保征管影响企业创新行为的过程极为复杂。因此，本章基于演化博弈模型探究社保征管和企业创新行为选择的动态过程。分析过程如下：首先，建立征收部门和企业之间的两阶段博弈模型，分析征收部门是否尽职征收与企业是否进行技术创新的博弈过程。其次，将演化结果对应到企业技术创新的三个阶段，分别为技术创新起步期、技术创新成长期和技术创新成熟期。最后，在敏感性仿真分析中引入"社保入税"和大规模减税降费的场景，进一步探究企业创新策略选择的变化。研究结果表明：当企业处于技术创新起步期时，无论征收部门是否尽职征收，企业始终选择维持原有生产；当企业处于技术创新成长期时，征收部门的策略选择会影响企业的创新行为，即当征收部门不尽职征收时，企业选择维持原有生产，当征收部门尽职征收时，企业选择进行技术创新；当企业处于技术创新成熟期时，无论征收部门是否尽职征收，企业总会主动采取技术创新策略。敏感性仿真分析结果显示，"社保入税"会使得处于技术创新起步期和技术创新成长期的企业从维持原有生产变为进行技术创新，大规模减税降费则对企业创新行为的选择没有明显影响。

本章的研究贡献在于：第一，研究内容上，现有文献关于社保征管和企业创新行为的讨论并未达成一致结论，原因在于学者并未关注企业所处的生命周期阶段对其创新行为的影响差异。本章首次将演化博弈模型与企业生命周期相结合，考察企业在不同的生命周期阶段如何针对社保征管策略而选择创新策略的动态过程。同时，在敏感性仿真分析中引入"社保入税"和大规模减税降费场景，检验当社保征管与其他相关策略组合时，是否会更好地发挥促进企业创新行为的功效。这丰富了社保征管的经济后果研究和企业创新的影响因素研究。第二，研究方法上，现有关于社保征管的研究大多采用规范研究（郑秉文，2019；伍中信和倪杉，2019；冯俏彬，2018；汪德华，2018；邹新凯，2019）、趋势比较研究（鲁全，2011）或多元回归等方法（彭雪梅等，2015；鲁於等，2019；唐珏和封进，2019），社保征管与企业创新行为之间的有限理性、影响过程的复杂性都要求更多地关注其随时间演化而不断学习、试错的调整过程，这是现有社保征管有关静态面板回归研究所缺乏的。运用演化博弈模型分阶段动态分析社保征管与企业创新行为的关系，且在模型设定上，将自愿性的公众参与行为纳入同一个政企博弈中，而不是将公众作为博弈参与方。这有助于从方法论维度补充现有研究。

7.1 征收部门和企业间的演化博弈模型构建

7.1.1 模型说明和假设

征收部门和企业之间的关系问题是社保研究中的永恒话题。作为社保制度的参与双方，征收部门和企业之间存在博弈关系。据此，本章提出如下假设。

假设 7.1：征收部门与企业均为有限理性决策人[①]，按照效用最大化原则作出决策。

假设 7.2：为了简化分析，假定征收部门和企业均有两种策略。征收部门可选择尽职征收策略和不尽职征收策略；企业可选择维持原有生产策略和进行技术创新策略。分别构建如下策略空间：征收部门策略空间 S_T =（尽职征收，不尽职征收），企业策略空间 S_E =（进行技术创新，维持原有生产）。其中，企业进行技术创新概率为 x，维持原有生产概率为 $1-x$；征收部门尽职征收概率为 y，不尽职征收概率为 $1-y$。

具体符号说明如表 7-1 所示。

表 7-1　具体符号说明

	符号	符号说明
企业	R	企业维持原有生产时的收益
	R'	企业进行技术创新时的收益
	I	企业的创新投入
	α	城镇职工基本养老保险单位缴费率[①]
	Q	企业社保费的缴费基数
征收部门[②]	F	征收部门尽职征收时，对少缴、迟缴、不缴社保费企业所处罚款额
	η	征收部门不尽职征收时，对少缴、不缴、迟缴社保费企业所处罚款额占尽职征收时所处罚款额的比例
	ξ	征收部门不尽职征收时，给予技术创新企业变相的税费优惠后收益占实际收益的比例
	S	征收部门尽职征收时，给予技术创新企业的补贴
	β	征收部门不尽职征收时，给予技术创新企业的补贴占尽职征收时给予技术创新企业的补贴的比例
公众参与和声誉维护[③]	ρ_1	征收部门尽职征收时，公众对企业进行举报的概率
	ρ_2	征收部门不尽职征收时，公众对企业进行举报的概率
	C	征收部门尽职征收时的征收成本

---

① 这种有限理性表现在以下方面：第一，征收部门不能完全掌握企业的经营成果、财务状况和创新能力等详细信息，但又可以根据企业和财政收支的大致特征作出合理的决策。第二，社保征收主体的阶段变化性。社保费的征收主体为社保机构与税务部门，自 1999 年《社会保险费征缴暂行条例》颁布后，该二元主体的比例在不断改变，直至 2018 年，我国由税务部门全责征收的省区市有 4 个，由税务部门代征的省区市有 15 个，其余 12 个省区市仍由社保机构征收。第三，企业行为存在非理性。《中华人民共和国社会保险法》规定，城镇企业职工社会保险费由用人单位和职工共同缴纳，企业承担更大比例的缴费额，是最重要的缴费主体。但在效用最大化原则下，企业为了节约成本，存在养老保险征缴的逐底竞争、社保逃费等非理性行为。

续表

符号		符号说明
公众参与和声誉维护③	γ	征收部门不尽职征收时的征收成本占尽职征收时的征收成本的比例
	L	征收部门因不尽职征收而遭到公众举报导致的声誉损失
	D	企业因少缴、迟缴、不缴社保费而遭到公众举报导致的声誉损失

注：①由于养老保险费占社保总额的2/3，选择养老保险费作为考察征收部门社保征收成果的变量。

②征收部门有时为了招商引资、"政治竞赛"等会故意容忍甚至忽视企业不合规的社保行为，给予变相的税费优惠。变相税费优惠一定程度上可以替代创新补贴。但当征收部门尽职征收时，变相税费优惠接近0，征收部门转而通过支出端给予技术创新企业更多的创新补贴，以扶持地方企业的发展。

③公众参与一方面会形成监督效应，若征收部门尽职征收，则损害职工权益的企业会遭受严格的惩治，这会提升公众监督的动力；另一方面会形成成本效应，由于公众参与协助，征收部门的征收成本相应降低。就声誉维护而言，社保以法规为保障强制实施，一方面，企业如果少缴、迟缴、不缴社保费将面临被劳动监察部门和社会保障部门处罚的风险，造成企业声誉损失；另一方面，征收部门如果为了招商引资、"政治竞赛"等目的而不尽职地容忍企业损害劳动者权益行为的发生，一旦遭到公众维权抗议，会给征收部门带来声誉损失。

基于以上假设说明，可以写出不同策略组合条件下，征收部门与企业之间的非对称演化博弈收益支付矩阵，具体如表7-2所示。

表7-2 征收部门与企业之间的收益支付矩阵

策略（概率）		企业	
		进行技术创新 x	维持原有生产 1−x
征收部门	尽职征收 y	$R'-I-\alpha Q+S$, $\alpha Q-(1-\rho_1)C-S$	$R-\alpha Q-F-\rho_1 D$, $\alpha Q-(1-\rho_1)C+F$
	不尽职征收 1−y	$R'-I-\xi\alpha Q+\beta S$, $\xi\alpha Q-(\gamma-\rho_2)C-\rho_2 L-\beta S$	$R-\alpha Q-\eta F-\rho_2 D$, $\alpha Q-(\gamma-\rho_2)C-\rho_2 L+\eta F$

7.1.2 模型构建

根据表7-2所示的收益支付矩阵，当企业选择进行技术创新策略时，其获得的期望收益为

$$\pi_{11}= y(R'-I-\alpha Q+S)+(1-y)(R'-I-\xi\alpha Q+\beta S) \tag{7.1}$$

当企业选择维持原有生产策略时，其获得的期望收益为

$$\pi_{12}= y(R-\alpha Q-F-\rho_1 D)+(1-y)(R-\alpha Q-\eta F-\rho_2 D) \tag{7.2}$$

因此，企业在上述两个策略条件下的综合期望收益为

$$\bar{\pi}_1 = x\pi_{11}+(1-x)\pi_{12} \tag{7.3}$$

同理，可以得到征收部门采取尽职征收策略时的期望收益为

$$\pi_{21}= x[\alpha Q-(1-\rho_1)C-S]+(1-x)[\alpha Q-(1-\rho_1)C+F] \tag{7.4}$$

征收部门采取不尽职征收策略时的期望收益为

$$\pi_{22} = x[\xi\alpha Q - (\gamma - \rho_2)C - \rho_2 L - \beta S] \\ + (1-x)[\alpha Q - (\gamma - \rho_2)C - \rho_2 L + \eta F] \tag{7.5}$$

综上，征收部门在上述两个策略条件下的综合期望收益为

$$\bar{\pi}_2 = y\pi_{21} + (1-y)\pi_{22} \tag{7.6}$$

根据演化博弈理论，可以得到企业的复制者动态方程：

$$L(x) = \frac{dx}{dt} = x(1-x)(\pi_{11} - \pi_{12}) \tag{7.7}$$

同理，得到征收部门的复制者动态方程：

$$L(y) = \frac{dy}{dt} = y(1-y)(\pi_{21} - \pi_{22}) \tag{7.8}$$

由微分方程（7.7）和微分方程（7.8）可组成一个二维动力系统 M：

$$\begin{cases} \dfrac{dx}{dt} = x(1-x)[y(S - \beta S + F - \eta F + \xi\alpha Q - \alpha Q + \rho_1 D - \rho_2 D) \\ \qquad + (R' - I - \xi\alpha Q + \beta S) - (R - \alpha Q - \eta F - \rho_2 D)] \\ \dfrac{dy}{dt} = y(1-y)[x(\beta S - S + \eta F - F + \alpha Q - \xi\alpha Q) \\ \qquad + (\rho_1 - \rho_2)C - (1-\gamma)C + \rho_2 L + (1-\eta)F] \end{cases} \tag{7.9}$$

7.2 征收部门和企业间的演化均衡分析

下面通过系统 M 研究社保征管和企业创新策略选择的动态变化过程。
为了便于分析，令

$$x^* = \frac{(1-\gamma)C - (\rho_1 - \rho_2)C - \rho_2 L - (1-\eta)F}{-(1-\beta)S + (1-\xi)\alpha Q - (1-\eta)F}$$

$$y^* = \frac{-(R' - I - \xi\alpha Q + \beta S) + (R - \alpha Q - \eta F - \rho_2 D)}{(1-\beta)S - (1-\xi)\alpha Q + D(\rho_1 - \rho_2) + (1-\eta)F}$$

易得系统 M 具有如下性质。

命题 7.1：系统 M 的均衡点为 $(0, 0)$、$(0, 1)$、$(1, 0)$、$(1, 1)$ 和 (x^*, y^*)。

证明：令 $L(x) = 0$，$L(y) = 0$，显然有 $(0, 0)$、$(0, 1)$、$(1, 0)$、$(1, 1)$ 和 (x^*, y^*) 是系统 M 的均衡点。

根据微分动力系统雅可比（Jacobian）矩阵的局部稳定性分析可以得出各均衡点的稳定性。求系统 M 的 Jacobian 矩阵，得到

第7章 社保征管与企业创新行为：来自演化博弈模型的证据

$$J = \begin{pmatrix} \dfrac{\partial L(x)}{\partial x} & \dfrac{\partial L(x)}{\partial y} \\ \dfrac{\partial L(y)}{\partial x} & \dfrac{\partial L(y)}{\partial y} \end{pmatrix} \quad (7.10)$$

根据二阶方程的稳定性判别准则，若某均衡点处 Jacobian 矩阵满足以下条件：

(1) $\dfrac{\partial L(x)}{\partial x}+\dfrac{\partial L(y)}{\partial y}<0$（迹条件，其值记为 tr$J$）；

(2) $\dfrac{\partial L(x)}{\partial x}\dfrac{\partial L(y)}{\partial y}-\dfrac{\partial L(x)}{\partial y}\dfrac{\partial L(y)}{\partial x}>0$（行列式条件，其值记为 det$J$），

则可以判定该点处于局部渐进稳定状态，是整体的演化稳定点（evolutionary stable strategy，ESS），将 5 个均衡点代入式（7.10），计算各点处 tr$J$ 和 det$J$，得到表 7-3。

表 7-3 各系统均衡点的 Jacobian 矩阵行列式和迹

均衡点	类型	等式结果
(0, 0)	det$J$	$[(R'-I-\xi\alpha Q+\beta S)-(R-\alpha Q-\eta F-\rho_2 D)][(\rho_1-\rho_2)C-(1-\gamma)C+\rho_2 L+(1-\eta)F]$
	tr$J$	$[(R'-I-\xi\alpha Q+\beta S)-(R-\alpha Q-\eta F-\rho_2 D)]+[(\rho_1-\rho_2)C-(1-\gamma)C+\rho_2 L+(1-\eta)F]$
(0, 1)	det$J$	$-(R'-R-I+\rho_1 D+S+F)[(\rho_1-\rho_2)C-(1-\gamma)C+\rho_2 L+(1-\eta)F]$
	tr$J$	$(R'-R-I+\rho_1 D+S+F)-[(\rho_1-\rho_2)C-(1-\gamma)C+\rho_2 L+(1-\eta)F]$
(1, 0)	det$J$	$-[(R'-I-\xi\alpha Q+\beta S)-(R-\alpha Q-\eta F-\rho_2 D)][(\beta S-S+\alpha Q-\xi\alpha Q)+(\rho_1-\rho_2)C-(1-\gamma)C+\rho_2 L]$
	tr$J$	$-[(R'-I-\xi\alpha Q+\beta S)-(R-\alpha Q-\eta F-\rho_2 D)]+[(\beta S-S+\alpha Q-\xi\alpha Q)+(\rho_1-\rho_2)C-(1-\gamma)C+\rho_2 L]$
(1, 1)	det$J$	$(R'-R-I+\rho_1 D+S+F)[(\beta S-S+\alpha Q-\xi\alpha Q)+(\rho_1-\rho_2)C-(1-\gamma)C+\rho_2 L]$
	tr$J$	$-(R'-R-I+\rho_1 D+S+F)-[(\beta S-S+\alpha Q-\xi\alpha Q)+(\rho_1-\rho_2)C-(1-\gamma)C+\rho_2 L]$
(x^*, y^*)	det$J$	$-(1-x^*)(1-y^*)[(R'-I-\xi\alpha Q+\beta S)-(R-\alpha Q-\eta F-\rho_2 D)][(\rho_1-\rho_2)C-(1-\gamma)C+\rho_2 L+(1-\eta)F]$
	tr$J$	0

令 $\Delta_A=(R'-I-\xi\alpha Q+\beta S)-(R-\alpha Q-\eta F-\rho_2 D)$，代表当征收部门不尽职征收时企业进行技术创新与维持原有生产时净收益之差；令 $\Delta_B=(R'-R-I+\rho_1 D+S+F)$，代表当征收部门尽职征收时企业进行技术创新与维持原有生产时净收益之差；令 $\Delta_C=(\rho_1-\rho_2)C-(1-\gamma)C+\rho_2 L+(1-\eta)F$，代表当企业维持原有生产时征收部门尽职征收和不尽职征收时所获净收益之差；令 $\Delta_D=(\beta S-S+\alpha Q-\xi\alpha Q)+(\rho_1-\rho_2)\times C-(1-\gamma)C+\rho_2 L$，代表当企业进行技术创新时征收部门采取尽职征收和不尽职征收时所获净收益之差。ESS 取决于以上四个等式的符号判定。根据等式所取符号，可演化为 12 种情景。

命题 7.2：当企业进行技术创新获取的净收益很小时，无论征收部门对社保费是否尽职征收，企业都不会改变原有生产来进行技术创新。

证明：情景 1。当 $\Delta_A<0$，$\Delta_B<0$，$\Delta_C<0$，$\Delta_D<0$ 时，点(1, 1)为不稳定点。点(0, 1)、(1, 0)和 (x^*, y^*) 为鞍点，点(0, 0)为 ESS，即演化稳定策略为（维持原有生产，不尽职征收）。ESS 的经济含义如下：从企业来看，无论征收部门是否尽职征收，当进行技术创新的净收益总是小于维持原有生产的净收益时，企业没有进行技术创新的动力；从征收部门来看，无论企业采取何种策略，征收部门尽职征收的净收益总是小于不尽职征收的净收益时，征收部门总是倾向于不尽职征收。

情景 2。当 $\Delta_A<0$，$\Delta_B<0$，$\Delta_C>0$，$\Delta_D>0$ 时，点(1, 0)为不稳定点。点(0, 0)、(1, 1)和 (x^*, y^*) 为鞍点，点(0, 1)为 ESS，即演化稳定策略为（维持原有生产，尽职征收）。ESS 的经济含义如下：从企业来看，当进行技术创新的净收益总是小于维持原有生产的净收益时，即使征收部门尽职征收，企业也没有进行技术创新的动力；从征收部门来看，无论企业采取何种策略，征收部门总是会选择尽职征收。

情景 3。当 $\Delta_A<0$，$\Delta_B<0$，$\Delta_C>0$，$\Delta_D<0$ 时，点(1, 1)为不稳定点，点(0, 0)、(1, 0)和 (x^*, y^*) 为鞍点，点(0, 1)为 ESS，即演化稳定策略为（维持原有生产，尽职征收）。ESS 的经济含义如下：从企业来看，当进行技术创新的净收益总是小于维持原有生产的净收益时，即使征收部门尽职征收，企业仍倾向于维持原有生产；从征收部门来看，当企业策略为维持原有生产时，政府尽职征收的净收益大于不尽职征收的净收益时，征收部门必然选择尽职征收。

情景 4。当 $\Delta_A<0$，$\Delta_B<0$，$\Delta_C<0$，$\Delta_D>0$ 时，点(1, 0)为不稳定点，点(0, 1)、(1, 1)和 (x^*, y^*) 为鞍点，点(0, 0)为 ESS，即演化稳定策略为（维持原有生产，不尽职征收）。ESS 的经济含义如下：从企业来看，无论征收部门采取何种策略，当进行技术创新的净收益总是小于维持原有生产的净收益时，企业倾向于维持原有生产；从征收部门来看，企业占优策略为维持原有生产，在此策略下，征收部门尽职征收的净收益小于不尽职征收的净收益，故征收部门倾向于选择不尽职征收。

不同约束条件下的局部稳定性分析如表 7-4 所示。从情景 1~情景 4 可推知：只要 $\Delta_A<0$，$\Delta_B<0$，无论征收部门对企业社保费的缴纳是否尽职征收，企业进行技术创新的收益总是小于维持原有生产的收益，没有动力进行技术创新。这种情况多发生于企业技术创新起步期，这个时期具有基础创新高投入、高风险、低收益、长回收期的特征。如果此时征收部门加大对维持原有生产企业违规缴纳社保的惩罚和追缴力度，那么可能导致企业停产。"社保入税"提出后，中央明确指出"地方不得自行组织开展清欠工作"，这体现了中央渐进式、温和性改革的思维。

表 7-4 不同约束条件下的局部稳定性分析（一）

情形	约束条件	类型	(0, 0)	(0, 1)	(1, 0)	(1, 1)	(x^*, y^*)
情景 1	$\Delta_A<0$ $\Delta_B<0$ $\Delta_C<0$ $\Delta_D<0$	det$J$	+	−	−	+	+
		tr$J$	−	不定	不定	+	0
		结果	ESS	鞍点	鞍点	不稳定点	鞍点
情景 2	$\Delta_A<0$ $\Delta_B<0$ $\Delta_C>0$ $\Delta_D>0$	det$J$	−	+	+	−	+
		tr$J$	不定	−	+	不定	0
		结果	鞍点	ESS	不稳定点	鞍点	鞍点
情景 3	$\Delta_A<0$ $\Delta_B<0$ $\Delta_C>0$ $\Delta_D<0$	det$J$	−	+	+	+	+
		tr$J$	不定	−	不定	+	0
		结果	鞍点	ESS	鞍点	不稳定点	鞍点
情景 4	$\Delta_A<0$ $\Delta_B<0$ $\Delta_C<0$ $\Delta_D>0$	det$J$	+	−	+	−	+
		tr$J$	−	不定	+	不定	0
		结果	ESS	鞍点	不稳定点	鞍点	鞍点

命题 7.3：当征收部门采取不同的策略选择时，企业进行技术创新与维持原有生产的净收益差额呈反向变动，企业创新与否视征收部门策略选择而定。

证明：情景 5。当 $\Delta_A<0$，$\Delta_B>0$，$\Delta_C>0$，$\Delta_D>0$ 时，点 (1,0) 为不稳定点，点 (0,0)、(0,1) 和 (x^*, y^*) 为鞍点，点 (1,1) 为 ESS，即演化稳定策略为（进行技术创新，尽职征收）。ESS 的经济含义如下：从征收部门来看，当尽职征收的净收益总是大于不尽职征收的净收益时，征收部门会选择尽职征收。当征收部门尽职征收时，企业采取创新策略会获得更多净收益，故企业会选择进行技术创新。

情景 6。当 $\Delta_A<0$，$\Delta_B>0$，$\Delta_C<0$，$\Delta_D<0$ 时，点 (0,1) 为不稳定点，点 (1,0)、(1,1) 和 (x^*, y^*) 为鞍点，点 (0,0) 为 ESS，即演化稳定策略为（维持原有生产，不尽职征收）。ESS 的经济含义如下：从征收部门来看，无论企业选择何种策略，征收部门尽职征收的净收益总是小于不尽职征收的净收益，故征收部门会选择不尽职征收。当征收部门不尽职征收时，企业进行技术创新所得净收益小于维持原有生产的净收益，故企业倾向选择维持原有生产。

情景 7。当 $\Delta_A<0$，$\Delta_B>0$，$\Delta_C>0$，$\Delta_D<0$ 时，点 (0,0)、(0,1)、(1,0) 和 (1,1) 均为鞍点，点 (x^*, y^*) 为中心点，无 ESS。这表明，从征收部门来看，当企业维持原有生产时，尽职征收的净收益大于不尽职征收的净收益，当企业进行技术

创新时，尽职征收的净收益小于不尽职征收的净收益，故征收部门的策略选择视企业策略选择而定；从企业来看，征收部门选择不尽职征收时，企业技术创新的净收益小于维持原有生产的净收益，而征收部门选择尽职征收时，企业技术创新的净收益大于维持原有生产的净收益，故企业的策略选择视征收部门策略选择而定。由此，策略双方陷入无限循环状态。

情景8。当 $\Delta_A<0$，$\Delta_B>0$，$\Delta_C<0$，$\Delta_D>0$ 时，点(0, 1)、(1, 0)为不稳定点，点(x^*, y^*)为鞍点，点(0, 0)、(1, 1)为ESS，即演化稳定策略为（维持原有生产，不尽职征收）或（进行技术创新，尽职征收）。ESS的经济含义如下：从征收部门来看，当企业维持原有生产时，尽职征收的净收益小于不尽职征收的净收益，征收部门倾向选择不尽职征收；而当征收部门不尽职征收时，企业进行技术创新的净收益小于维持原有生产的净收益，此时，企业会选择维持原有生产，由此达到ESS(0, 0)。企业进行技术创新时，尽职征收的净收益大于不尽职征收的净收益，征收部门倾向选择尽职征收，而当征收部门尽职征收时，企业采取技术创新的净收益大于维持原有生产的净收益，此时，企业会选择进行技术创新，由此达到ESS(1, 1)。由此可见，存在两个ESS。

不同约束条件下的局部稳定性分析如表7-5所示。从情景5~情景8可推知：因为 $\Delta_A<0$，$\Delta_B>0$，企业在征收部门尽职征收下进行技术创新的净收益大于维持原有生产的净收益，但在征收部门不尽职征收下恰好相反。该策略双方既可能向双赢的策略（进行技术创新，尽职征收）演化，又有可能向不利的策略（维持原有生产，不尽职征收）演化，而最终的ESS结果主要取决于征收部门先行的策略选择，因而征收部门正确的引导至关重要。这种情况多发生于企业技术创新成长期。2018年3月中共中央印发的《深化党和国家机构改革方案》指出，各项社保费交由税务部门统一征收，也明确了征收部门策略选择的未来发展趋势，即强化征管力度，从而有利于策略向双赢局面演化。

表7-5 不同约束条件下的局部稳定性分析（二）

情形	约束条件	类型	(0, 0)	(0, 1)	(1, 0)	(1, 1)	(x^*, y^*)
情景5	$\Delta_A<0$ $\Delta_B>0$ $\Delta_C>0$ $\Delta_D>0$	det$J$	−	−	+	+	+
		tr$J$	不定	不定	+	−	0
		结果	鞍点	鞍点	不稳定点	ESS	鞍点
情景6	$\Delta_A<0$ $\Delta_B>0$ $\Delta_C<0$ $\Delta_D<0$	det$J$	+	+	−	−	+
		tr$J$	−	+	不定	不定	0
		结果	ESS	不稳定点	鞍点	鞍点	鞍点

续表

情形	约束条件	类型	(0, 0)	(0, 1)	(1, 0)	(1, 1)	(x^*, y^*)
情景7	$\Delta_A<0$ $\Delta_B>0$ $\Delta_C>0$ $\Delta_D<0$	det$J$	−	−	−	−	+
		tr$J$	不定	不定	不定	不定	0
		结果	鞍点	鞍点	鞍点	鞍点	中心点
情景8	$\Delta_A<0$ $\Delta_B>0$ $\Delta_C<0$ $\Delta_D>0$	det$J$	+	+	+	+	+
		tr$J$	−	+	+	−	0
		结果	ESS	不稳定点	不稳定点	ESS	鞍点

命题7.4：当企业进行技术创新取得的净收益足够大时，无论征收部门是否尽职征收，企业都会主动采取技术创新策略。

证明：情景9。当$\Delta_A>0$，$\Delta_B>0$，$\Delta_C>0$，$\Delta_D>0$时，点(0, 0)为不稳定点，点(0, 1)、(1, 0)和(x^*, y^*)为鞍点，点(1, 1)为ESS，即演化稳定策略为（进行技术创新，尽职征收）。ESS的经济含义如下：从企业来看，无论征收部门采取何种策略，企业进行技术创新所获收益总是大于维持原有生产所获收益，故企业会选择实施技术创新策略。从征收部门来看，无论企业采取何种策略，尽职征收的收益总是大于不尽职征收的收益，故征收部门总是倾向于尽职征收。

情景10。当$\Delta_A>0$，$\Delta_B>0$，$\Delta_C>0$，$\Delta_D<0$时，点(0, 0)为不稳定点，点(0, 1)、(1, 1)和(x^*, y^*)为鞍点，点(1, 0)为ESS，即演化稳定策略为（进行技术创新，不尽职征收）。ESS的经济含义如下：从企业来看，无论征收部门选择何种策略，企业进行技术创新的净收益总是大于维持原有生产的净收益，因而倾向于选择进行技术创新；从征收部门来看，在企业选择进行技术创新后，征收部门尽职征收的净收益小于不尽职征收的净收益，因而倾向于选择不尽职征收。

情景11。当$\Delta_A>0$，$\Delta_B>0$，$\Delta_C<0$，$\Delta_D>0$时，点(0, 1)为不稳定点，点(0, 0)、(1, 0)和(x^*, y^*)为鞍点，点(1, 1)为ESS，即演化稳定策略为（进行技术创新，尽职征收）。ESS的经济含义如下：从企业来看，企业进行技术创新的净收益总是大于维持原有生产的净收益，因而会采取技术创新策略；从征收部门来看，当企业维持原有生产时，征收部门尽职征收的净收益小于不尽职征收的净收益，但当企业进行技术创新时，征收部门尽职征收的净收益大于不尽职征收的净收益。鉴于企业总会选择进行技术创新，征收部门会选择尽职征收。

情景12。当$\Delta_A>0$，$\Delta_B>0$，$\Delta_C<0$，$\Delta_D<0$时，点(0, 1)为不稳定点，点(0, 0)、(1, 1)和(x^*, y^*)为鞍点，点(1, 0)为ESS，即演化稳定策略为（进行技术创新，不尽职征收）。ESS的经济含义如下：从企业来看，因进行技术创新的净

收益总是大于维持原有生产的净收益,故企业采取技术创新策略;从征收部门来看,尽职征收的净收益总是小于不尽职征收的净收益,故征收部门倾向选择不尽职征收。

不同约束条件下的局部稳定性分析如表7-6所示。由情景9~情景12可推知:由于 $\Delta_A>0$,$\Delta_B>0$,企业进行技术创新取得的净收益足够大,无须征收部门监督,企业便会自愿进行技术创新,这种情况多发生于企业技术创新成熟期。针对技术创新成熟期的企业,进一步降低制度性交易成本更为关键,通过改善营商环境以助力企业创新。

表7-6 不同约束条件下的局部稳定性分析(三)

情景	约束条件	类型	(0,0)	(0,1)	(1,0)	(1,1)	(x^*,y^*)
情景9	$\Delta_A>0$ $\Delta_B>0$ $\Delta_C>0$ $\Delta_D>0$	det$J$	+	−	−	+	+
		tr$J$	+	不定	不定	−	0
		结果	不稳定点	鞍点	鞍点	ESS	鞍点
情景10	$\Delta_A>0$ $\Delta_B>0$ $\Delta_C>0$ $\Delta_D<0$	det$J$	+	−	+	−	+
		tr$J$	+	不定	−	不定	0
		结果	不稳定点	鞍点	ESS	鞍点	鞍点
情景11	$\Delta_A>0$ $\Delta_B>0$ $\Delta_C<0$ $\Delta_D>0$	det$J$	−	+	−	+	+
		tr$J$	不定	+	不定	−	0
		结果	鞍点	不稳定点	鞍点	ESS	鞍点
情景12	$\Delta_A>0$ $\Delta_B>0$ $\Delta_C<0$ $\Delta_D<0$	det$J$	−	+	+	−	+
		tr$J$	不定	+	−	不定	0
		结果	鞍点	不稳定点	ESS	鞍点	鞍点

7.3 实证仿真

7.3.1 仿真数值设置

7.2节对企业技术创新行为和征收部门尽职程度的博弈过程进行了理论分析,为了验证理论分析的结论和更加直观地展现演化路径,采用MATLAB R2019a软件进行计算机算例仿真。设定参数初始值 $R'=5$,$R=6$,$I=5$,$\alpha=0.16$,$Q=10$,

$\xi=0.6$，$S=2$，$\beta=0.8$，$F=3$，$\eta=0.5$，$\rho_1=0.7$，$\rho_2=0.2$，$D=3$，$L=3$，$\gamma=0.4$，$C=4$。其中，公众参与 ρ_1 和 ρ_2 参照骆海燕等（2020）的研究进行设置。

限于篇幅原因，本节未将上述 12 种情景的演化过程全部列出，仅列出三种代表性情景的演化过程，分别为 $\Delta_A<0$，$\Delta_B<0$，$\Delta_C>0$，$\Delta_D>0$；$\Delta_A<0$，$\Delta_B>0$，$\Delta_C<0$，$\Delta_D<0$；$\Delta_A>0$，$\Delta_B>0$，$\Delta_C>0$，$\Delta_D>0$。

7.3.2 稳定性仿真分析

依据企业技术创新的特点，将技术创新分为三个阶段（肖利平和蒋忧璐，2017）：技术创新起步期、技术创新成长期和技术创新成熟期。每个阶段的创新成本、收益各有差异：①技术创新起步期。这一阶段展现的是技术创新的基础性原始创新效率。基础性原始创新需要企业投入大量的科研人员、经费，但初始投入的高成本性和创新成果的不确定性易导致企业创新所获净收益低于维持原有生产的净收益。②技术创新成长期。这一阶段是将技术创新起步期创造出来的新技术、新工艺转化为创新性产品的过程，主要体现为技术创新的应用性创新效率。应用性创新相较于基础性原始创新的难度有所减小，但创新获取的净收益仍具有很大的不确定性。③技术创新成熟期。企业将上一阶段的新产品销售出去，实现商业化，体现了技术创新的收益性创新效率。这一阶段企业能够依靠前期技术创新成果获得高额的净收益。三个阶段的系统演化情况具体如下。

1. 企业技术创新起步期

图 7-1 和图 7-2 描述了各参数满足 $\Delta_A<0$，$\Delta_B<0$，$\Delta_C>0$，$\Delta_D>0$ 时系统的演化趋势。此时，令 $R=7$，$I=6$，时间段为 $[0, t]$。分别取 y 的固定初始值为 0.2 和 0.9，取 x 的固定初始值为 0.2 和 0.9。鉴于系统演化的长期性，系统将在很长的时间内保持企业维持原有生产、征收部门尽职征收的局面，与情景 2 得出的 ESS(0, 1) 相一致。由图 7-1 可以看出，处于技术创新起步期的企业，无论征收部门大概率选择不尽职征收（$y=0.2$）还是大概率选择尽职征收（$y=0.9$），在人力成本压力处于尚可承受范围内时，企业都不会进行技术创新，企业行为最终会向维持原有生产演化，只是当征收部门大概率选择尽职征收（$y=0.9$）时，企业向维持原有生产方向收敛的速度会有所减慢。原因在于技术创新起步期的企业的创新成本过大，企业维持原有生产的净收益反而更高。由图 7-2 可以看出，无论企业大概率选择维持原有生产（$x=0.2$）还是大概率选择进行技术创新（$x=0.9$），征收部门都会选择尽职征收。原因在于此阶段的企业大多选择维持原有生产，企业被处罚、被公众举报的概率大。一方面，收取罚款可以增加征收部门收益；另一方面，公众举报可以节约征收成本，因而征收部门有较高的尽职激励。如

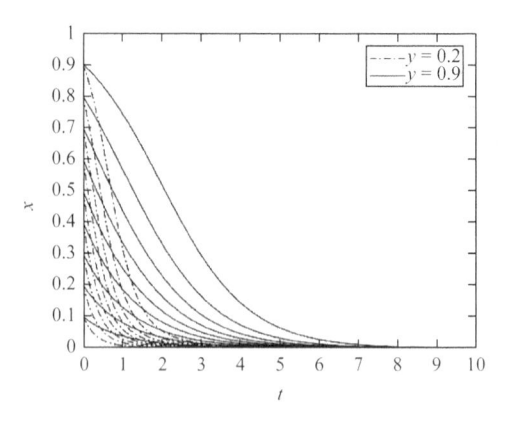

图 7-1 技术创新起步期企业演化路径

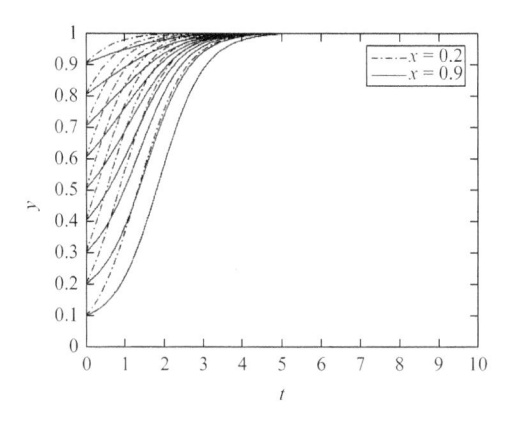

图 7-2 技术创新起步期征收部门演化路径

此将陷入恶性循环,企业越不创新,征收部门越严加监管。正确的做法应当是征收部门联合政府其他部门给予技术创新起步期的企业更多的创新补贴和资金支持,使企业突破恶性循环。

2. 企业技术创新成长期

图 7-3 和图 7-4 描述了各参数满足 $\Delta_A<0$,$\Delta_B>0$,$\Delta_C<0$,$\Delta_D<0$ 时系统的演化趋势。此时,令 $\rho_1=0.6$,$\rho_2=0.3$,$\gamma=0.3$,$C=8$,时间段为 $[0,t]$。分别取 y 的固定初始值为 0.2 和 0.9,取 x 的固定初始值为 0.2 和 0.9。鉴于系统演化的长期性,系统将在很长的时间内保持企业维持原有生产、征收部门不尽职征收的局面,与情景 6 得出的 ESS(0,0) 相一致。$\Delta_B>0$ 代表当征收部门尽职征收时,企业进行技术创新的净收益大于维持原有生产的净收益。因此,企业在征收部门大概率选择尽职征收($y=0.9$)的情形下,会出现暂时性技术创新倾向。但由于 $\Delta_C<0$,

$\Delta_D < 0$，无论企业采取何种策略，征收部门尽职征收的净收益总是低于不尽职征收的净收益。最终，征收部门会倾向于不尽职征收，企业也因征收部门的不尽职征收而选择收益更高的维持原有生产的策略，但在征收部门大概率选择尽职征收（$y = 0.9$）时，企业收敛至维持原有生产的速度大大减慢了。这种演化状态说明，处于技术创新成长期的企业的创新收益的不确定、成本的刚性使得企业策略选择依赖于征收部门的策略选择。对征收部门而言，由于企业公众举报概率和被罚概率有所下降，为了节约征收成本，征收部门更愿意选择不尽职征收策略。

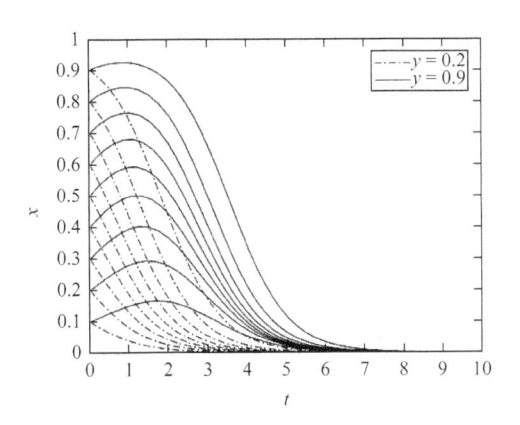

图 7-3 技术创新成长期企业演化路径

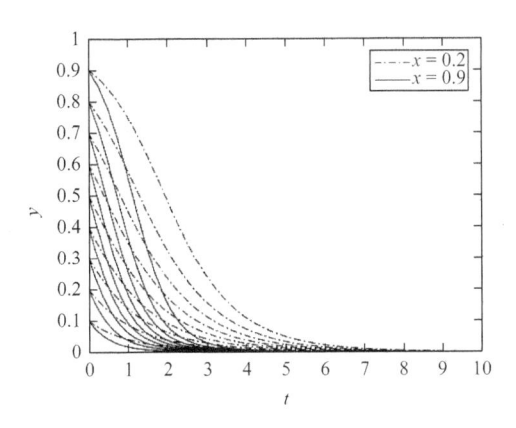

图 7-4 技术创新成长期征收部门演化路径

3. 企业技术创新成熟期

图 7-5 和图 7-6 描述了各参数满足 $\Delta_A > 0$，$\Delta_B > 0$，$\Delta_C > 0$，$\Delta_D > 0$ 时系统的演化趋势。此时，$R' = 7$，$R = 5$，时间段为 $[0, t]$。分别取 y 的固定初始值为

0.2 和 0.9，x 的固定初始值为 0.2 和 0.9。鉴于系统演化的长期性，系统将在很长的时间内保持征收部门尽职征收、企业进行技术创新的局面，与情景 9 得出的 ESS(1，1)相一致。处于技术创新成熟期的企业的技术创新的收敛速度非常快，只是当征收部门大概率选择不尽职征收（$y = 0.2$）时，由于征收部门放松征管，企业向进行技术创新收敛的速度有所减缓。在企业选择技术创新策略的情况下，征收部门罚款收入下降，为了增加社保基金收入和避免声誉损失，征收部门在公众协助下更愿意选择尽职征收。

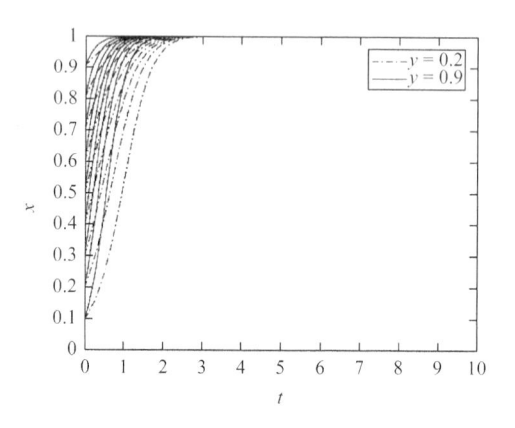

图 7-5 技术创新成熟期企业演化路径

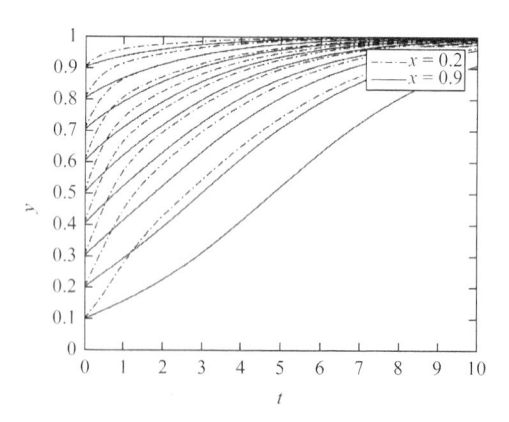

图 7-6 技术创新成熟期征收部门演化路径

7.3.3 敏感性仿真分析

进一步分析"社保入税"和大规模减税降费引发的参数变化对征收部门和企业博弈系统均衡结果的影响。

1. "社保入税"

2018 年 3 月中共中央印发的《深化党和国家机构改革方案》提出加强对社保费的征管力度。2018 年 7 月中共中央办公厅、国务院办公厅印发的《国税地税征管体制改革方案》明确要求自 2019 年 1 月 1 日起，将基本养老保险费、基本医疗保险费、失业保险费、工伤保险费、生育保险费等各项社保费交由税务部门统一征收。2020 年 10 月 30 日，四川、湖南、贵州等十余个省区市的人社、税务、财政、医保部门相继发布公告，要求自 2020 年 11 月 1 日起，企业职工、灵活就业人员各项社保费交由税务部门统一征收。至此，我国"社保入税"落下帷幕，税务部门成为我国唯一的社保征收主体。

"社保入税"后，参数变化如下：第一，企业社保费的缴费基数增加。社保征收机构从社保机构变更为税务部门后，税务部门将以职工的实际月收入为标准计算应当缴纳的社保费，取代以往一些企业按照最低缴费标准来缴纳社保费的情况，使企业社保实际缴费率上升约 3%，参保概率提高约 5 个百分点（唐珏和封进，2019）。第二，对少缴、不缴、迟缴社保费的企业所处罚款力度加大。社保"转嫁"税务后，企业欠费逃费的"代价"不亚于偷税漏税。第三，征收部门和政府给予积极进行技术创新企业更多的补贴。税务部门征收社保有效抑制了地方政府出于政治晋升、"经济竞赛"等目的利用税费优惠来招商引资，由于收入端的手段失效，地方政府往往联合征收部门增加支出端的手段，也就是用更多补贴来替代税费优惠（范子英，2018）。第四，公众监督举报的积极性和维权意识提升。"社保入税"使以往为了节省人力成本而损害职工权益的企业涉税风险迅速提升，企业会因此遭受严厉的惩治，"社保入税"对企业所形成的威慑作用激发了公众监督举报的信心，因而公众监督举报的概率会增大。

因此，基于上述四大变化，令 $Q = 20$，$F = 4$，$S = 3$，$\rho_1 = 0.8$。当社保征收机构转变后，征收社保成为税务部门的基本职能，无论尽职与否，在"金税三期"系统下，数据实时同步、系统自动核定使尽职征收成为必然。因此，不再展示征收部门的演化结果，仅呈现企业的演化改变情况。鉴于技术创新成熟期的企业总是会选择进行技术创新，仅对处于技术创新起步期和成长期的企业面临"社保入税"进行敏感性仿真分析。

1）企业技术创新起步期

通过改变 Q、F、S、ρ_1 的参数设置来模拟"社保入税"。"社保入税"后，企业社保费的缴费基数提升、征收部门的处罚款力度加大、财政补贴替代税收优惠、公众举报意识提升等使得处于技术创新起步期的企业改变原策略，选择进行技术创新。图 7-1 显示，即使征收部门以大概率尽职征收（$y = 0.9$），企业也不会进行技术创新。但图 7-7 引入"社保入税"场景后，企业的策略选择由维持原有生产转变为进行技术创新,只是当征收部门大概率不尽职征收($y=0.2$)时,企业向技术创新收敛的速度减缓。"社保入税"倒逼企业进行技术创新的主要原因如下:"社保入税"后,税务部门强大的威慑力和"金税三期"系统的严厉稽查使得人力成本刚性化,不合规缴费的企业负担增大,迫使企业通过技术创新找到新的利润增长点,否则只能在过大的成本压力下退出市场。当然,正处于技术创新起步期的企业需要征收部门和政府其他相关部门必要的创新补贴和资金支持,才能使这种创新行为得以维系并发展至高级阶段。

2)企业技术创新成长期

"社保入税"对处于技术创新成长期的企业也具有同样的影响。"社保入税"后,企业改变原策略,选择进行技术创新,由图7-3转变为图7-8。"社保入税"前,企业是否进行技术创新视征收部门策略选择而定,当征收部门不尽职征收时,企业维持原有生产,当征收部门尽职征收时,企业选择进行技术创新。"社保入税"

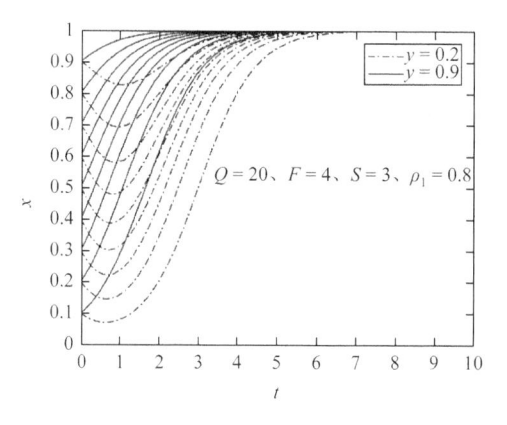

图7-7 "社保入税"下的技术创新起步期企业演化路径

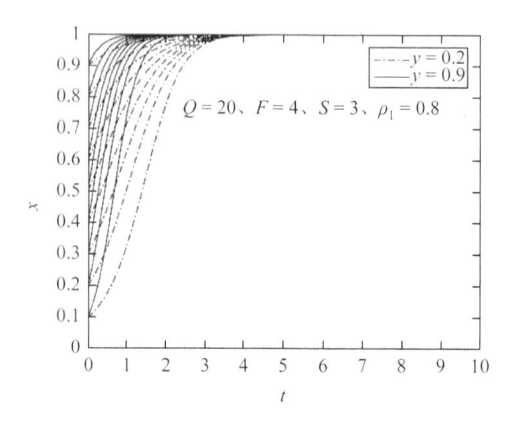

图7-8 "社保入税"下的技术创新成长期企业演化路径

后，无论征收部门尽职与否的概率选择如何，企业都选择进行技术创新。只是当征收部门以大概率不尽职征收（$y=0.2$）时，企业向进行技术创新收敛的速度有所减缓。在这一阶段，主要关注企业是否能将基础性原始创新转化为应用性创新成果。这一阶段技术创新净收益的获取仍然存在不确定性，建议征收部门和政府其他部门给予必要的创新补贴和资金支持，助力企业技术创新。

2. 大规模减税降费

"减税负"与"促创新"是当前政府亟待解决中国企业"生存之困"的重要举措。不合理的高税负不利于社保制度和企业的持续健康发展：费率过高，一方面会显著降低企业参保概率和参保积极性（赵静，2016）；另一方面会直接扭曲企业的生产行为，导致企业的生产规模小于社会最优规模，使得企业无法正常从事生产经营活动，降低企业的全要素生产率（陈晓光，2013）。

基于上述改革难题，2018 年 9 月 13 日、21 日国家税务总局办公厅、人力资源社会保障部办公厅先后印发《国家税务总局办公厅关于稳妥有序做好社会保险费征管有关工作的通知》和《人力资源社会保障部办公厅关于贯彻落实国务院常务会议精神切实做好稳定社保费征收工作的紧急通知》，明确了保证平稳落地、主体变政策不变、禁止地方自行组织清欠行动等改革思路。随后，我国陆续出台了降低费率的政策，截至 2018 年底，已陆续五次降低社保费率，其中，养老保险企业缴费比例从 19%下降到 16%，且仍有下调空间。

那么，社保费率的降低是会使企业失去创新激励，还是会使企业利用节省的资金进行更广泛的创新活动？在养老保险费占企业所需缴纳社保总额 2/3 的情形下，改变城镇职工基本养老保险单位缴费率是具有代表性的。鉴于此，本节对参数 α 进行调整，将 $\alpha=0.16$ 分别调低为 $\alpha=0.14$ 和 $\alpha=0.12$。在"社保入税"的基础上，进一步分析社保费率对企业创新行为的影响。

1）企业技术创新起步期

由图 7-9 和图 7-10 可知，在企业技术创新起步期，"社保入税"后若降低费率，并不影响企业策略选择的结果及其变化趋势。但在不同程度调低的条件下，趋于技术创新的变化速度略有不同：$\alpha=0.12$ 和 $\alpha=0.14$ 较 $\alpha=0.16$ 时，企业收敛至 $x=1$ 的速度有所减缓。这说明降低社保费率要适度，否则企业会重新选择维持原有生产。总之，无论将城镇职工基本养老保险单位缴费率调低至 14%还是 12%，企业依旧选择进行技术创新策略。"社保入税"引发的强征缴为降低社保费率提供了可行空间，征管强化与降费减负可以共同促进企业技术升级。

2）企业技术创新成长期

由图 7-11 和图 7-12 可知，与技术创新起步期相同，在技术创新成长期，"社保入税"后，降低费率并不影响企业策略选择的结果及其变化趋势。

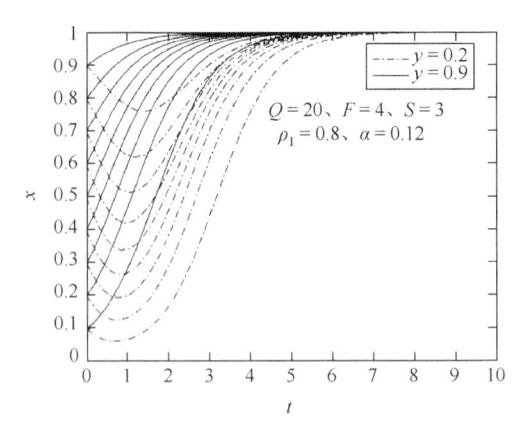

图 7-9　降低费率 $\alpha = 0.12$ 后企业演化路径（技术创新起步期）

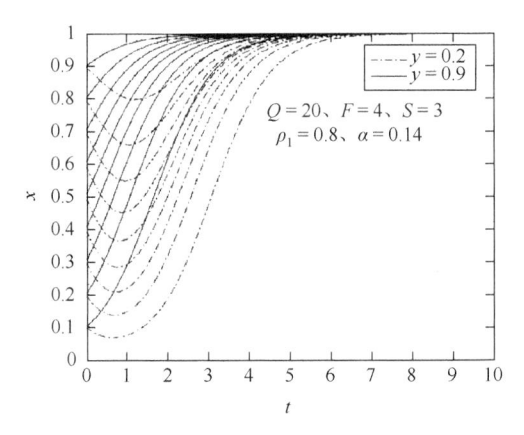

图 7-10　降低费率 $\alpha = 0.14$ 后企业演化路径（技术创新起步期）

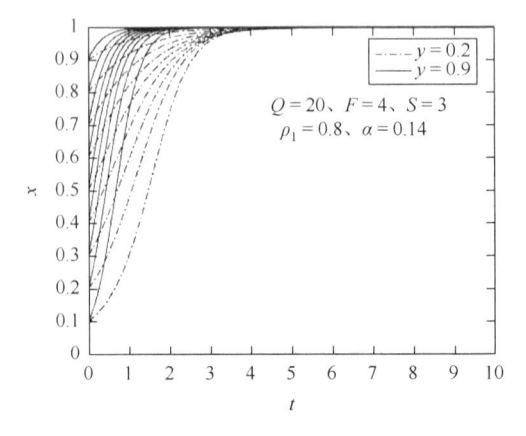

图 7-11　降低费率 $\alpha = 0.14$ 后企业演化路径（技术创新成长期）

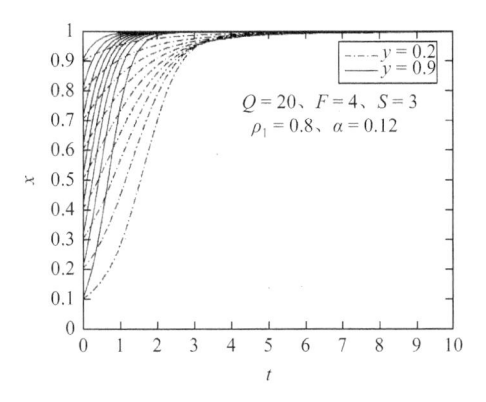

第 7 章 社保征管与企业创新行为：来自演化博弈模型的证据

图 7-12 降低费率 $\alpha = 0.12$ 后企业演化路径（技术创新成长期）

第 8 章 亏损后转年限延长对企业投资效率的影响

本章探讨亏损后转年限延长对企业投资效率的影响。投资是中国经济发展的重要推动力，且以效率投资为基础。随着我国经济由高速增长阶段转向高质量发展阶段，投资规模所带动的经济增长迫切需要投资效率来维持增长动能的可持续性（姚立杰等，2020）。企业在评估投资风险水平后，通过将投资机会转化为实际投资，实现企业资源配置。这一过程及其最终结果决定了企业未来发展前景，并进一步影响着宏观经济的资源配置效率。在完美的市场中，企业的投资决策完全取决于投资机会（Tobin，1969），资本边际收益率是驱动投资决策、达到最优投资水平的唯一参考（Jorgenson，1996；Hayashi，1982；Yoshikawa，1980）。然而，在现实世界中，多方面复杂因素导致市场并非总是有效的，企业投资决策存在投资机会以外的多方影响因素，导致投资可能偏离最优投资水平。政府干预理论认为，为了弥补市场资源配置缺陷，政府适时进行宏观调控将有助于优化资源配置，刺激经济发展（Keynes，1937）。党的十八大以来，为应对经济发展进入新常态，中共中央提出"使市场在资源配置中起决定性作用和更好发挥政府作用"，强调市场"无形之手"与政府"有形之手"的有效配合。税收作为重要的宏观调控工具涉及企业资源的多寡流向，是影响企业投资决策的重要因素（Dammon and Senbet，1988；付文林和赵永辉，2014；郑登津等，2021）。

其中，亏损结转旨在缓解税制系统中收益和亏损不对称性，尤其是在经济不景气时期，作为重要的宏观调控政策工具为企业提供流动性支持。为了进一步助力企业发展，财政部和国家税务总局联合发布财税〔2018〕76 号，进一步放松亏损结转限制，高新技术企业和科技型中小企业亏损结转最长年限自 2018 年起由 5 年增加至 10 年。

从理论上讲，对收益和损失征税保持对称性有助于保证资源配置有效性（Auerbach，1986）。然而，在现实实践中，税制系统普遍存在不对称性，即对收益征税的及时性和对损失退税的延时性。亏损结转是处于这种不对称性机制中的一种弥补机制，旨在缓解收益和损失征税不对称性对企业正常经济决策的扭曲作用。具体原理为对企业发生的亏损以获取的收益为限额在限定时间内进行结转。亏损结转程度由三方面因素决定：第一，亏损结转限额，即收益数值与亏损数值两者中的最小值，收益小于损失将意味着损失无法被完全结转。第二，亏损结转年限，以损失发生时间对结转时间进行限定，超过结转时间后的未结转损失将失去效用。第三，亏损结转形式。亏损结转主要分为亏损前转和亏损后转。亏损后转是以未来期间的利润对已有的损失进行弥补，亏损结转年限主要为5年、10年及无限期等几种形式。若在限定的期限内未取得足额的利润，尚未弥补的损失将不再具备抵税资格。亏损前转的结转原理是以亏损前期的利润为限额，对当期损失进行弥补退税，亏损结转年限相对较短，主要为1~2年。相比亏损前转，亏损后转适用的范围更广、弥补更为滞后、结转年限较长、不确定性更高，是更为普遍的亏损结转形式。

无论是亏损结转政策，还是其他税收调控政策，本质上均是政府对经济施加干预的重要手段，是政府"有形之手"发挥作用的重要体现。在政府这只"有形之手"之外，还存在着市场这只"无形之手"，如何将两只手相互配合以实现资源最优化配置，一直以来都是经济发展中的重要议题。一方面，当市场失灵时，政府这只"有形之手"可以对市场进行有效补充，从而刺激经济发展。例如，现有研究表明，政府出台的固定资产加速折旧政策、绿色信贷政策均显著提高了企业投资效率（刘行和赵健宇，2019；王艳丽等，2021）。但另一方面，若市场资源配置本身是有效的，政府这只"有形之手"可能适得其反。例如，一些产业政策提高了投资水平，但并没有提高企业投资效率，造成资源的浪费（张新民等，2017；王克敏等，2017）。宽松的货币政策导致利率信号扭曲，从而降低投资效率（韩东平和张鹏，2015）。政府对企业的补助并未提高投资效率，反而降低了投资效率（Hu et al.，2019）。因此，对于亏损结转这一税收制度，需要带着辩证思维去理性判断，亏损结转是弥补了市场失灵，提高了资源配置效率，抑或是干预了市场在资源配置中的正常运作，降低了资源配置效率。

亏损结转是一种企业与政府之间的风险共担机制（Ljungqvist et al.，2017）。但现有研究对亏损结转的微观经济影响并没有一致的结论。一部分研究认为，亏损后转增加了企业的风险承担能力，刺激了其投资行为（Auerbach，1986；Dreßler and Overesch，2013；毛捷等，2016），并且这种影响可能取决于亏损结转的规模和可能性（Barlev and Levy，1975；Auerbach，1986）。另一部分研究结果表明，亏损后转无法带来及时的现金流，且结转效果依赖企业的未来收益，存在较大的不确定性，对投资规模的刺激作用弱于亏损前转（Majd and Myers，1987；Devereux et al.，1994；Ljungqvist et al.，2017）。此外，投资规模的提升并不意味着效率的提升。部分从资源配置效率视角探讨亏损结转经济后果的研究表明，亏损前转无法精准区分刺激对象的优劣，税收优惠流向低效率企业，引发低效率投资，导致资源错配。相比之下，亏损后转资源错配效应并不明显（Bethmann et al.，2018）。亏损结转政策一直试图在默许低效率企业继续无效经营和鼓励高效率企业承担风险之间进行平衡，单纯靠亏损前转无法有效规避低效率企业的继续无效经营，因此绝大多数国家采取亏损后转政策以推动两者的平衡。亏损后转是否能够有效提高投资效率，实现资源的优化配置，本章旨在对这一问题进行系统研究。

本章基于 2015~2020 年沪深 A 股上市企业数据，根据延长高新技术企业亏损后转年限（财税〔2018〕76 号）这一准自然实验构建 DID 模型，以检验亏损后转年限延长对企业投资效率的影响。本章的实证结果显示，亏损后转年限延长显著提高了企业投资效率。在进一步分析中，本章从企业生命周期、战略差异度、投资机会角度检验了亏损后转年限延长影响企业投资效率的机制。结果表明，亏损后转年限延长对战略差异度较大、投资机会较好及成长期企业影响更为显著。

本章的研究贡献在于：第一，研究视角上，本章从亏损后转年限延长视角探讨了放松亏损后转的经济后果。现有研究主要探讨了亏损前转对企业风险承担和投资行为的影响（Auerbach，1986；Dreßler and Overesch，2013；毛捷等，2016），而亏损后转作为广泛采用的亏损结转政策，延长亏损后转年限是否有助于提高企业投资效率，尚缺乏对这一问题的系统研究。第二，研究内容上，本章从企业生命周期、战略差异度、投资机会视角将亏损后转年限延长影响企业投资效率潜在的机制进行深入分析。第三，方法层面上，采用 DID 模型进行因果推断的学术研究为政策制定者提供信息至关重要（Leuz and Wysocki，2016）。我国亏损后转年限延长为研究放松亏损结转对企业投资效率的影响提供了很好的制度背景。此外，相比以国家层面数据进行 DID 模型检验的相关研究，本章能够有效规避国家之间制度和文化等方面差异对研究结果的潜在影响。总体而言，本章定量评估亏损后转年限延长的政策效果，对发挥财税政策的结构性调节优势具有重要现实意义。

8.1 亏损后转年限延长影响企业投资效率的理论分析

盈利和损失是企业经营发展过程中极为正常的经营结果，然而税制系统对盈利立即征税，但对损失延迟弥补，导致对两种结果的处理普遍存在不对称性。由于企业在投资决策时会考虑损失的可能性，并在计算资本成本时会考虑损失抵免数额，税制系统对盈利和损失的不对称性将会影响企业的投资决策（Domar and Musgrave，1944；Bethmann et al.，2018）。具体来看，由于高风险投资项目可能具有更高的损失风险，税收制度不对称性特征将会放大高风险投资项目的负面影响，形成对企业投资决策的扭曲效应（Domar and Musgrave，1944；Ljungqvist et al.，2017；Langenmayr and Lester，2018）。为便于理解，本章以一个具体例子进行说明。现有甲和乙两个风险不同的投资项目，前者具有 100%确定的收益（盈利 40 万元），后者具有盈利 100 万元和亏损 15 万元两种可能性，概率均为 50%。表 8-1 结果显示，无亏损结转状态下，项目甲和项目乙的期望收益均为 30 万元；完全亏损结转状态下，项目乙的期望收益为 31.875 万元，大于项目甲的期望收益（30 万元）；在不完全亏损结转状态下，项目乙的期望收益大于无亏损结转状态下的期望收益（30 万元），小于完全亏损结转状态下的期望收益（31.875 万元）。需要注意的是，企业亏损结转状态取决于企业损失程度、未来盈利能力及亏损结转年限。从上述分析来看，亏损后转增加了高风险项目的期望收益，亏损后转年限延长，高风险项目的吸引力将随之进一步增加。

表 8-1 考虑亏损结转政策时企业的投资决策

项目	盈利/万元	亏损/万元	盈利概率	亏损概率	期望收益/万元
组 A：无亏损结转状态					
项目甲	40	0	100%	0	40×（1-25%）×100%＝30
项目乙	100	-15	50%	50%	100×（1-25%）×50%＋（-15）×50%＝30
组 B：完全亏损结转状态					
项目甲	40	0	100%	0	40×（1-25%）×100%＝30
项目乙	100	-15	50%	50%	100×（1-25%）×50%＋（-15＋15×25%）×50%＝31.875
组 C：不完全亏损结转状态					
项目甲	40	0	100%	0	40×（1-25%）×100%＝30
项目乙	100	-15	50%	50%	100×（1-25%）×50%＋（-15＋25%a）×50%＝30＋0.125a，0＜a＜15

注：a 指可以结转抵税的亏损数额；企业所得税税率为 25%。

亏损后转年限延长促进企业增加高风险投资规模，但投资规模增加并不必然伴随着投资效率增加（韩东平和张鹏，2015）。亏损前转增加投资效率不仅要从"量"的层面看企业投资规模的变化，而且要从"质"的层面看其是否来自投资机会的良性驱动。例如，亏损企业在亏损前转刺激下进行高风险投资并非来自投资机会的良性驱动，而是资源错配的表现（Bethmann et al.，2018）。但是，亏损前转和亏损后转的原理具有明显的不同。亏损前转并不能给予企业及时的退税资金，而是以未来的盈利为条件，在盈利的基础上给予企业抵税优惠。对于经营不善的企业，即便该企业符合亏损结转条件，如果不能够获取足额的盈利额，也无法获得该项税收优惠。因此，亏损前转税收优惠的获取是以盈利能力和未来发展潜力作为前提的，这恰好规避了亏损后转在这方面的不足。因此，本章认为，亏损后转年限延长并不会导致企业进行高风险低效率投资。

本章认为，亏损后转年限延长对企业投资效率的影响主要在于刺激企业弥补高风险投资的不足，从而提高投资效率。在现实世界中，企业投资效率低下源于企业对投资机会的反应不够灵敏，风险规避便是企业投资效率低下的影响因素之一。企业在面临净现值（net present value，NPV）为正的投资项目时，可能因风险因素望而却步，造成企业投资不足（Holmstrom and Weiss，1985；Bertrand and Mullainathan，2003；王丹等，2020）。从亏损后转的原理来看，亏损后转年限延长可在一定程度上缓解企业因风险规避而导致的投资不足。当亏损后转被纳入投资资本成本计算范畴时，投资项目风险将在结转前后发生明显改变。可以理解为投资机会的部分风险从企业转移到了政府，实现了企业与政府风险共担（Ljungqvist et al.，2017）。假设企业对风险的承受水平存在一定阈值，投资项目风险为 a，投资主体（企业）承担部分为 a_0，征税主体（政府）承担部分为 a_1，亏损后转年限延长虽不会影响投资项目风险 a，但会影响投资项目风险在投资主体（企业）和征税主体（政府）之间的分配。随着亏损后转将部分风险（μ）转移至征税主体，a_0 将减少 μ，a_1 将同等增加 μ，最终表现为同一个投资项目归属于企业承担的风险将降低，从而导致投资项目进入企业投资决策范围的概率有所增加。总体而言，当企业因风险规避而选择放弃风险阈值外的优质项目时，亏损结转在一定程度上能够缓解企业对高风险优质项目的投资不足。综合上述分析，本章提出如下假设。

假设 8.1：亏损后转年限延长可以提高投资效率。

8.2 亏损后转年限延长影响企业投资效率的研究设计

8.2.1 样本选择与数据来源

本章选取 2013～2020 年中国沪深 A 股上市企业作为研究样本。选择这一区间进行研究分析主要是基于 DID 模型应用考虑。由于亏损后转年限延长政策实施时间为 2018 年，为了保证 DID 模型样本区间对称，本章样本区间初步设定为 2015～2020 年。同时，鉴于本章的模型涉及对数据的滞后处理，本章实际样本区间为 2013～2020 年。经过以上处理，本章确定初始样本量为 26231 个的企业年度观测值，并在此基础上进行如下筛选程序：①2020 年受疫情影响困难行业企业亏损后转年限从 5 年延长至 8 年，为了缓解这部分样本对本章结果的干扰，本章将其剔除。②金融行业企业数据与其他行业数据存在不可比性，本章将其剔除。③由于高新技术企业资格可能在样本区间取消，或者由非高新技术企业转化为高新技术企业，造成企业在样本区间内既是处理组，也是控制组，形成对 DID 检验分析结果的干扰，本章将其剔除。④本章剔除研究所需变量存在缺失的企业样本。经过以上筛选程序，本章确定最终样本量为 12209 个的企业年度观测值。样本筛选过程如表 8-2 所示。本章的财务数据来源于 CSMAR 数据库、CNRDS 数据库；高新技术企业认定数据来源于 CSMAR 数据库，科技型中小企业认定数据手工收集于企查查、企业年报等公开信息。本章对连续变量在 1%和 99%分位上进行缩尾，以缓解极端值对本章结果的影响。

表 8-2 样本筛选过程

筛选程序	样本量
初始样本	26231
删除 2020 年受疫情影响困难行业企业样本	25064
删除金融行业企业样本	24451
删除处理组和控制组不稳定企业样本	21317
删除相关变量数据缺失企业样本，即最终样本	12209

注：之所以相关变量数据缺失企业样本删除量大，是因为滞后计算，删除了 2013 年和 2014 年为缺失值的样本。

8.2.2 变量定义与度量

1. 被解释变量

投资-投资机会敏感性是衡量投资效率的常见做法（Billett and Mauer, 2003；Ozbas and Scharfstein, 2010；Duchin and Sosyura, 2013；Wurgler, 2000；McLean et al., 2012）。本章借鉴 Richardson（2006）、吕长江和张海平（2011）的做法，以投资支出作为被解释变量，具体而言，t 年企业的实际新增投资支出（Invest）= 总投资-维持性投资 = [购建固定资产、无形资产和其他长期资产支付的现金 + 取得子公司及其他营业单位支付的现金净额-处置固定资产、无形资产和其他长期资产收回的现金净额-处置子公司及其他营业单位收到的现金净额-（固定资产折旧 + 无形资产摊销 + 长期待摊费用摊销）]/年初总资产。同时，本章借鉴 Duchin 和 Sosyura（2013）的做法，以 Tobin's Q 衡量企业的投资机会（Q）。

2. 解释变量

根据财税〔2018〕76 号关于延长高新技术企业和科技型中小企业亏损后转年限的政策，高新技术企业与科技型中小企业自 2018 年 1 月 1 日起亏损后转年限由 5 年延长至 10 年，其他企业的亏损后转年限依然为 5 年。基于此，本章设定如下变量以构造 DID 模型：2018 年及以后年份赋值 Post = 1，而 2018 年以前年份赋值 Post = 0；以高新技术企业与科技型中小企业为处理组（Treat = 1），其他类型企业为控制组（Treat = 0）。需要注明的是，企业拥有有效期内高新技术企业资格证书并符合科技型中小企业的认定条件可以不经过综合考核直接认定为科技型中小企业，因此部分企业同时具备科技型中小企业和高新技术企业双重资格。因此，本章仅需对科技型中小企业样本加以确认。根据国家税务总局公开的科技型中小企业认定标准"职工总数不超过 500 人、年销售收入不超过 2 亿元、资产总额不超过 2 亿元"，本章对符合相关条件的企业进行手工筛查，即通过企查查、企业年报等公开信息渠道确认其是否为科技型中小企业。若为科技型中小企业，则取 Treat = 1，否则取 Treat = 0。

3. 控制变量

为了缓解其他因素对本章回归结果的干扰，借鉴 Bethmann 等（2018）、Jacob 等（2019）的研究，本章对企业基本情况、财务状况及企业治理等方面因素加以控制，具体控制变量包括企业规模（Size）、资产负债率（Lev）、资产收益率（ROA）、现金持有水平（Cash）、企业年龄（Age）、长期借款比例（Debt）、第一大股东持股比例（Top1）、是否存在内部控制缺陷（Ic）、独立董事比例（Indep）。此外，本章还控制了行业固定效应和年度固定效应。具体变量定义见表 8-3[①]。

表 8-3 变量定义

变量符号	变量定义	计算方式
Invest	投资支出	模型（8.1）
Treat	是否为处理组	企业为高新技术企业或科技型中小企业：Treat = 1；否则，Treat = 0
Post	是否处于政策实施后	Year≥2018：Post = 1；Year＜2018：Post = 0
Size	企业规模	期末总资产的自然对数
Lev	资产负债率	期末总负债/期初总资产
ROA	资产收益率	息税前利润/期初总资产
Cash	现金持有水平	期末现金及现金等价物/期初总资产
Age	企业年龄	当年年份−企业成立当年年份
Debt	长期借款比例	长期借款/总负债
Top1	第一大股东持股比例	期末第一大股东持股数/期末总股数
Ic	是否存在内部控制缺陷	存在内部控制缺陷，Ic = 1；否则，Ic = 0
Indep	独立董事比例	期末独立董事人数/期末董事总人数

---

① 基于不同的学者观点，各章同一变量可能存在定义不一致的情况。本书采用的各变量定义方式均符合学术规范的各项要求。

8.2.3 模型构建

亏损后转年限延长（财税〔2018〕76号）相对企业而言是较为外生的政策冲击，且仅对部分企业（高新技术企业和科技型中小企业）有效，其他企业的亏损后转年限依然保持5年，这为通过构建DID模型识别亏损后转年限延长的政策效应提供了很好的制度背景，并能够有效缓解因果识别中潜在的内生性问题。本章的模型设定具体如下：

$$\begin{aligned} Invest = &\beta_0 + \beta_1 Q \times Treat \times Post + \beta_2 Q \times Treat + \beta_3 Q \times Post \\ &+ \beta_4 Treat + \beta_5 Post + \beta_6 Treat \times Post + \beta_7 Q \\ &+ \sum \gamma X + \sum Year + \sum Industry + \varepsilon \end{aligned} \quad (8.1)$$

其中，本章基于亏损后转年限延长政策针对高新技术企业和科技型中小企业在2018年1月1日开始实行，确定处理组和控制组（Treat）、政策前后变量（Post）、政策效应（Treat×Post）。此外，本章借鉴已有研究的做法，采用投资-投资机会敏感性衡量投资效率（Billett and Mauer，2003；Ozbas and Scharfstein，2010；Duchin and Sosyura，2013），因此，被解释变量为企业的投资支出（Invest），核心解释变量为投资机会（Q）与亏损后转年限延长政策效应（Treat×Post）的交互项（Q×Treat×Post），该回归系数显著为正说明亏损后转年限延长对投资效率具有显著的正向影响，反之为负向影响。

8.3 实证结果与分析

8.3.1 描述性统计

表8-4列示了主要变量的描述性统计结果。结果显示，投资支出（Invest）平均值为0.024，最大值为0.361，最小值为–0.136，中位数为0.007，表明不同企业之间投资支出存在较大差异。Treat平均值为0.519，Post平均值为0.572，说明大约有一半的样本为高新技术企业或科技型中小企业，且亏损后转年限延长政策实施前后的样本量基本相当。投资机会（Q）平均值为2.089，标准差为1.981，最大值为12.023，最小值为0.154，说明各企业之间投资机会差异较大，与刘海明和曹廷求（2017）、苏坤（2015）的研究基本一致。其余变量的描述性统计结果与现有文献基本一致，不再赘述。

表 8-4 主要变量的描述性统计

变量符号	平均值	标准差	最小值	中位数	最大值	样本量
Invest	0.024	0.068	−0.136	0.007	0.361	12209
Treat	0.519	0.500	0	1	1	12209
Post	0.572	0.495	0	1	1	12209
Q	2.089	1.981	0.154	1.511	12.023	12209
Size	22.328	1.289	19.745	22.159	26.369	12209
Lev	0.503	0.270	0.062	0.474	1.462	12209
ROA	0.057	0.076	−0.241	0.052	0.307	12209
Cash	0.167	0.139	0.008	0.127	0.721	12209
Age	19.470	5.239	9	19	36	12209
Debt	0.076	0.119	0	0.013	0.558	12209
Top1	33.273	14.449	8.530	30.950	72.370	12209
Ic	0.234	0.423	0	0	1	12209
Indep	37.676	5.341	33.330	36.360	57.140	12209

8.3.2 相关性分析

表 8-5 列示了主要变量的相关系数。在不考虑其他因素的影响下，投资机会（Q）与投资支出（Invest）在 1%水平上显著正相关，与现有研究结论一致，即投资对投资机会的改变具有敏感性。控制变量之间相关系数均小于 0.7，未报告的结果显示，方差膨胀因子平均值为 1.26，表明本章模型不存在严重的多重共线性问题。本章绝大多数控制变量与投资支出（Invest）正相关，说明控制变量的选取具有一定重要性。

8.3.3 主回归结果

表 8-6 为模型（8.1）的回归结果。其中，列（1）中未加任何控制变量，列（2）在列（1）的基础上加入年度固定效应和行业固定效应，列（3）进一步加入控制变量。回归结果显示，无论模型中是否加入控制变量，$Q\times\text{Treat}\times\text{Post}$ 的回归系数均在 1%水平显著为正，即亏损后转年限延长显著提高了投资效率。上述结果表明，在控制潜在影响因素后，亏损后转年限延长有助于提高投资效率，支持了假设 8.1。

表 8-5 主要变量的相关系数

变量	Invest	Q	Size	Lev	ROA	Cash	Age	Debt	Top1	Ic	Indep
Invest	1.000	0.164***	0.010	0.016*	0.328***	0.201***	−0.133***	0.038***	0.025***	−0.095***	0.007
Q	0.149***	1.000	−0.684***	−0.507***	0.225***	0.289***	−0.208***	−0.424***	−0.099***	−0.142***	0.036***
Size	−0.043***	−0.549***	1.000	0.506***	0.087***	−0.126***	0.144***	0.441***	0.179***	0.125***	−0.034***
Lev	0.021**	−0.318***	0.472***	1.000	−0.046***	−0.133***	0.095***	0.461***	0.057***	0.094***	−0.009
ROA	0.232***	0.147***	0.099***	0.013	1.000	0.298***	−0.047***	−0.070***	0.106***	−0.087***	−0.046***
Cash	0.137***	0.262***	−0.122***	−0.044***	0.314***	1.000	−0.056***	−0.211***	0.058***	−0.051***	0.015*
Age	−0.112***	−0.115***	0.116***	0.093***	−0.036***	−0.053***	1.000	0.082***	−0.090***	0.086***	−0.037***
Debt	0.020**	−0.236***	0.329***	0.316***	−0.038***	−0.163***	0.082***	1.000	0.028***	0.069***	0.006
Top1	0.014	−0.089***	0.223***	0.059***	0.126***	0.048***	−0.085***	0.047***	1.000	0.049***	0.035***
Ic	−0.077***	−0.090***	0.128***	0.082***	−0.081***	−0.045***	0.073***	0.055***	0.052***	1.000	0.003
Indep	0.009	0.062***	−0.015*	−0.014	−0.037***	0.021**	−0.044***	0.012	0.048***	−0.000	1.000

注：右上角为 Spearman 相关系数，左下角为 Pearson 相关系数。

表 8-6　主回归结果

项目	（1）	（2）	（3）
$Q\times \text{Treat}\times \text{Post}$	0.0059***	0.0057***	0.0050***
	(3.254)	(3.122)	(2.836)
$Q\times \text{Treat}$	0.0017	0.0021	0.0006
	(1.188)	(1.416)	(0.404)
$Q\times \text{Post}$	−0.0029**	−0.0030**	−0.0037***
	(−2.383)	(−2.501)	(−3.147)
Treat	0.0116***	0.0124***	0.0126***
	(2.968)	(3.039)	(3.195)
Post	0.0023	−0.0027	0.0051*
	(0.900)	(−0.923)	(1.687)
Treat×Post	−0.0153***	−0.0140***	−0.0134***
	(−3.609)	(−3.306)	(−3.275)
Q	0.0037***	0.0040***	0.0047***
	(3.334)	(3.597)	(3.986)
Size			0.0002
			(0.276)
Lev			0.0198***
			(5.111)
ROA			0.1590***
			(14.257)
Cash			0.0292***
			(4.693)
Age			−0.0010***
			(−5.851)
Debt			0.0271***
			(3.375)
Top1			−0.0001
			(−1.039)
Ic			−0.0071***
			(−4.398)
Indep			0.0001
			(0.677)

续表

项目	（1）	（2）	（3）
Year FE		是	是
Industry FE		是	是
Constant	0.0109***	0.0193**	0.0063
	（4.497）	（2.103）	（0.314）
Adj-R^2	0.0354	0.0487	0.1031
N	12209	12209	12209

8.3.4 进一步分析

8.1 节理论分析认为，亏损后转年限延长对企业投资效率的提升一方面在于企业对亏损结转政策的敏感性。现有研究表明，亏损结转具有事前效应，即对没有发生亏损，但是大概率发生亏损的企业的投资行为也会产生影响（Bethmann et al.，2018；Langenmayr and Lester，2018），因此，企业潜在的损失风险越高，对亏损结转政策越敏感。亏损后转年限延长对企业投资效率的提升另一方面在于企业具有提高投资效率的自身资源，即企业具有良好的投资机会。当亏损后转年限延长作用于优质企业投资效率时，亏损结转年限延长实现了资源的有效配置。本节拟从企业生命周期、战略差异度和投资机会三方面进一步探讨亏损后转年限延长作用于投资效率的背后机制，为放松亏损后转优化资源配置提供经验证据。

1. 企业生命周期

根据企业生命周期理论，不同生命周期阶段，企业的业务特点、资本实力存在显著差异，其投资意愿也随之存在差异。例如，在成长期，企业面临着较多投资机会，其主要目标是扩张，但同时也面临着较高的损失风险（Miller and Friesen，1984）；在成熟期，企业的发展较为成熟，拥有稳定的市场份额，财富值达到顶峰（Dickinson，2011）；在衰退期，企业面临竞争力缺乏的窘境（Gort and Klepper，1982），投资机会进一步萎缩（Adizes，1979）。从三个阶段的特征对比来看，放松亏损后转更有可能提高成长期企业投资效率：一方面，企业亏损风险高意味着亏损后转的可能性高；另一方面，亏损后转提升投资效率的背后是投资机会向具体投资的转化。相比于其他阶段的企业，成长期企业投资机会较多，更有条件完成投资效率提升这一过程。因此，本节推测，亏损后转年限延长有助于提高成长期企业投资效率。本节借鉴翟胜宝等（2021）的做法，根据不同生命周期具有不同的现金流特点划分成长期、成熟期和衰退期。具体衡量方式如表 8-7 所示。本节将每个阶段的回归结果列示于表 8-8。结果显示，$Q\times Treat\times Post$ 的回归系数仅在处于成长期的企业中显著，与本节预期相同。

表 8-7 企业生命周期衡量

项目	成长期	成熟期	衰退期					
经营现金净流量	−	+	+	+	+	−	−	−
投资现金净流量	−	−	−	+	+	−	+	+
筹资现金净流量	+	+	−	+	−	−	+	−

表 8-8 生命周期调节机制

项目	（1）成长期	（2）成熟期	（3）衰退期
$Q\times Treat\times Post$	0.0086**	0.0006	0.0027
	(2.557)	(0.320)	(1.169)
$Q\times Treat$	−0.0013	0.0015	−0.0007
	(−0.562)	(1.122)	(−0.390)
$Q\times Post$	−0.0062**	0.0008	0.0001
	(−2.550)	(0.568)	(0.057)
Treat	0.0084	0.0030	0.0115**
	(1.334)	(0.804)	(2.257)
Post	0.0165***	−0.0040	−0.0028
	(2.951)	(−1.366)	(−0.659)
Treat×Post	−0.0180**	−0.0008	−0.0044
	(−2.533)	(−0.186)	(−0.785)
Q	0.0088***	0.0021**	0.0004
	(4.580)	(2.173)	(0.278)
Size	−0.0026*	0.0006	0.0047***
	(−1.789)	(0.717)	(5.150)
Lev	0.0162***	0.0004	−0.0255***
	(2.632)	(0.117)	(−5.538)
ROA	0.1603***	0.0946***	0.1112***
	(6.644)	(7.913)	(9.409)
Cash	0.0363***	0.0490***	0.0262***
	(2.838)	(7.053)	(3.437)

续表

项目	(1)成长期	(2)成熟期	(3)衰退期
Age	−0.0008***	−0.0004***	−0.0003
	(−3.099)	(−2.920)	(−1.630)
Debt	0.0604***	0.0122*	−0.0180*
	(4.692)	(1.807)	(−1.853)
Top1	0.0000	−0.0000	0.0000
	(0.274)	(−0.438)	(0.328)
Ic	−0.0061**	0.0000	−0.0047**
	(−2.016)	(0.012)	(−2.477)
Indep	0.0003	−0.0001	−0.0002
	(1.082)	(−0.408)	(−0.986)
Year FE	是	是	是
Industry FE	是	是	是
Constant	0.0791**	0.0016	−0.1049***
	(2.317)	(0.078)	(−4.807)
Adj-R^2	0.1086	0.1259	0.1290
N	4880	4423	2809

2. 战略差异度

企业战略差异体现在企业发展目标、盈利模式及组织结构等各个方面（Miles et al.，1978）。较大的战略差异度意味着战略定位偏离行业常规模式，面临着更高的成本和更大的不确定性（Geletkanycz and Hambrick，1997；Deephouse，1999；Tang et al.，2011），企业可能获得巨大成功，同时也存在极大失败的可能性。现有研究指出，战略差异度与股价崩盘风险、经营风险及违约风险等风险显著正相关（Habib and Hasan，2017；王化成等，2017；王化成等，2019）。放松亏损后转对损失风险高的企业具有事前效应（Bethmann et al.，2018；Langenmayr and Lester，2018），本节推测，战略差异度较大的企业对放松亏损后转的经济影响更为敏感。本节借鉴王化成等（2019）、Tang 等（2011）的做法，基于市场开发支出、创新程度、资本密集度、固定资产更新程度、管理费用支出及财务杠杆率六个维度衡量不同企业战略差异度，对每个维度指标进行标准化处理，其次对六个指标求平均得到该企业当年战略差异度（Ds）。在此基础上，本节以年度-行业中位数作为标准，将样本分为战略差异度较小组和战略差异度较大组,战略差异度(Ds)大于中位数的为战略差异度较大组,其余为战略差异度较小组。分组回归结果列示于表 8-9。由表 8-9 可知,$Q×Treat×Post$ 的回归系数在战略差异度较大组显著为正。回归结果说明,在企业自身风险较高的前提下,企业对放松亏损后转政策较高的敏感性是刺激其提高投资效率的重要机制。

表 8-9 战略差异度和投资机会调节机制

项目	(1) 战略差异度较小	(2) 战略差异度较大	(3) 投资机会较好	(4) 投资机会较差
$Q×Treat×Post$	0.0048	0.0086***	0.0051**	−0.0009
	(1.207)	(3.211)	(2.189)	(−0.173)
$Q×Treat$	−0.0019	−0.0030	−0.0006	0.0018
	(−0.557)	(−1.447)	(−0.297)	(0.514)
$Q×Post$	−0.0047	−0.0057***	−0.0049***	0.0111**
	(−1.310)	(−2.909)	(−3.308)	(2.493)
Treat	0.0110	0.0185***	0.0188**	0.0083
	(1.562)	(3.084)	(2.421)	(1.542)
Post	0.0058	0.0093*	0.0068	−0.0027
	(0.950)	(1.791)	(1.190)	(−0.695)
Treat×Post	−0.0104	−0.0236***	−0.0165**	−0.0080
	(−1.452)	(−3.611)	(−2.046)	(−1.411)
Q	0.0101***	0.0054***	0.0044***	0.0128***
	(3.055)	(3.082)	(3.003)	(4.308)
Size	−0.0003	−0.0015	0.0011	0.0039***
	(−0.222)	(−1.013)	(0.734)	(3.690)
Lev	0.0297***	0.0149**	0.0239***	0.0254***
	(4.572)	(2.432)	(3.988)	(5.435)
ROA	0.1543***	0.1607***	0.1386***	0.1531***
	(8.387)	(9.920)	(8.749)	(10.655)
Cash	0.0186**	0.0459***	0.0214**	0.0314***
	(2.002)	(4.423)	(2.569)	(3.743)
Age	−0.0010***	−0.0009***	−0.0013***	−0.0005***
	(−4.398)	(−3.212)	(−5.214)	(−2.670)
Debt	0.0268*	0.0263**	0.0216*	0.0330***
	(1.887)	(2.213)	(1.759)	(3.450)

续表

项目	(1) 战略差异度较小	(2) 战略差异度较大	(3) 投资机会较好	(4) 投资机会较差
Top1	−0.0001	−0.0001	0.0000	−0.0002**
	(−1.039)	(−0.833)	(0.449)	(−2.359)
Ic	−0.0072***	−0.0074***	−0.0068**	−0.0068***
	(−3.038)	(−2.906)	(−2.457)	(−3.840)
Indep	0.0002	0.0002	0.0002	0.0000
	(0.833)	(0.711)	(0.821)	(0.026)
Year FE	是	是	是	是
Industry FE	是	是	是	是
Constant	0.0118	0.0365	0.0015	−0.1016***
	(0.388)	(1.040)	(0.043)	(−3.874)
Adj-R^2	0.1145	0.1045	0.0875	0.1143
N	5477	4847	6077	6132

3. 投资机会

在理想状态下，企业的投资规模仅取决于投资机会。具体可以表现为，当企业具有良好的投资机会时，企业扩张投资规模；当企业面临较差的投资机会时，企业基于资本逐利的经济规律相应地减少投资规模（Tobin，1969；Biddle et al.，2001）。放松亏损后转将增加企业风险承担能力并刺激企业提高投资效率，表现为投资-投资机会敏感性增强。当企业面临较好的投资机会时，放松亏损后转通过将投资机会及时转化为实际投资，从而改善企业投资不足，实现投资效率提升。对缺乏投资机会的企业，亏损后转年限延长刺激企业风险承担的同时，不会增加企业投资规模。究其原因，企业在投资机会缺乏的情形下进行过度投资，可能损害企业价值（张敏等，2010；蒋东生，2011），未来期间若无法取得足额收益，将导致亏损后转在限期内无法全额实现。因此本节推测，亏损后转年限延长提高投资效率仅在投资机会较好的企业中显著。本节将投资机会按照年度-行业中位数进行分组，高于该中位数的为投资机会较好组，其余为投资机会较差组。分组回归结果列示于表 8-9。由表 8-9 可知，在投资机会较好组中，亏损后转年限延长显著提高了投资效率，证实了上述推测，同时也说明亏损后转促进资源流向资质较好的企业。

第9章　增值税税率调整对企业绩效的影响

本章讨论增值税税率调整对企业绩效的影响。当前我国经济发展进入新常态，同时面临着经济增速下行和产业转型升级压力较大的挑战。税收政策是助推经济高质量发展、推动产业转型升级和促进区域平衡发展的重要措施。党的十八大以来，税收改革不断深化。以增值税为例，自1994年开始实施《中华人民共和国增值税暂行条例》起，增值税已成为我国第一大税种。财政部数据显示，2021年全国税收收入达172731亿元，国内增值税达63519亿元，占比为36.8%。为推进减税降费工作，近年来，我国实施了多项重大的增值税改革，如增值税转型（财税〔2004〕156号）、"营改增"试点改革（财税〔2011〕110号）、简并增值税税率（财税〔2017〕37号）及深化增值税改革（财税〔2018〕32号，财政部、国家税务总局、海关总署公告2019年第39号）、增值税"留抵退税"改革（财税〔2018〕70号，财政部、国家税务总局、海关总署公告2019年第39号）等。

由于增值税转型和"营改增"改革均未涉及增值税ETR的调整，且"营改增"后，增值税一般纳税人适用的税率有17%、13%、11%和6%四档，增值税税率档次过多导致了资源误置和生产效率损失（陈晓光，2013；刘柏惠等，2019）。2019年政府工作报告提出，继续向推进税率三档并两档、税制简化方向迈进。降低增值税税率是培育经济发展新动力的重要工具。为进一步降低企业税负，2017年以来，我国陆续推出增值税税率下调政策：2017年7月1日起取消13%的增值税税率，将13%税率适用项目全部并入11%税率（财税〔2017〕37号）；2018年5月1日将原适用17%、11%税率的项目，分别调整为16%、10%（财税〔2018〕32号）；2019年4月1日将原适用16%和10%税率的项目，分别调整为13%和9%（财政部、国家税务总局、海关总署公告2019年第39号）。上述系列增值税税率调整政策表明国家推进增值税实质性减税的决心，不仅有助于改善多档税率导致的税收中性扭曲，而且为提升我国税收制度的整体效率及加速推进增值税立法进程奠定了基础。

现有文献主要聚焦我国增值税税率下调的宏观经济效应，如财政效应（郭庆旺，2019）、经济增长（马克卫，2021）、地方财政压力（Guo and Shi，2021）、减税效应（胡海生等，2021；尹恒和迟炜栋，2022）、收入再分配效应（田志伟和王钰，2022）等方面。在微观效应研究方面有待补充，而对增值税税率调整的微观经济后果评价，企业绩效无疑是最为直观的检验指标之一。关于企业绩效的影响因素，现有文献重点考察了产权性质（Sun et al.，2002；林莞娟等，2016；陈信元和黄俊，2016）、企业治理（Berger and Di Patti，2006；Huang and Song，2006；杨典，2013）、机构投资者（刘星和吴先聪，2011；王晓艳和温东子，2020；Lin and Fu，2017）、创新投入（Bloom et al.，2002；王化成等，2005；吴建祖和肖书锋，2016）、融资约束（Beck et al.，2005；陈丽姗和傅元海，2019；Fowowe，2017）等方面。

  税收政策是影响企业外部环境和内部生产决策的重要因素。现有文献针对增值税改革与企业绩效展开了大量研究。从增值税转型视角来看，学者研究发现增值税转型显著提高了企业绩效（王素荣和蒋高乐，2010；王延明等，2005；刘玉龙等，2012）。从"营改增"视角来看，学者研究发现"营改增"能够显著提升试点企业绩效（赵连伟，2015；刘柏和王馨竹，2017；刘建民等，2017；孙正，2020）。另有学者发现，"营改增"对企业财务绩效造成了显著负向影响（杨默如和叶慕青，2016；陈昭和刘映曼，2019）。从"留抵退税"视角来看，何杨等（2019）、吴怡俐等（2021）研究发现，增值税"留抵退税"改革显著提升了试点企业的价值。上述文献为本章的研究奠定了重要基础。然而，这些研究都集中在评价增值税转型、"营改增"、"留抵退税"等抵扣政策的经济后果，当前尚无文献探究增值税简并税率和下调税率等税率调整政策对企业绩效的影响。增值税转型和"营改增"旨在完善增值税抵扣链条，而增值税税率调整旨在推进增值税实质性减税，本质是通过下调名义税率对企业产生影响，前者与后者为企业减税降负的实质逻辑存在差异。增值税税率下调通过降低企业税负必然会对企业经济行为产生影响，进而直接影响企业绩效。因此，本章通过探究增值税税率调整对企业绩效的影响，不仅可以提供评估政策效果的实证证据，而且对全面贯彻落实"简化增值税税率结构，进一步减轻企业税负"的税制改革目标具有重要的现实意义。

  本章基于2015~2019年沪深A股上市企业数据，利用2017年增值税税率简并和2018年增值税税率下调的准自然实验，采用Staggered DID检验增值税税率调整对企业绩效的影响。实证结果表明，增值税税率调整显著提升了企业绩效。机制分析发现，增值税税率调整通过增加企业内部现金流和刺激企业扩大投资两条路径提升了企业绩效。异质性分析结果发现，增值税税率调整对企业绩效的正向影响在增值税税负较大、融资约束较强、议价能力较强和资本密集度较高的企业中更大。拓展性分析中，本章基于企业进销项结构差异视角研究发现，增值税税率调整仅对销项高税率企业绩效有正向影响，并显著增加了销项低税率和高中间投入率的企业增值税税负。

  本章贡献在于：第一，丰富了增值税税率调整微观政策效应的实证研究成果。现有关于增值税税率下调的微观政策效应研究主要聚焦市场反应（刘行和叶康涛，2018；曹越和周佳，2019；汤泽涛和汤玉刚，2020）、企业投资（Jacob et al.，2019；肖春明，2021）、研发投入（谷成和王巍，2021；李远慧和陈蓉蓉，2022）、全要素生产率（李颖和张玉凤，2021）等方面。本章首次采用Staggered DID考察增值税税率调整（财税〔2017〕37号和财税〔2018〕32号）对企业绩效的影响效应，为增值税税率调整的微观政策效应提供了直接的经验证据，也为增值税税制改革研究的完备性提供了重要补充。第二，梳理了增值税税率调整影响企业绩效的逻辑。从现金流效应和投资扩张效应两条路径分析了增值税税率调整对企业绩效的影响机制并提供了经验证据。此外，本章将增值税税负、议价能力、融资约束和资本密集度四个异质性纳入分析框架，深入挖掘增值税税率下调对企业绩效的影响路径，并通过异质性分析结果进一步验证本章因果分析结论。第三，本章基于增值税制度特点，从企业进销项结构视角出发，研究发现增值税税率下调并非能够降低所有企业的税负，反而会提高销项低税率和高中间投入率的企业增值税税负，进而不利于提升企业绩效。这也解释了增值税税率调整为何仅对销项高税率分组企业绩效有正向影响，对销项低税率分组企业没有显著影响。这一发现印证了增值税税率调整的"非对称改革红利"，以期为国家完善后续增值税税率改革提供可参考的经验证据。

9.1 增值税税率调整影响企业绩效的理论分析

理论上，增值税属于间接税并具有税收中性特征，它不受行业特征和企业组织结构等差异的影响，只对商品和劳务在每个流通环节的增值额征税。在理想状态下，由于增值税是价外税，在增值税抵扣和返还链条完整的前提下（平新乔等，2009），企业以价格的形式可以将增值税税负完全转嫁给消费者，增值税税率下调只会降低最终消费者承担的增值税税负，企业不含税采购成本和销售价格均不受影响，因此企业税后收益不受增值税影响。但在现实经济环境中，我国增值税实践过程中存在增值税抵扣和返还链条不完整及多档税率并存造成的价格扭曲等问题，导致增值税无法实现绝对意义上的税收中性。部分学者认为企业可以将增值税税负完全转嫁给消费者，增值税完全由消费者负担（Alesina et al.，2002；Kenkel，2005；DeCicca et al.，2013）。更多经验证据结果表明企业无法将税负全部转嫁给消费者，仍然负担了部分增值税（Coase，1960；Poterba，1996；Choi，2010；Carare and Danninger，2008）。增值税税率下调的减税效应也会在企业、消费者、供应商等之间分配（Kosonen，2015；Benzarti and Carloni，2019）。本章认为，增值税税率调整会通过现金流效应和投资扩张效应两条路径提高企业绩效。

9.1.1 现金流效应

实际上，增值税的最终承担者不仅有消费者，还有企业。企业需要承担增值税税负的原因主要有因发生某些销售行为而自行承担的增值税税负和产品需求价格弹性的存在两方面。

一方面，增值税税率下调通过降低增值税税负有助于减少企业现金流出。企业因发生视同销售、应收账款坏账损失和赊销等销售行为不同程度地承担了增值税税负。当企业发生视同销售或坏账损失时，企业已经产生并确认了销项税额，并承担了增值税纳税义务，却无法确认收入或从下游客户处获得相应的现金流入，因此企业需要自行承担这部分增值税销项税额现金支出。当企业发生赊销时，企业为客户垫付的销项税额占用了企业现金流支出，虽然之后可以收回，但由于货币时间价值的存在，企业额外负担了从垫付税费至收回货款这段时间内增值税税款的时间价值。增值税税率下调降低了企业额外承担的增值税税负，增加了企业可支配资金，进而有助于提高企业绩效。

另一方面，增值税税率下调通过刺激消费者需求有助于提高企业现金流创造能力。根据需求价格弹性理论，如果需求是富于弹性的，涨价后企业收入反而下降，这是因为需求量下降的速度要大于价格上涨的速度。应用到增值税情形，假定在不存在增值税的情况下，消费者支付给企业的价格为 P，在引入增值税 T_{VAT} 后，若企业将税负完全转嫁至消费者，则消费者支付的价格变为 $P+T_{VAT}$。当增值税税率上升时，消费者支付的含税价格升高，排除极端情形，由于需求弹性的存在，消费者购买商品的需求量会下降，这时需求量下降的速度要大于价格上涨的速度。由于增值税 T_{VAT} 需要上交至税务部门，企业获得的收入仍为 P，企业会选择适当降价来缓解消费者需求量的下降，在供需曲线上的反映即供给曲线和需求曲线的同时下移，从而减少了企业生产者剩余。可见，企业生产的产品需求价格弹性越高，企业自身需要承担越多的增值税税负（刘行和叶康涛，2018），而税负压力的增加会削弱企业经营绩效，因此增值税税率上升后企业总体收入可能下降。增值税税率下调不仅可以减轻企业税负，而且可以导致部分产品含税价格下降，这在一定程度上有助于刺激消费者需求，从而有助于增加企业产品销量、提高企业营业收入和增强企业现金流创造能力，最终有助于扩大企业盈利空间，提升企业绩效。

此外，增值税税率下调通过减少其他附加税费有助于增加企业税后现金流。除了增值税税负，企业还需负担与增值税紧密相关的城市维护建设税和教育费附加等附加税费，这会直接影响企业的现金流出，导致企业利润下降。增值税税率下调通过降低企业所需缴纳的增值税税费，进而减少了其他附加税费的现金流支出。综上所述，在现实中，企业难以完全将增值税转嫁给消费者。因此，企业承担的增值税税负会占用可支配现金流，进而对利润存在挤出效应。增值税税率下调有助于降低增值税税负，节约企业现金流支出和增加企业税后净收益，进而提高企业绩效。

9.1.2 投资扩张效应

减税政策可以通过降低企业投资成本、增加企业现金流促进企业投资活动

(Hall and Jorgenson, 1967; Blundell et al., 1992; Cai and Harrison, 2011; Zhang et al., 2018; Liu and Lu, 2015)。增值税税率下调通过直接降低增值税税负，可以有效减少企业现金流支出，促进企业扩大投资规模（许伟和陈斌开，2016；Jacob et al., 2019），有利于提高产出效率，进而提升企业绩效（申广军等，2016）。增值税税率降低会导致资本流入。为了更直观地解释增值税税率调整如何通过投资扩张效应作用于企业绩效，本章借鉴聂辉华等（2009）、刘朝阳和刘晨旭（2021）的做法，从要素投入角度分析增值税税率下调通过刺激企业加大投资进而提高企业绩效的逻辑。

在静态情形下，不考虑供需价格弹性的影响。给定企业生产技术，由于资本和劳动是企业生产过程中两种最重要的生产要素，企业利润函数如下：

$$W = \frac{P}{1+\text{taxr}}q - wL - \frac{r}{1+\text{taxr}}K \tag{9.1}$$

其中，W 为企业利润；P 为企业销售产品的含税价格；q 为企业产量且为 L 和 K 的生产函数；L 和 K 分别为企业劳动要素投入和资本要素投入；w 和 r 分别为名义工资率和资本品的含税价格；taxr 为增值税税率。企业要实现利润最大化，就要实现劳动和资本的边际生产力与其成本之比相等，边际条件函数如下：

$$\frac{Q_L}{Q_K} = \frac{w}{r} \tag{9.2}$$

边际生产力是指在其他条件不变情况下每增加一个单位要素投入增加的产量。在市场需求给定的情况下，名义工资率 w 不变。当增值税税率下降时，增值税税率 taxr 下降，企业购买资本品的含税价格 r 降低，因此企业会增加资本要素投入（$\Delta K\uparrow$）。由于企业产量无法实现即时增长，资本边际生产力 Q_K 下降，等式两边实现平衡，即企业资本劳动比提升（$K/L\uparrow$）有助于企业实现利润最大化。

在动态情形下，企业最终承担的增值税税负与供给和需求的价格弹性紧密相关。由现金流效应可知，增值税税率下调直接降低了企业税负和现金流出，这种减税红利使得企业持有自由现金流量水平提高，投资能力提升。此外，增值税税率下调有助于刺激消费者需求增加，进而提高企业产品销量。为了适应上升的需求量，企业需要通过扩大投资规模来提高产能和增加供给。

本章基于数理模型推导动态情形下增值税税率下调对企业绩效的影响。假定企业生产函数为柯布-道格拉斯（Cobb-Douglas）生产函数：

$$q = F(K,L) = K^{\alpha}L^{\beta}, 0 < \alpha, \beta < 1 \tag{9.3}$$

企业要实现利润最大化，就要满足既定产出水平下的生产要素投入组合成本最小化条件，q_0 为计划产量，则约束条件如下：

$$\min C = wL + rK \quad (9.4)$$
$$\text{s.t.} K^{\alpha}L^{\beta} = q_0, K > 0, L > 0 \quad (9.5)$$

由一阶最优化条件解得资本和劳动要素的引致需求函数分别为

$$K = q_0^{\frac{1}{\alpha+\beta}} \left(\frac{\alpha}{\beta}\right)^{\frac{\beta}{\alpha+\beta}} \left(\frac{w}{r}\right)^{\frac{\beta}{\alpha+\beta}} \quad (9.6)$$

$$L = q_0^{\frac{1}{\alpha+\beta}} \left(\frac{\beta}{\alpha}\right)^{\frac{\alpha}{\alpha+\beta}} \left(\frac{r}{w}\right)^{\frac{\alpha}{\alpha+\beta}} \quad (9.7)$$

由式（9.6）可知，由于 α 和 β 均大于 0，在限定其他条件情况下，企业资本要素投入 K 与计划产量 q_0 正相关，与资本品的含税价格 r 负相关。增值税税率下调会刺激消费者需求量增加，企业计划产量 q_0 增加，而资本品的含税价格 r 下降，因此，企业会扩大资本要素投入。上述推导过程表明，投资扩张效应是增值税税率调整提高企业绩效的路径之一，增值税税率下降会刺激企业增加投资和提高产能，进而有助于企业实现利润最大化。

基于上述分析，增值税税率调整可以通过增加企业内部现金流和刺激企业扩大投资两条路径来提高企业绩效。据此，本章提出以下假设。

假设 9.1：在其他条件相同的情况下，增值税税率调整有助于提高企业绩效。

9.2 增值税税率调整影响企业绩效的研究设计

9.2.1 样本选择与数据来源

本章以 2015~2019 年沪深 A 股上市企业为初始研究样本。以 2015 年为样本起始年是为了保证政策实施前有足够长的观察期。以 2019 年为样本终止年是因为 2019 年增值税税率下调的处理组与 2018 年的处理组为同一组样本，无法与 2018 年一起纳入样本区间进行 Staggered DID。在初始样本的基础上，本章执行如下筛选程序：①删除金融行业企业样本；②剔除样本期间内交易状态异常（ST、*ST、PT）的企业样本；③删除相关数据缺失的企业样本。最后对所有连续变量在 1%和 99%分位上进行缩尾处理。上述处理程序与现有文献（孙正，2020）基本一致。最终得到 15026 个观测值。本章数据主要来源于 CSMAR 数据库，企业适用增值税税率数据来自锐思（RESSET）数据库。

9.2.2 模型构建

由于增值税税率调整属于外生事件，且分税率档次逐年下调，而企业适用增值税税率由其行业特征和业务项目所决定，这一特征使得历次增值税税率调整均具有准自然实验的性质。由于在样本期间企业适用的增值税税率档次在不同时间进行了下调，本章的处理组企业接受增值税税率调整的时间点并不一致。Staggered DID 是 Standard DID 的拓展，适用于同一政策在影响群体中的渐进实施。因此，本章将 2017 年增值税税率简并和 2018 年增值税税率下调作为准自然实验，使用 Staggered DID 检验增值税税率调整对企业绩效的影响。

考虑遗漏变量偏误问题，本章选择采用加入年度和企业双固定效应的 Staggered DID 模型：

$$Y_{i,t}=\beta_0+\beta_1 TP_{i,t} + \beta_2 Controls_{i,t} + \mu_i + \gamma_t + \varepsilon_{i,t} \quad (9.8)$$

其中，下标 i 表示企业，t 表示年份。$Y_{i,t}$ 为衡量企业绩效的被解释变量，本章在主回归中用 ROA 和 ROE 衡量。本章借鉴刘行和叶康涛（2018）、张克中等（2020）的方法，$TP_{i,t}$ 为对增值税税率调整的度量。该变量等同于 Standard DID 的交互项。回归系数 β_1 为增值税税率调整影响企业绩效的实际政策效应。若 $\beta_1>0$，则增值税税率调整对企业绩效具有正向影响；$Controls_{i,t}$ 为企业层面随时间变化的控制变量集合；μ_i 为企业固定效应；γ_t 为年度固定效应；$\varepsilon_{i,t}$ 为随机误差项，服从正态分布。本章采用企业聚类稳健标准误。

9.2.3 变量定义

1. 解释变量

本章的核心解释变量为增值税税率调整的虚拟变量（TP），TP 表示企业当年是否受到增值税税率调整的影响。若企业 i 适用的增值税税率中包含 13%且年份 t 在 2017 年及之后年份，则取 TP = 1，否则取 TP = 0。若企业 i 适用的增值税税率中包含 17%或者 11%且年份 t 在 2018 年及之后年份，则取 TP = 1，否则取 TP = 0。自 2017 年起，我国实施了 2017 年增值税税率简并和 2018 年、2019 年两次增值税税率下调，仅 6%这一档税率从始至终未发生变化。实际情况中，由于企业销售产品和提供服务的类型多样化，企业适用的增值税税率类型较多。由手工对照自 RESSET 数据库下载的上市企业适用税率可知，在本章的研究样本中不存在只适用 6%这一档增值税税率的企业，故最终所有企业都受到增值税税率调整的影响。

2. 被解释变量

本章的被解释变量为企业绩效，考虑增值税税率调整对企业绩效的影响会直接反映在会计利润的变化上。其中，盈利能力是企业综合绩效评价的核心，本章借鉴陆挺和刘小玄（2005）、Liu 等（2014）、Wiengarten 等（2017）、徐建中等（2018）的做法，使用 ROA 和 ROE 衡量企业绩效。

3. 控制变量

参考 Liu 等（2014）、Lins 等（2017）、杨典（2013）、钟覃琳等（2016）的研究，本章控制如下可能影响企业绩效的变量：企业规模（Size），等于期末总资产的自然对数；资产负债率（Lev），等于期末总负债/期末总资产；产权性质（Soe）；企业年龄（Age），等于上市年限的自然对数；企业成长能力（Growth），等于期末营业收入增长率；代理成本（Ac），等于管理费用/主营业务收入。进一步地，控制企业治理层面的影响，如第一大股东持股比例（Top1）、独立董事比例（Indep）、高管前三名薪酬总额（Salary）和管理层持股比例（Exhold）。各变量定义见表9-1[①]。

表 9-1 变量定义

变量定义	变量符号	计算方式
企业绩效	ROA/ROE	ROA 为资产收益率，等于（利润总额＋利息收入）/总资产 ROE 为净资产收益率，等于净利润/期末股东权益
增值税税率调整的虚拟变量	TP	虚拟变量 若企业 i 适用的增值税税率中包含13%且年份 t 在2017年及之后年份，则取 TP＝1，否则取 TP＝0； 若企业 i 适用的增值税税率中包含17%或者11%且年份 t 在2018年及之后年份，则取 TP＝1，否则取 TP＝0
企业年龄	Age	上市年限的自然对数
企业规模	Size	期末总资产的自然对数
产权性质	Soe	若为国有企业，则取 Soe＝1，否则取 Soe＝0
企业成长能力	Growth	期末营业收入增长率
第一大股东持股比例	Top1	期末第一大股东持股数/期末总股数
资产负债率	Lev	期末总负债/期末总资产
高管前三名薪酬总额	Salary	高管前三名薪酬总额的自然对数
管理层持股比例	Exhold	管理层持股数/公司总股数
独立董事比例	Indep	期末独立董事人数/期末董事总人数
代理成本	Ac	管理费用/主营业务收入

[①] 基于不同的学者观点，各章同一变量可能存在定义不一致的情况。本书采用的各变量定义方式均符合学术规范的各项要求。

9.3 实证结果与分析

9.3.1 描述性统计

表 9-2 列示了主要变量的描述性统计结果。结果显示,ROA 和 ROE 的平均值分别为 0.060 和 0.050,这表明上市企业整体绩效尚佳;企业规模(Size)的标准差为 1.280,说明不同企业规模差异较大;企业成长能力(Growth)的平均值为 0.180,反映我国上市企业的增长能力较好;资产负债率(Lev)的平均值为 0.410,说明上市企业的整体负债水平较为合理,基本实现了偿债风险与获利能力之间的均衡。其他变量的描述性统计结果与现有文献基本一致,不再赘述。

表 9-2 主要变量的描述性统计

变量符号	样本量	平均值	标准差	最小值	中位数	最大值
ROA	15026	0.060	0.070	−0.260	0.060	0.270
ROE	15026	0.050	0.160	−1.020	0.070	0.310
TP	15026	0.480	0.500	0	0	1
Age	15026	2.040	0.940	0	2.200	3.300
Size	15026	22.19	1.280	19.88	22.04	26.16
Soe	15026	0.300	0.460	0	0	1
Growth	15026	0.180	0.430	−0.590	0.110	2.690
Top1	15026	0.340	0.150	0	0.310	1
Lev	15026	0.410	0.200	0.060	0.400	0.880
Salary	15026	14.47	0.670	13.01	14.43	16.53
Exhold	15026	0.150	0.200	0	0.020	0.700
Indep	15026	0.380	0.050	0.330	0.360	0.570
Ac	15026	0.100	0.170	0	0.080	11.34

9.3.2 相关性分析

表 9-3 报告了主要变量的 Spearman 和 Pearson 相关系数。结果显示,绝大多数控制变量与企业绩效(ROA 和 ROE)在 1%水平上显著相关,且绝大多数控制变量之间的相关系数小于 0.5,说明本章选取的控制变量较为合适。未报告的结果显示,OLS 法回归模型的方差膨胀因子平均值为 1.43,说明本章模型不存在严重的共线性问题。

第9章 增值税税率调整对企业绩效的影响

表 9-3 主要变量的相关系数

变量	ROA	ROE	Age	Size	Soe	Growth	Top1	Lev	Salary	Exhold	Indep	Ac
ROA	1	0.921***	−0.294***	−0.047***	−0.159***	0.338***	0.146***	−0.306***	0.195***	0.234***	−0.029***	−0.123***
ROE	0.831***	1	−0.197***	0.072***	−0.083***	0.336***	0.181***	−0.113***	0.272***	0.162***	−0.027***	−0.205***
Age	−0.263***	−0.145***	1	0.479***	0.469***	−0.144***	−0.085***	0.351***	0.110***	−0.590***	−0.036***	−0.146***
Size	0.001	0.070***	0.456***	1	0.350***	0.042***	0.114***	0.537***	0.398***	−0.354***	−0.054***	−0.406***
Soe	−0.090***	−0.018**	0.429***	0.362***	1	−0.121***	0.205***	0.254***	0.037***	−0.583***	−0.073***	−0.149***
Growth	0.228***	0.202***	−0.036***	0.048***	−0.089***	1	−0.015*	0.006	0.091***	0.154***	0.000	−0.111***
Top1	0.155***	0.137***	−0.097***	0.165***	0.214***	−0.015*	1	0.033***	−0.006	−0.165***	0.033***	−0.157***
Lev	−0.295***	−0.219***	0.351***	0.540***	0.259***	0.027***	0.041***	1	0.128***	−0.291***	−0.015*	−0.324***
Salary	0.171***	0.162***	0.098***	0.427***	0.033***	0.034***	0.009	0.138***	1	−0.036***	−0.023***	−0.142***
Exhold	0.184***	0.096***	−0.564***	−0.373***	−0.463***	0.061***	−0.061***	−0.294***	−0.106***	1	0.048***	0.133***
Indep	−0.021**	−0.023***	−0.024***	−0.031***	−0.070***	−0.001	0.042***	−0.011	−0.024***	0.065***	1	0.039***
Ac	−0.177***	−0.194***	0.007	−0.195***	−0.070***	−0.100***	−0.089***	−0.099***	−0.091***	0.005	0.043***	1

注：右上角为 Spearman 相关系数，左下角为 Pearson 相关系数。

9.3.3 主回归结果

模型（9.8）的回归结果列示于表 9-4。结果显示，无论是否加入控制变量，TP 的回归系数均在 1%水平上显著为正，这说明增值税税率调整显著提高了企业绩效。加入控制变量后，列（3）和列（4）中 TP 的回归系数分别为 0.0111 和 0.0164，这意味着增值税税率调整使得企业的 ROA 和 ROE 增加了 1.11%（=100×0.0111%）和 1.64%（=100×0.0164%），具有显著的经济意义，上述结果验证了假设 9.1。

表 9-4 主回归结果

项目	（1） ROA	（2） ROE	（3） ROA	（4） ROE
TP	0.0184***	0.0290***	0.0111***	0.0164***
	(5.037)	(4.390)	(3.717)	(2.888)
Age			−0.0262***	0.0098*
			(−11.719)	(1.872)
Size			0.0351***	0.1055***
			(10.880)	(10.369)
Soe			−0.0057	0.0008
			(−0.800)	(0.039)
Growth			0.0292***	0.0575***
			(18.385)	(14.286)
Top1			0.0819***	0.2327***
			(4.941)	(5.148)
Lev			−0.2175***	−0.6543***
			(−20.502)	(−18.853)
Salary			0.0152***	0.0297***
			(6.084)	(4.694)
Exhold			0.0389***	0.1209***
			(3.322)	(4.184)
Indep			−0.0051	−0.0420
			(−0.241)	(−0.705)
Ac			−0.0353***	−0.1061***
			(−5.272)	(−5.421)

续表

项目	（1）	（2）	（3）	（4）
	ROA	ROE	ROA	ROE
Constant	0.0662***	0.0635***	−0.8200***	−2.5148***
	（63.048）	（23.855）	（−11.687）	（−11.823）
N	15026	15026	15026	15026
R^2	0.053	0.029	0.264	0.235
Year FE	是	是	是	是
Firm FE	是	是	是	是
F	84.08	45.80	101.5	47.57

9.3.4 机制分析

如 9.3.3 节所证，增值税税率调整显著提高了企业绩效，本节将进一步探寻其中的作用机理。增值税税率调整可能通过两条路径提高企业绩效：第一，增加企业现金流。第二，扩大企业投资规模。本节将分别对上述两条路径进行验证。其中，参考倪婷婷和王跃堂（2016）、许伟和陈斌开（2016）的做法，本节用财务报表中购建固定资产、无形资产和其他长期资产支付的现金/期末总资产来衡量企业投资规模（Inv）；借鉴刘行和赵健宇（2019）的研究，本节用企业自由现金流/营业收入来衡量企业自由现金流（free cash flow，FCF）。

借鉴温忠麟等（2004）的方法，本节设定如下递归模型，以检验企业投资规模和自由现金流的中介作用：

$$\text{Mediator}_{i,t} = \beta_0 + \beta_1 \text{TP}_{i,t} + \beta_2 \text{Controls}_{i,t} + \mu_i + \gamma_t + \varepsilon_{i,t} \tag{9.9}$$

$$Y_{i,t} = \alpha_0 + \alpha_1 \text{TP}_{i,t} + \alpha_2 \text{Mediator}_{i,t} + \alpha_3 \text{Controls}_{i,t} + \mu_i + \gamma_t + \varepsilon_{i,t} \tag{9.10}$$

其中，$\text{Mediator}_{i,t}$ 分别为企业投资规模 $\text{Inv}_{i,t}$ 和自由现金流 $\text{FCF}_{i,t}$；$Y_{i,t}$ 分别为 $\text{ROA}_{i,t}$ 和 $\text{ROE}_{i,t}$。

表 9-5 列示了作用机制检验结果，其中列（1）～列（3）是现金流效应的作用机制检验，列（4）～列（6）是投资扩张效应的作用机制检验。结果显示，列（1）中 TP 的回归系数在 5%水平上显著为正，列（2）和列（3）中 FCF 和 TP 的回归系数均在 1%水平上显著为正，这表明增值税税率调整通过刺激企业扩大投资规模进而提高企业绩效的路径得以验证；列（4）中 TP 的回归系数在 5%水平上显著为正，列（5）和列（6）中 Inv 和 TP 的回归系数均在 1%水平上显著为正，表明增值税税率调整通过增加企业自由现金流进而提升企业绩效的路径得以验

证。上述结果与理论分析预期一致，即增值税税率调整通过增加企业现金流和扩大投资规模促进了企业绩效的提升。

表 9-5 作用机制分析

项目	（1）	（2）	（3）	（4）	（5）	（6）
	现金流效应			投资扩张效应		
	FCF	ROA	ROE	Inv	ROA	ROE
TP	0.0124**	0.0101***	0.0128***	0.0013**	0.0109***	0.0156***
	(2.574)	(5.225)	(2.283)	(0.954)	(5.614)	(2.751)
FCF		0.0877***	0.2971***			
		(12.891)	(14.194)			
Inv					0.0741***	0.2365***
					(4.601)	(5.454)
Controls	是	是	是	是	是	是
Constant	−0.5223***	−0.7742***	−2.3597***	−0.1451***	−0.7906***	−2.4153***
	(−2.618)	(−11.595)	(−11.775)	(−3.462)	(−11.477)	(−11.583)
N	15026	15026	15026	15015	15015	15015
R^2	0.152	0.306	0.306	0.015	0.266	0.236
Year FE	是	是	是	是	是	是
Firm FE	是	是	是	是	是	是
F	141.8	102.1	54.20	9.084	96.06	44.72

9.3.5 异质性分析

机制分析表明，增值税税率调整通过增加企业现金流和扩大投资规模显著提高了企业绩效，但这种效果可能受企业个体特征的影响而有所差异。本节将从增值税税负、融资约束、议价能力和资本密集度四个维度考察增值税税率调整对企业绩效的影响差异性，进一步为本节的因果关系分析提供佐证。

1. 增值税税负

理论上，若增值税税率调整对企业绩效的影响确实源于现金流效应，即增值税税率调整通过降低企业税负增加了企业税后现金流，本节预期这一影响应该在增值税税负更大的企业中更加明显。增值税税率调整后，增值税税负率越高的企业承担的增值税税负越大，税费现金流支出下降幅度更大，从而有助于更大地提升企业绩效。参考刘骏和刘峰（2014）、刘行和叶康涛（2018）的做法，本节采用增值税税负率（记为VTAX）来衡量企业负担的增值税税负。具体计算公式如下：增值税税负率=企业期末增值税的现金流支出/营业收入。增值税的现金流支出=企业支付的各项税费-收到的税费返还-（所得税费用-递延所得税费用-Δ应交所得税）-（营业税金及附加-Δ应交的营业税金及附加）。若增值税税负率大于样本组增值税税负率的75%分位数，则取VTAX=1，否则取VTAX=0。

如表9-6所示，列（1）和列（2）中TP×VTAX的回归系数均在5%水平上显著为正，这表明企业负担的增值税税负越大，增值税税率调整对企业绩效的提升作用越大，即增值税税率调整通过降低企业增值税税负现金流支出进而提高了企业绩效，支持了现金流效应分析内容。

表 9-6 异质性分析：增值税税负

项目	（1） ROA	（2） ROE
TP	0.0077**	0.0167**
	(2.508)	(2.000)
VTAX	−0.0008	−0.0015
	(−0.511)	(−0.375)
TP×VTAX	0.0059**	0.0160**
	(2.158)	(2.077)
Controls	是	是
Constant	−0.3767***	−1.3474***
	(−5.592)	(−6.303)
N	15026	15026
R^2	0.160	0.106
Year FE	是	是
Firm FE	是	是
F	104.6	44.73

2. 融资约束

如理论分析所言，增值税税率调整通过增加企业现金流和扩大企业投资规模来提高企业绩效。增值税税率调整通过增加企业自由现金流缓解企业内源融资约束，进而促使企业增加资本投入，提高产出水平，最终提高企业绩效。因此，本节预期这一影响应该在融资约束严重的企业中更加明显。本节参考Hadlock和Pierce（2010）、鞠晓生等（2013）、刘行等（2017）的做法，采用

SA 指数（S 和 A 分别指代变量 Size 和 Age）衡量企业的融资约束。若企业 SA 指数大于样本中位数，则取 SA = 1，否则取 SA = 0。

如表 9-7 所示，列（1）和列（2）TP×SA 的回归系数在 1% 水平上显著为正，这表明企业面临的融资约束越大，增值税税率调整对企业绩效的提升作用越强。该结果反映了增值税税率调整通过缓解企业融资约束提高企业绩效，也验证了增值税税率调整通过增加企业现金流缓解企业融资约束。

表 9-7 异质性分析：融资约束

项目	（1）	（2）
	ROA	ROE
TP	0.0104***	0.0219**
	(2.883)	(2.314)
SA	−0.1202***	−0.1380*
	(−4.647)	(−1.788)
TP×SA	0.0034***	0.0062***
	(5.003)	(2.939)
Controls	是	是
Constant	−0.7966***	−2.4548***
	(−11.220)	(−11.373)
N	15026	15026
R^2	0.262	0.235
Year FE	是	是
Firm FE	是	是
F	94.08	44.51

3. 议价能力

由理论分析可知，实际情况中企业无法将增值税税负完全转嫁给消费者，增值税的税收归宿取决于企业税负转嫁能力。对企业而言，增值税的税负转嫁主要发生在与上下游的交易环节，而税负的分配取决于企业与其上下游之间的议价能力（Rozema，2018）。本节将企业的上游定义为供应商，下游定义为客户。因此，企业税负转嫁能力主要受两个方面的影响：企业面临的客户压力及供应商制约。企业对上下游的依赖程度越低，即企业的议价能力越强，越有可能在交易中通过压低成本或者提高价格将税负转嫁给供应商或客户，进而有助于提高企业绩效。因此，本节预期增值税税率调整后，议价能力强的企业能够享受更多的政策红利。本节参考童锦治等（2015）、倪娟等（2019）的方法，分别采用前五大客户处销售收入占企业销售总收入的比例（Top5_sales）和前五大供应商处采购金额占企业总采购金额的比例（Top5_purchase）来衡量企业的客户议价能力和供应商议价能力。本节设置两个虚拟变量 Top5_sales 和 Top5_purchase，若企业的前五大客户处销售收入占企业销售总收入的比例高于样本行业平均值，则取 Top5_sales = 1，否则取 Top5_sales = 0。同理，若企业的前五大供应商处采购金额占企业总采购金额的比例高于样本行业平均值，则取 Top5_purchase = 1，否则取 Top5_purchase = 0。变量值越大，表示企业对客户和供应商依赖越强，即企业议价能力越弱。

如表 9-8 所示，列（1）和列（2）中 TP×Top5_sales 的回归系数均在 5% 水平上显著为负，这表明企业的客户议价能力越强，增值税税率调整对企业绩效的提升作用越显著；列（3）和列（4）中 TP×Top5_purchase 的回归系数在 5% 水平上显著为负，这表明企业的供应商议价能力越强，增值税税率调整对企业绩效的提升作用越显著。上述结果表明企业上下游议价能力越强，企业从增值税税率调整政策中获得的增长红利越大，增值税税率调整对企业绩效的提升效应更大。

表 9-8 异质性分析：议价能力

项目	（1） ROA	（2） ROE	（3） ROA	（4） ROE
TP	0.0112***	0.0181***	0.0167***	0.0192***
	(5.544)	(3.106)	(5.544)	(3.106)
Top5_sales	−0.0045	−0.0061*		
	(−3.440)	(−1.812)		
TP×Top5_sales	−0.0047**	−0.0119**		
	(−2.416)	(−2.210)		
Top5_purchase			−0.0006*	−0.0009
			(−0.482)	(−0.257)
TP×Top5_purchase			−0.0075**	−0.0138**
			(−2.423)	(−1.613)
Controls	是	是	是	是
Constant	−0.8224***	−2.5148***	−0.8200***	−2.5035***
	(−11.685)	(−11.823)	(−11.687)	(−11.823)
N	15026	15026	15026	15026
R^2	0.262	0.235	0.264	0.238
Year FE	是	是	是	是
Firm FE	是	是	是	是
F	100.2	44.67	95.21	41.23

4. 资本密集度

由理论分析可知，增值税税率调整会促进企业增加资本投入、扩大投资规模。资本密集度高的企业规模一般较大（鲁桐和党印，2014），对资本的依赖程度高，追求规模经济，强调通过降低单位产品生产成本赢得竞争优势。这类企业绩效的提升离不开大量、长期的资本支持，受增值税税率调整政策影响更大。因此，本节预期增值税税率调整后，资本密集度高的企业绩效提升比资本密集度低的企业提升更多。本节参考严兵等（2014）、肖人瑞等（2021）的做法，采用固定资产占比（Ppe）来衡量企业资本密集度，固定资产占比 = 固定资产净值/总资产。为了防止企业资本密集度在不同年度间出现较大的波动，本节根据企业资本密集度平均值进行排序，将企业资本密集度排名前50%的企业定义为高资本密集度企业，取 Ppe = 1，将企业资本密集度排名后 50%的企业定义为低资本密集度企业，取 Ppe = 0。

如表 9-9 所示，列（1）和列（2）中 TP×Ppe 的回归系数均在 1%水平上显著为正，这表明相比于低资本密集度企业，增值税税率调整对企业绩效的正向影响在高资本密集度企业中更大。该结果也侧面验证了投资扩张效应的存在。

表 9-9 异质性分析：资本密集度

项目	(1) ROA	(2) ROE
TP	0.0051**	0.0075*
	(2.074)	(1.451)
Ppe	0.0011	0.0025
	(0.69)	(0.77)
TP×Ppe	0.0133***	0.0353***
	(4.087)	(3.538)
Controls	是	是
Constant	−0.8260***	−2.5308***
	(−11.759)	(−11.884)
N	15026	15026
R^2	0.265	0.236
Year FE	是	是
Firm FE	是	是
F	95.96	45.00

9.3.6 拓展性分析

基于增值税制度特点，本节认为增值税税率调整的减税效果与企业的进销项结构密切相关。倪娟等（2019）基于"营改增"政策背景研究发现，企业进项税可抵扣范围越小，增值税实际税负越高。"营改增"打通了增值税的进项抵扣链条，然而，增值税税率调整与"营改增"对企业的影响机制并不相同。企业进项税率高，增值税税率调整可能使得企业实际增值税税负不降反升。这是因为增值税税率调整不仅会降低企业销项税负，而且会影响可抵扣进项税。由于企业适用的销项税率和进项税率并不一致，增值税税率调整可能导致某些企业进项税率下调幅度大于销项税率下调幅度，这意味着企业可抵扣进项税额减小幅度会大于销项税额减小幅度，进而增加企业期末需要缴纳给税务部门的增值税税款。增值税税额的上升还会增加城市维护建设税额、教育费附加税额，提高企业税负压力和现金流支出，进而给企业绩效造成不利影响。

本节结合销项和进项两个角度来分析企业进销项结构差异对企业绩效的影响。企业在财务报告中披露的一般都是销项税率，无法获取企业适用哪些进项税率。因此，本节设立企业销项税率（记为 VAT）和中间投入率（记为 INTER）两个虚拟变量来衡量企业销项结构差异和进项结构差异。在销项结构差异方面，由于增值税税率调整并未涉及 6%的名义税率，如金融业、现代服务业和生活服务业等行业的一般纳税人适用税率为 6%不变，进项税额却因其他行业税率降低而减少，这三个行业的增值税税负有所上升（胡海生等，2021）。增值税税率调整对主营业务适用税率为 6%的企业的减税红利会低于其他销项适用税率受到大幅下调的企业（如制造业企业）。由此，本节参考谷成和王巍（2021）的做法，根据中国证券监督管理委员会发布的《上市公司行业分类指引》（2012 年修订），将适用 6%税率行业的企业视为销项低税率企业（如生活服务业和现代服务业等行业的企业），取 VAT = 0，否则取 VAT = 1。在进项结构差异方面，若企业进项税率高，则增值税税率调整对企业进项税额影响大，企业可抵扣进项税额也会减少。在这种情况下，企业的进项占销项的比例越高，即中间投入率越高，则企业进项税额相对销项税额的减少幅度就会越大，当进项税额减少幅度超过销项税额减少幅度时，最终可能提高企业实际增值税税负。因此，本节借鉴 Fang 等（2017b）的做法，采用中间投入率来衡量企业进项占销项的比例，中间投入率＝购买商品、接受劳务支付的现金/销售商品、提供劳务收到的现金。若企业中间投入率高于样本中位数，则为高中间投入率样本，取 INTER = 1，否则取 INTER = 0。

首先，本节将销项税率（VAT）纳入模型（9.8）中进行分组回归，如表 9-10

列（1）~列（4）所示，TP 的回归系数仅在销项高税率分组中显著为正，而在销项低税率分组中并不显著。此外，本节分别检验了 ROA 和 ROE 回归系数的组间差异，结果显示均在 1%水平上显著。上述结果说明，当企业主营业务适用低税率时，增值税税率调整对企业绩效没有显著影响。

表 9-10 异质性分析：销项税率

项目	（1）	（2）	（3）	（4）
	ROA		ROE	
	销项高税率	销项低税率	销项高税率	销项低税率
TP	0.0108***	0.0044	0.0170**	−0.0042
	(4.719)	(0.853)	(2.546)	(−0.271)
Controls	是	是	是	是
Constant	−1.1058***	−0.4730***	−3.4054***	−1.5467***
	(−10.771)	(−3.227)	(−10.651)	(−4.226)
N	11039	3987	11039	3987
R^2	0.282	0.232	0.265	0.210
Year FE	是	是	是	是
Firm FE	是	是	是	是
F	76.39	15.11	39.97	7.051
Difference Statistics	$P=0.0002$***		$P=0.0000$***	

注：Difference Statistics 指组间系数差异检验结果。

由异质性分析结果可知，增值税税率调整通过降低企业增值税税负提高企业绩效。本节推测，TP 的回归系数在销项低税率分组中结果不显著的原因可能是该类企业税负不降反升。为了继续探究进销项结构差异对增值税税率调整减税效应的影响，本节进一步在销项低税率样本中依据中间投入率进行细分。表 9-11 结果显示，列（1）TP 的回归系数在 5%水平上显著为负，列（2）TP 的回归系数并不显著，说明增值税税率调整仅在销项高税率分组中显著降低了企业增值税税负。列（3）TP 的回归系数在 5%的水平上显著为正，列（4）TP 的回归系数并不显著，说明在销项低税率和高中间投入率分组中，增值税税率调整显著增加了企业增值税税负。此外，本节分别检验了每组回归系数的组间差异，结果显示至少在 5%水平上显著。上述结果验证了本节的推测，表明当企业销项结构为低税率时，中间投入率高，即进项占销项比例大，增值税税率调整会使得企业增值税税负不降反升，进而不利于企业绩效的提升。

上述结果说明,增值税税率调整能够提高企业平均绩效,起到良好的总体减税效果。但是由于增值税多档税率和企业个体进销项结构差异的存在,会出现部分企业增值税税负上升这类不符合政策预期的现象,这印证了增值税税率调整的"非对称改革红利"现象,也反映了增值税制度设计有待完善,从而尽可能实现增值税的"税收中性"。

表 9-11 异质性分析:进销项结构

项目	(1)	(2)	(3)	(4)
	VTAX	VTAX	VTAX	VTAX
	销项高税率	销项低税率	销项低税率和高中间投入率	销项低税率和低中间投入率
TP	−0.0114**	0.0084	0.0102**	−0.0080
	(−2.105)	(1.745)	(1.389)	(−1.113)
Controls	是	是	是	是
Constant	−0.2652**	0.0541	0.2133**	−0.2670
	(−2.458)	(0.180)	(1.205)	(−1.072)
N	11039	3987	1983	2004
R^2	0.097	0.034	0.186	0.080
Year FE	是	是	是	是
Firm FE	是	是	是	是
Difference Statistics	$P = 0.0000$***		$P = 0.017$**	

9.3.7 稳健性检验

1. 替换企业绩效度量方式

主回归中选择了 ROA 和 ROE 作为企业绩效的替代变量。为了控制潜在的行业效应对企业绩效的影响,参照 Cornett 等(2007)、Park 等(2018)的做法,本节将经行业调整的 ROA(Ind_ROA)和经行业调整的 ROE(Ind_ROE)用于稳健性测试。经行业调整的 ROA = 企业当年的 ROA−当年行业 ROA 中值;经行业调整的 ROE = 企业当年的 ROE−当年行业 ROE 中值。表 9-12 结果显示,替换企业绩效度量方式之后,TP 的回归系数依然显著为正,表明主回归结果稳健。

表 9-12　稳健性检验：替换企业绩效度量方式

项目	(1)	(2)
	Ind_ROA	Ind_ROE
TP	0.0067***	0.0137**
	(3.454)	(2.403)
Controls	是	是
Constant	−0.8775***	−2.5680***
	(−12.533)	(−12.105)
N	15026	15026
R^2	0.252	0.234
Year FE	是	是
Firm FE	是	是
F	93.60	48.70

2. 单独考察 2017 年增值税税率调整的政策效应

前面检验了 2017 年和 2018 年两次增值税税率调整的政策效应，本节将通过单独检验 2017 年增值税税率调整的政策效应以增强研究结论的稳健性。由于 2016 年 5 月 1 日全面推行"营改增"政策，2018 年 5 月 1 日起实施第二次增值税税率调整，为了单独考察 2017 年增值税税率调整的政策效应，本节选择的样本区间为 2016 年第三季度~2018 年第一季度。若企业适用 13%税率且年份在 2017 年第三季度及以后年份，则认为受 2017 年增值税税率调整的影响，取 TP=1，否则取 TP=0。本节基于筛选后的样本重新对模型（9.8）进行回归。

如表 9-13 列（1）和列（2）结果显示，TP 的回归系数依然显著为正，表明主回归结果稳健。

表 9-13　稳健性检验：单独考察 2017 年增值税税率调整的政策效应

项目	(1)	(2)
	ROA	ROE
TP	0.0062**	0.0135***
	(2.541)	(2.793)
Controls	是	是
Constant	−0.1377***	−0.4498***
	(−3.178)	(−3.872)
Year FE	是	是

续表

项目	（1）	（2）
	ROA	ROE
Firm FE	是	是
N	20291	20291
R^2	0.282	0.148
F	301.6	165.5

3. 排除"留抵退税"的干扰

本节样本区间为2015~2019年，其间我国处于"减税降负"大背景下，2018年和2019年国务院推出了两次增值税"留抵退税"政策，分别为财税〔2018〕70号和财政部、国家税务总局、海关总署公告2019年第39号。考虑增值税"留抵退税"会对企业增值税税负和内源资金产生重大影响，从而可能对本章结论造成干扰，为了排除这一替代性的解释，本节借助2018年我国在部分行业实行"留抵退税"的政策特点展开稳健性分析。具体而言，为推进减税降费工作，财政部和国家税务总局发布《关于2018年退还部分行业增值税留抵税额有关税收政策的通知》（财税〔2018〕70号），要求对先进制造业、现代服务业等18个行业的期末留抵税款进行退还。因此，本节拟剔除这些允许"留抵退税"的行业的企业样本，以排除"留抵退税"的干扰，并基于筛选后的企业样本重新对模型（9.8）进行回归。

表9-14为排除"留抵退税"干扰的行业样本后的回归结果，列（1）和列（2）结果显示，TP的回归系数仍在1%水平上显著为正，较好地证明了主回归结果的稳健性。

表9-14 稳健性检验：排除"留抵退税"的干扰

项目	（1）	（2）
	ROA	ROE
TP	0.0102***	0.0152***
	(3.923)	(1.963)
Controls	是	是
Constant	−0.8897***	−2.6388***
	(−9.088)	(−9.269)
Year FE	是	是
Firm FE	是	是

续表

项目	（1） ROA	（2） ROE
N	7364	7364
R^2	0.258	0.238
F	44.58	24.38

上述测试表明，主回归结果具有稳健性和可靠性。

第10章　亏损后转年限延长对企业全要素生产率的影响

本章讨论亏损后转年限延长对高新技术企业全要素生产率的影响。党的十九大报告指出，我国经济已由高速增长阶段转向高质量发展阶段。经济高质量发展的关键是推动科技创新并提高全要素生产率。作为引领我国科技创新的主力军，高新技术企业更需要不断探索提升自身发展质量的方式。然而，我国高新技术企业在开展科技创新活动的过程中面临着诸多来自企业自身、历史和国际税收环境的挑战：首先，科技创新活动易引发市场失灵问题（Nelson，1959；Arrow，1962）。一方面，科技创新具有显著的正外部性，科技创新过程产生的知识和技术溢出效应会使其他企业乃至整个社会从中受益（Glaeser et al.，1992），因而从事科技创新的企业无法获得全部创新收益。另一方面，科技创新具有投入高、周期长、失败率高和回报不可预知等高风险特征（Holmstrom，1989），使企业开展创新活动的成本十分高昂。收益与成本的不匹配导致企业的研发投入往往低于社会最佳水平。其次，由于历史积累不足，虽然我国已转变成为全球研发投入和知识产出第二大国，但科技创新对经济社会的支撑、引领作用尚待加强。最后，从国际经验来看，我国高新技术企业所享受的企业所得税优惠政策在深度和广度上都有所欠缺。后金融危机时代以来，许多发达国家通过税收优惠政策的供给与调整争夺国际创新资源，这无疑加大了我国科技创新的外部竞争压力。为了应对上述挑战，更好地贯彻落实创新驱动发展战略，财政部、国家税务总局出台了一系列支持科技创新、助力创新创业的企业所得税政策，如扩大小型微利企业减半征收范围、完善固定资产加速折旧政策、扩大企业研发费用加计扣除范围等。这些减税举措降低了企业创业创新成本，调动了企业加大研发投入的积极性，激发了市场活力和社会创造力，对提升我国创新能力和创新效率起到了积极作用。为更好地支持高新技术企业和科技型中小企业发展，财政部、国家税务总局于2018年7月11日发布财税〔2018〕76号文件，规定自2018年1月1日起，高新技术企业和科技型中小企业亏损结转最长年限由5年延长至10年。亏损后转年限延长政策提高了亏损结转政策的宽松度，更有助于亏损企业成功实现结转（Edgerton，2010；Dreßler and Overesch，2013）。

目前，关于亏损后转的研究主要基于减税效应和创新效应（吉黎，2020）两大逻辑。亏损后转政策允许纳税人使用未来纳税年度盈利对前期纳税年度发生的经营亏损进行抵补，一方面，降低了企业的实际所得税税负，使企业拥有更多的现金持有量（Heitzman and Lester，2022），即减税效应；另一方面，政府作为"沉默合伙人"，将企业所得税税收利益让渡给亏损企业，实现政府与企业间的风险共担，为企业提供了更大程度的风险兜底预期，从而刺激企业进行风险型投资和从事创新活动（Edgerton，2010；Dreßler and Overesch，2013；毛捷等，2016），即创新效应。但是，也有相关研究指出，相较于亏损前转，亏损后转的激励程度和税收优惠力度有限（Barlev and Levy，1975；Devereux et al.，1994；Cooper and Knittel，2006；Cooper and Knittel，2010；Ljungqvist et al.，2017；Langenmayr and Lester，2018）。

政府实施亏损结转、税率优惠、研发费用加计扣除、固定资产加速折旧等税收优惠政策，其目的在于促进高新技术企业更高质量发展。全要素生产率是评价企业是否高质量发展的重要指标。因此，现有文献对政府税收优惠政策影响企业全要素生产率的话题展开了广泛讨论。多数实证文章认同税收优惠对全要素生产率有正向影响，税收优惠可以通过提高高新技术产业增加值率、优化内部结构（张同斌和高铁梅，2012）、增加现金流、加大研发投入（Fabiani and Sbragia，2014）等途径来提升企业的全要素生产率。但也有学者认为税收优惠对全要素生产率的提升作用有待商榷。由于税收优惠管理缺陷的存在，部分企业仅利用其进行盈余管理以实现避税，并非真正投入研发以提升全要素生产率（江希和和王水娟，2015）。同时，创新资源价格的增加也会抵消税收优惠的创新激励效应，导致税收优惠不会给全要素生产率带来显著正向影响（胡华夏等，2017）。

上述研究为本章的研究奠定了重要基础，但仍有待进一步推进：第一，研究内容上，现有关于税收优惠对企业全要素生产率的文献主要集中于讨论税率优惠（于新亮等，2019；刘柏惠等，2019；李颖和张玉凤，2021）、固定资产加速折旧（刘伟江和吕镯，2018；熊波和杜佳琪，2020）和研发费用加计扣除（薛钢等，2019；郭健等，2020；任灿灿等，2021；刘晔和林陈聃，2021），暂未有文献对亏损结转政策如何影响企业全要素生产率展开研究。第二，研究视角上，现有关于亏损结转的研究底层逻辑单一，大多基于减税效应和创新效应，强调亏损后转（Heitzman and Lester，2022）或亏损前转（Bethmann et al.，2018）如何影响企业税负、如何刺激企业进行风险型投资和从事创新活动，但忽略了财务风险对亏损企业行为的影响。第三，研究方法上，国内对亏损结转政策的关注度较低，几乎均为规范研究（张京萍，2009；王素荣和付博，2017），内容局限于对该项政策的阐述、解读及税收法规的国际比较。具体到亏损结转政策对企业微观经济行为的研究，目前国内仅有两篇文献，其中一篇为规范研究

（吉黎，2020），另一篇则通过实证方法检验了政府作为"沉默合伙人"为企业分摊风险、促进投资的角色作用（毛捷等，2016）。国外文献在亏损结转政策效应的识别上主要有三种方法：第一，通过研究所得税实际税率变化对企业风险承担意愿的影响来间接检验亏损结转的政策效应（Dreßler and Overesch，2013；Ljungqvist et al., 2017）；第二，使用不同国家亏损结转年限作为解释变量进行回归分析（Langenmayr and Lester，2018）；第三，通过企业盈亏的顺序来定义其是否为亏损结转政策的受益企业，以其作为解释变量参与回归分析（Bethmann et al.，2018）。上述方法都一定程度上存在识别不准确和遗漏变量等内生性问题。

本章拟通过财税〔2018〕76号实施这一准自然实验，从企业财务风险视角检验亏损后转年限延长政策对高新技术企业全要素生产率的影响。本章以2015～2020年中国沪深A股上市企业的数据为样本，运用DID进行实证研究。实证结果显示，亏损后转年限延长政策显著降低了高新技术企业的全要素生产率。在进行一系列稳健性检验之后，本章的结论依然不变。机制分析发现，亏损后转年限延长政策通过降低高新技术企业的创新效率，进而对全要素生产率产生负向影响。进一步区分企业财务风险发现，亏损后转年限延长政策使高风险高新技术企业过多地增加了持有成本较高的现金资产，使低风险高新技术企业过多地增加了回报周期长且不确定性高的无形资产投资，两种极端行为整体上降低了企业的资源配置效率，从而对极端财务风险企业的全要素生产率产生负向影响。最后，本章考察了治理环境的调节作用，结果发现，良好的内部治理、外部监督和自身禀赋可以有效缓解亏损后转年限延长政策对高新技术企业全要素生产率的负向影响。

本章的研究贡献在于：第一，研究内容上，本章首次用定量方法检验了亏损后转年限延长政策对企业全要素生产率的影响，有助于弥补国内对亏损结转政策影响企业微观经济行为关注不足的问题，丰富了税收优惠的经济后果文献和企业全要素生产率的影响因素文献。第二，研究视角上，本章从企业财务风险视角回答了亏损后转年限延长这一利好政策为何会降低企业全要素生产率，首次对亏损后转政策可能存在的负向影响进行了检验，并从治理环境出发提出了缓解这对矛盾的可能性。具体来说，研究的底层逻辑不再局限于减税效应和创新效应，而是融合了企业财务风险作用于企业资金使用的思考，即高风险高新技术企业为了缓解财务困境更倾向于持有亏损后转年限延长所创造的更多暂时性流动利益，表现出更多的超额现金持有量；低风险高新技术企业则更加大胆地将亏损后转年限延长所创造的更多暂时性流动利益投入研发和人力资本等高风险的无形资产中，使得政策红利利用不足或利用过度，这种低效率的资源配置方式最终降低了企业的全要素生产率。第三，研究方法上，财税〔2018〕

76 号的实施提供了准自然实验环境，解决了现有研究在识别方法上存在的内生性问题，确保了结论的科学性。

10.1 亏损后转年限延长影响企业全要素生产率的理论分析

10.1.1 亏损后转年限延长政策与企业全要素生产率

技术进步、技术效率改进、资源配置效率改进和规模效率改进是全要素生产率的主要增长源泉（殷红等，2020）。税收优惠政策作为各国普遍采取的激励创新的重要手段，既可以通过改进企业技术效率、促进企业技术进步直接影响全要素生产率，也可以通过引导优势资源集中，实现改进资源配置效率和规模效率，间接影响全要素生产率。亏损后转年限延长作为高新技术企业享受的重要政策，其本意是支持高新技术企业落实国家创新驱动发展战略，提高高新技术企业的全要素生产率。具体理由如下：第一，该政策强化了亏损后转政策的减税效应（吉黎，2020），更大程度地减轻了亏损企业的实际所得税税负，使其拥有更多的现金持有量（Heitzman and Lester，2022），助力高新技术企业增加研发投入，为取得技术创新成果并实现其产业化奠定基础。第二，该政策在更大程度地减轻企业所得税税负的同时，强化了亏损后转政策的创新效应（吉黎，2020）。亏损后转政策使得政府成为企业的"沉默合伙人"：企业盈利时，政府通过征税取得一部分企业利润；企业亏损时，企业能够将亏损额从其他年份的利润中扣除，政府少征的税收即替企业承担的风险（Domar and Musgrave，1944）。政府"沉默合伙人"的角色为企业提供了风险兜底预期，亏损后转年限延长进一步强化了预期，从而更大程度地刺激企业进行风险型投资和从事创新活动（Edgerton，2010；Dreßler and Overesch，2013；毛捷等，2016）。

但是亏损后转年限延长政策在促进企业技术进步和改进资源配置效率方面存在固有缺陷，可能对全要素生产率产生负向影响。首先，该政策易诱发高新技术企业进行研发操纵和专利数量造假等行为。高新技术企业面临研发投入金额大、成果产出不确定性高和盈利周期长的现实问题，10 年的亏损后转年限为缓解高新技术企业亏损压力提供了切实好处。根据资源基础观，为持续享受该税收优惠，更多企业将积极申请高新技术企业认定。国家税务总局 2018 年第 45 号公告明确，高新技术企业按照其取得的高新技术企业证书注明的有效期所属年度，确定其具备资格年度。资格有效期为三年，期满后企业需要通过复审或重新认定，若不能重新具备资格，尚未弥补完的亏损则只被准予向以后 5 年结转弥补，不能享受结转年限由 5 年延长至 10 年的新优惠条件。因此，更多高新技术企业被诱导进行研发操纵和专利数量造假，以达到具备和维持资格的门槛条件（许玲玲等，2022）。此外，认定机构追求认定数量、把关不严[①]，地方政府出于政绩考核压力[②]，均继续默许和放任高新技术企业的这类造假行为，造成企业创新资源的浪费。其次，《中华人民共和国企业所得税法》未对亏损结转类型进行区分。亏损结转政策的优惠对象是企业，而不是特定的技术创新活动（熊祥军，2011），这意味着一旦企业成为高新技术企业，即使是非技术创新活动所导致的其他亏损，也可以享受亏损结转待遇，如合并非盈利企业可承继其先前尚未弥补完的亏损。亏损后转年限延长会进一步助长企业从事非效率投资或关联性交易、借款等自利行为，降低资源配置效率。最后，《中华人民共和国企业所得税法》未设置每年的亏损抵减应纳税额的最高比例，助长了僵尸企业的形成。在政策实施过程中，部分企业恶意维持长期亏损的经营状态，以达到逃税的目的，亏损后转年限延长使这类不良企业可以在更长时间内继续存活，并无效经营，成为僵尸企业后还会进一步挤占其他真正具有发展潜力的高新技术企业的资源（曹越和张文琪，2024），造成无效的资源配置。上述分析表明，亏损后转年限延长政策的税收实践可能与政策设计初衷相违背，无法引导高新技术企业将更多的资源投入高效率项目中，反而滋长各类虚假操纵，降低企业资源配置效率，不利于企业技术进步，最终降低企业的全要素生产率。

据此，本章提出以下假设。

假设10.1a：亏损后转年限延长政策与企业全要素生产率正相关。

假设10.1b：亏损后转年限延长政策与企业全要素生产率负相关。

10.1.2 亏损后转年限延长政策、财务风险与企业全要素生产率

亏损后转年限延长是为了强化亏损结转政策的减税效应和创新效应，但并不总是能够引导高新技术企业将政策红利合理地投入高效率项目中。企业财务风险是反映企业经营状况、现金流充裕程度的重要指标，会影响企业对待资金使用的态度（杨兵等，2022）。当企业财务风险极端大或极端小时，在现状救赎或过度自信的引导下，减税效应为企业带来的更多暂时性流动利益被极端使用，使得创新效应中的技术进步获得过少或过多的极端资金，降低了企业资源配置效率，不利于企业技术进步，最终对企业的全要素生产率产生不良影响。本章使用Z-score

---

[①] 科技部. 科技部 财政部 国家税务总局关于高新技术企业认定管理工作重点检查有关情况及处理意见的通知[EB/OL].（2015-09-06）[2024-06-20]. https://www.most.gov.cn/xxgk/xinxifenlei/fdzdgknr/fgzc/gfxwj/gfxwj2015/201509/t20150914_121589.html.

[②] 人民网. 科技杂谈："伪高新企业"为何屡禁不止[EB/OL].（2016-08-12）[2024-06-20]. http://capital.people.com.cn/n1/2016/0812/c405954-28621498.html.

度量企业财务风险，Z-score越小，表明企业财务业绩越差，陷入财务困境的可能性越大，因而财务风险越高。本章将财务业绩表现极端好和极端差的两类高新技术企业划分为低风险高新技术企业和高风险高新技术企业，其余高新技术企业则归类为风险中立高新技术企业。

高风险高新技术企业财务困境的现实情况迫使企业难以对亏损后转年限延长政策带来的减税效应和创新效应产生及时且积极的反应，而是出于预防性动机（Keynes，1936），将政策红利闲置成为超额现金持有，以抵御财务困境所带来的不确定性。原因在于，现金资产具有很强的流动性，能够增强企业的偿债能力和财务灵活性。这种稳健的营运资本配置方式符合高风险高新技术企业的现实要求，但是浪费了通过投资新项目来为企业脱困的机会，使企业面临较高的机会成本。此外，根据自由现金流代理成本理论和现金耗费假说，管理层有动机通过持有大量现金以获取在职消费（Jensen，1986）或利用超额现金从事非效率投资（Harford et al.，2008）。同时，根据控股股东掏空或隧道行为假说，内部资金的增加削减了对外部融资的需求，因而外部投资者对控股股东的监管和约束力度减弱，控股股东更可能通过关联性交易、借款等行为将企业的额外现金转移出去（Johnson et al.，2000）。同时，高风险高新技术企业本身存在会计信息质量差、经营风险高等问题（宫兴国等，2022；叶志伟等，2023），这会进一步加剧投资者的不信任感，使高风险高新技术企业面临更严重的融资约束和更高的资本成本。综上所述，高风险高新技术企业对亏损后转年限延长的政策红利利用明显不足，未能为企业技术进步提供更多的资金支持，加之由此引发的代理成本和资本成本等问题破坏了企业技术进步所依赖的融资环境，最终会降低企业的全要素生产率。

低风险高新技术企业财务业绩良好并积累了充沛的资金实力，管理层自我归因效应明显，对企业前景和研发投资表现出更多的自信。因此，低风险高新技术企业会对亏损后转年限延长政策带来的减税效应和创新效应产生及时且积极的反应。税收优惠会通过研发资金投入和研发人员投入作用于微观主体，从而提升全要素生产率（燕洪国和潘翠英，2022），因此，该政策所创造的更多暂时流动性利益会大量流向研发投入、人力投入等无形资产投资项目中。其中，人力投入主要通过提高劳动薪酬、职工待遇等方式吸引众多优秀科研人才，并使现有职工形成乐观稳定的未来工作预期，从而释放有效劳动供给，提高劳动生产率。但是，过于密集的无形资产投资会放大投资风险，缩减企业利润，不利于企业技术进步。首先，从无形资产投资风险来看：一方面，研发投入转化为实际创新成果产出存在失败风险和滞后性，这也是经济合作与发展组织在2009年观察到金融危机之后首先削减了高风险创新项目的原因；另一方面，人才"跳槽"和企业间"挖角"是人力投入的原始困境，并且这种风险很难规避，这是因为企业无法限制有战略价值人员的流动，也越来越难找到与组织永久捆绑的、高承诺的和具有专属性人力资本特质的职工（李新建等，2017）。其次，从企业利润来看：一方面，无形资产前期投资金额大，但无形资产大多具有公共品属性，技术成果外溢性和非排他性使无形资产投资收益难以独占，且实际成果产出存在滞后性，短期内易造成边际收益小于边际成本，这表明增加单位无形资产投资反而会降低利润；另一方面，过多的无形资产投资费用化也会降低企业利润。企业技术进步需要充足的资金支持，企业利润的缩减不仅限制了自有资金的来源，而且会造成借贷能力受到限制、投资不足、高素质人才流失等其他问题，加之较高的无形资产投资风险，企业持续的技术进步将更加艰难，这会对全要素生产率产生负向影响。

据此，本章提出以下假设。

假设 10.2a：在两类极端风险的高新技术企业中，亏损后转年限延长政策与企业全要素生产率负相关。

假设 10.2b：在高风险高新技术企业中，亏损后转年限延长政策使其过多地增加了持有成本较高的现金资产，这种低效的资源配置对全要素生产率产生了不良影响。

假设 10.2c：在低风险高新技术企业中，亏损后转年限延长政策使其过多地增加了回报周期长且不确定性高的无形资产投资，这种低效的资源配置对全要素生产率产生了不良影响。

10.1.3 亏损后转年限延长政策、治理环境与企业全要素生产率

根据前述分析，亏损后转年限延长政策可能诱发高新技术企业进行研发操纵、专利数量造假、非效率投资、故意亏损等自利行为，降低了企业资源配置效率，不利于企业技术进步，最终降低企业的全要素生产率。那么，该如何降低亏损后转年限延长这一利好政策减损企业全要素生产率的可能性呢？在健全有效的内外部治理机制引导下，一方面，减税效应为企业带来的更多暂时性流动利益将更加科学地根据企业自身情况在现金持有、研发投入和人力投入等方面进行分配，使创新效应导致的创新活动获得恰如其分的资金支持，而对政策红利的极端使用（利用不足、利用过度）行为将受到严格抑制；另一方面，政策红利被违规使用、转移或刻意浪费的行为将受到监督。这种对政策红利的合理分配体现了企业高效的资源配置。因此，健全有效的内外部治理环境能够通过提升企业的资源配置效率来弱化亏损后转年限延长政策对企业全要素生产率的负向影响。

具体来说，企业治理环境受企业内部治理、外部监督和企业禀赋三方面影响。从内部治理来看，高内部控制质量和低盈余管理水平是企业提升内部治理水平的重要反映。高内部控制质量可以抑制企业不规范的经营行为，降低信息不对称性和代理成本；低盈余管理水平意味着企业利用应计项目操纵盈余、粉

饰报表的行为较少发生，会计信息可信度和价值相关性较高。由此可见，内部控制和盈余管理深刻影响着企业的整体合规性。较高的合规性是企业合理、规范地使用政策红利的前提。资金过于密集地投入无形资产或闲置于现金储蓄的极端行为受到抑制，同时，管理层自利、控股股东关联性交易等行为被严格监督，政策红利更多地向增加股东价值的方向使用。这种高效率的资源配置有助于提升企业的全要素生产率。

从外部监督来看，事务所审计、分析师关注等可以视为对内部治理机制的有效补充。事务所审计是企业重要的外部监督方式之一。其中，"四大"拥有优于非"四大"的更高声誉，在维持声誉的利益驱动下会开展质量更高的审计活动，更及时、有效地识别被审计单位的错报行为和风险（DeAngelo，1981）。这种严谨的审计态度使被审计单位更加自觉自律。分析师是能够为客户提供投资信息、咨询或管理服务的专业人士，通常具备及时发现并披露企业违规行为的能力和动机。根据信号理论，一旦上市企业被分析师披露存在违规行为，负面信号将传递至外界，企业声誉下降，影响经营业绩（辛宇等，2019），增加上市企业的股价崩盘风险（沈华玉和吴晓晖，2017），甚至制约企业融资规模（朱沛华，2020），恶化经营环境，进而影响企业发展前景。因此，分析师对上市企业的关注度越高，大股东及管理层越注重加强内部监督、遏制自身违规倾向（袁芳英和朱晴，2022）。由此可见，无论是事务所审计还是分析师关注，都能够引导企业经营趋向规范，为更加合理、规范地使用亏损后转年限延长政策给企业创造出的更多暂时性流动利益提供重要保障。这种高效的资源配置有助于提升企业的全要素生产率。

企业禀赋也会对亏损后转年限延长政策与全要素生产率之间的关系产生影响。就企业规模而言，大规模企业比小规模企业传递出更多会计和非会计信息，吸引了更多外界注意力，这种眼球效应无形中增强了大规模企业的自我规范意识。国有企业的高管通常由政府任命和委派，具有"准官员"特征（杨瑞龙等，2013）。相比于非国有企业的市场化考核，国有企业高管更注重晋升激励（叶志伟等，2023），国有企业一旦被曝出违规行为，其高管的政治晋升机会将大大降低。因此，国有企业内部治理一般较为规范，企业合规遵从度较好。由此可见，大规模企业和国有企业在合规性方面具有天然优势，这同样为更加合理、规范地使用亏损后转年限延长政策，为企业创造更多暂时性流动利益提供了重要保障，最终通过高效的资源配置提升企业的全要素生产率。

据此，本章提出以下假设。

假设10.3a：良好的内部治理可以缓解亏损后转年限延长政策与企业全要素生产率的负向关系。

假设10.3b：良好的外部监督可以缓解亏损后转年限延长政策与企业全要素生产率的负向关系。

假设 10.3c：自身禀赋优势可以缓解亏损后转年限延长政策与企业全要素生产率的负向关系。

10.2 亏损后转年限延长影响企业全要素生产率的研究设计

10.2.1 样本选择与数据来源

财税〔2018〕76 号规定，自 2018 年 1 月 1 日起，高新技术企业和科技型中小企业亏损结转最长年限由 5 年延长至 10 年。因此，本章以 2018 年为政策发生年份，选取 2015~2020 年我国沪深 A 股上市企业作为初始样本，并在此基础上进行如下筛选：①剔除在样本期间阶段性而非连续性被认定为高新技术企业的样本，这是因为无论将其归为处理组还是控制组都会使结果产生偏误；②剔除金融行业企业样本，这是因为金融行业企业与其他行业企业的财务指标不具有可比性；③剔除 ST、*ST 及 PT 企业样本，这是因为其在样本期间内存在交易状态异常，可能导致回归结果不准确；④剔除在样本期间退市的企业样本；⑤剔除首次公开募股（initial public offering，IPO）当年及以前的数据样本，这是因为这类数据的准确性和可信度较差；⑥剔除存在变量数据缺失的企业样本。经过上述筛选程序，最终共获得 6909 个观测值。其中，企业资质认定数据来自 CSMAR 数据库；宏观数据来自国家统计局；其余企业特征和财务表现方面数据来自 CSMAR、CNRDS 和 WIND 数据库。本章对所有连续变量在 1%和 99%分位上进行缩尾处理，以避免极端值的影响。

10.2.2 变量定义与度量

1. 被解释变量

本章的被解释变量为企业全要素生产率。目前，用于测算企业全要素生产率的方法有多种，本章选取 OLS 法、固定效应法、奥勒-帕克斯（Olley-Pakes，OP）法和莱文森-彼得林（Levinsohn-Petrin，LP）法进行计算。

相较于 OLS 法，LP 法能够更有效地解决同时性偏差问题。这是因为在实际生产过程中，部分企业效率在当期是可以被观测到的，依据最大化生产原则，企业决策者能够根据这些信息及时调整生产要素的投入组合。在这种情况下，如果误差项代表全要素生产率，可以被观测到的部分会影响要素投入的选择，即残差项和回归项是相关的，这就会使 OLS 法的估计结果产生偏误。相较于 OP 法，LP 法可以有效解决由企业在某些观察期不存在投资而导致的样本缺失问题。OP 法的其中一个假定是代理变量（投资）与总产出始终保持单调关系，这就意味着那些投资额为零的样本并不能被估计，并且每个企业并非每年都有正的投资，从而使得很多企业样本在估计过程中被丢弃。针对这一问题，LP 法以中间投入代替投资额作为代理变量，从数据可得性来看，中间投入也更易获得。

因此，本章参照鲁晓东和连玉君（2012）的做法，在主回归中选择 LP 法进行计算，并在稳健性检验中采用 OLS 法、固定效应法和 OP 法：

$$\ln Y_{i,t}=\beta_0+\beta_L \ln L_{i,t}+\beta_K \ln K_{i,t}+\beta_M \ln M_{i,t}+\varepsilon_{i,t} \tag{10.1}$$

基于柯布-道格拉斯生产函数，Y 为上市企业的年末主营业务收入；L 为劳动投入，用上市企业每年的职工人数来表示；K 为资本投入，用上市企业的固定资产净值来表示；M 为中间投入，包括营业成本、销售费用、管理费用和财务费用，但是应扣除折旧摊销和支付给职工及为职工支付的现金。模型回归之后的残差项即上市企业的全要素生产率，用 TFP_LP 表示。

2. 核心解释变量

2008 年 4 月，科技部与财政部、国家税务总局联合发布《高新技术企业认定管理办法》，首次对高新技术企业进行界定。高新技术企业资格自颁发证书之日起有效期为三年，企业获得该认定后需每三年进行复审。借鉴毕晓方等（2017）、邱洋冬和陶锋（2020）对高新技术企业样本的确定方法，本章根据 CSMAR 数据库中披露的高新技术企业认定数据，将在 2015 年及之前年份被确定为高新技术企业，且在 2015～2020 年持续通过复审的上市企业归为处理组（Treat = 1），在样本期间从未获得高新技术企业认定的企业归为控制组（Treat = 0）。本章定义 Post 为财税〔2018〕76 号是否实施的虚拟变量，若样本企业处于政策实施当年及以后年份，则取 Post = 1，否则取 Post = 0。Treat 和 Post 的交互项即本章的核心解释变量。

3. 控制变量

为缓解遗漏变量对回归结果的干扰，本章参考李姝等（2022）、熊波和杜佳琪（2020）的做法，在模型中加入下列控制变量：托宾 Q（Tobin's Q）、净资产收益率（ROE）、资产负债率（Lev）、职工规模（E）、管理费用率（Mfee）、大股东资金占用率（Occupy）和两职合一程度（Dual）。在稳健性检验中，进一步控制宏观变量 GDP 增长率（GDP）。各变量定义见表 10-1。

表 10-1　变量定义

变量符号	变量定义	计算方式
TFP_LP	企业全要素生产率	LP 法计算的全要素生产率
TFP_OLS		OLS 法计算的全要素生产率
TFP_FIX		固定效应法计算的全要素生产率
TFP_OP		OP 法计算的全要素生产率

续表

变量符号	变量定义	计算方式
Treat	是否为处理组	样本期间内企业持续获得高新技术企业资格认定：Treat = 1 样本期间内企业从未获得高新技术企业资格认定：Treat = 0
Post	是否处于政策实施后	政策实施当年及以后年份：Post = 1 政策实施前年份：Post = 0
Tobin's Q	托宾 Q	（流通股市值 + 非流通股股数×每股净资产 + 负债账面值）/总资产
ROE	净资产收益率	净利润/股东权益平均余额
Lev	资产负债率	期末总负债/期末总资产
E	职工规模	职工总人数的自然对数
Mfee	管理费用率	管理费用/营业收入
Occupy	大股东资金占用率	其他应收款/期末总资产
Dual	两职合一程度	董事长与总经理是同一个人，Dual = 1，否则 Dual = 0
GDP	GDP 增长率	（本期 GDP－上期 GDP）/上期 GDP

10.2.3 模型构建

财税〔2018〕76 号的实施对企业属于外生的准自然实验，本章采用 DID 模型对该政策效应进行识别，研究模型设定如下：

$$\text{TFP\_LP}_{i,t} = \beta_0 + \beta_1 \text{Treat}_i \times \text{Post}_t + \beta_2 \text{Treat}_i + \beta_3 \text{Post}_t + \sum \gamma X_{i,t} + \omega_t + \mu_i + \varepsilon_{i,t} \quad (10.2)$$

其中，被解释变量为 LP 法计算的全要素生产率（$\text{TFP\_LP}_{i,t}$）；β_1 为主要关注的回归系数，若 β_1 显著为正，则亏损后转年限延长政策与企业全要素生产率正相关，反之，则亏损后转年限延长政策与企业全要素生产率负相关；$X_{i,t}$ 为控制变量组，ω_t 和 μ_i 分别为年度固定效应和企业固定效应；$\varepsilon_{i,t}$ 为随机误差项。需要说明的是，由于 Treat 不随时间的改变而变化，在回归中会被企业固定效应所吸收，后面不列示 Treat 的回归结果。本章采用企业层面的聚类稳健标准误。

10.3 实证结果与分析

10.3.1 描述性统计

表 10-2 列示了主要变量的描述性统计结果。Panel A 报告了政策实施前主要变量的描述性统计结果。结果显示，在政策实施前，高新技术企业的全要素生产

率显著低于非高新技术企业。Panel B 报告了政策实施后主要变量的描述性统计结果。结果显示，在政策实施后，两组企业全要素生产率均有所增长，但高新技术企业全要素生产率的增长速度快于非高新技术企业，两组间的全要素生产率的差距从 0.8344 缩小至 0.8004。那么，亏损后转年限延长政策真的会提高高新技术企业的全要素生产率吗？后面将进一步在控制其他影响因素的前提下展开分析。

表 10-2　主要变量的描述性统计

Panel A：政策实施前的样本描述性统计

变量	处理组 样本量	处理组 平均值	控制组 样本量	控制组 平均值	平均差异检验
TFP_LP	1961	8.8312	1483	9.6656	0.8344***
Tobin's Q	1961	2.7693	1483	2.1841	−0.5852***
ROE	1961	0.0894	1483	0.0889	−0.0005
Lev	1961	0.3470	1483	0.4493	0.1023***
E	1961	7.5506	1483	8.3382	0.7876***
Mfee	1961	0.1171	1483	0.0847	−0.0324***
Occupy	1961	0.0114	1483	0.0162	0.0048***
Dual	1961	0.3274	1483	0.2124	−0.1150***

Panel B：政策实施后的样本描述性统计

变量	处理组 样本量	处理组 平均值	控制组 样本量	控制组 平均值	平均差异检验
TFP_LP	1841	9.1430	1624	9.9434	0.8004***
Tobin's Q	1841	1.9593	1624	1.5735	−0.3858***
ROE	1841	0.0904	1624	0.0923	0.0019
Lev	1841	0.3763	1624	0.4698	0.0935***
E	1841	7.7138	1624	8.4245	0.7107***
Mfee	1841	0.0671	1624	0.0634	−0.0037**
Occupy	1841	0.0112	1624	0.0167	0.0055***
Dual	1841	0.2922	1624	0.1878	−0.1044***

Panel C：总样本的描述性统计

变量	平均值	标准差	最小值	中位数	最大值	样本量
TFP_LP	9.3548	1.0913	7.2040	9.2225	12.2453	6909
Treat	0.5503	0.4975	0	1	1	6909
Post	0.5015	0.5000	0	1	1	6909
Tobin's Q	2.1468	1.3574	0.8462	1.7143	8.4413	6909
ROE	0.0902	0.0646	0.0035	0.0769	0.3318	6909

续表

Panel C：总样本的描述性统计						
变量	平均值	标准差	最小值	中位数	最大值	样本量
Lev	0.4056	0.1866	0.0591	0.4003	0.8331	6909
E	7.9685	1.1966	5.5215	7.8698	11.4669	6909
Mfee	0.0842	0.0584	0.0083	0.0709	0.3277	6909
Occupy	0.0136	0.0189	0.0002	0.0074	0.1203	6909
Dual	0.2605	0.4390	0	0	1	6909

与此同时，还有两个现象值得关注：第一，无论在政策实施前后，高新技术企业的管理费用率显著多于非高新技术企业，尽管在政策实施后两组企业在这一指标上的差异从-0.0324 缩小至-0.0037，但依旧存在显著差异。这从侧面反映了高新技术企业由于长期从事不确定性较高的创新活动，对高质量管理有更高的诉求，以实现风险控制与企业增值的目的。第二，无论在政策实施前后，高新技术企业的两职合一程度均明显高于非高新技术企业，尽管在政策实施后两组企业在这一指标上的差异从-0.1150 缩小至-0.1044，但依旧存在显著差异。两职合一是重要的决策权配置机制，一般来说，决策制定权与决策控制权没有分开，会弱化董事会对管理层的监督和控制，从而损害资源配置效率，进而影响企业的全要素生产率。因此，在需要经常做出创新决策的高新技术企业中，较高的两职合一程度有调整的必要性。若高新技术企业的治理水平较差，则亏损后转年限延长政策很可能显著降低企业的全要素生产率。除此之外，Panel A 和 Panel B 的结果还显示，平均而言，高新技术企业较非高新技术企业拥有更高的 Tobin's Q、更低的资产负债率和大股东资金占用率及更小的职工规模。

Panel C 报告了总样本的描述性统计结果。结果显示，Treat 的平均值为 0.5503，说明有 55.03%的上市企业在样本期间持续获得了高新技术企业认定；不同企业的全要素生产率相差较大，表现为标准差（1.0913）较大，且最小值（7.2040）远小于最大值（12.2453）。

10.3.2 相关性分析

表 10-3 列示了主要变量的 Spearman 和 Pearson 相关系数。结果显示，本章选取的全部控制变量均在 1%水平上与被解释变量显著相关，说明选取的控制变量具有较好的代表性。未报告的结果显示，运用 OLS 法回归模型得出的方差膨胀因子平均值为 1.7100，且除资产负债率（Lev）、职工规模（E）和管理费用率（Mfee）之外，其他变量之间的相关系数均小于 0.500，说明本章模型不存在严重的多重共

线性问题。考虑多重共线性会导致回归系数不显著,且拟合系数 R^2 偏大,本章采用中心化处理方式控制 Lev、E 和 Mfee 之间的共线性问题。

表 10-3 主要变量的相关系数

变量	TFP_LP	Tobin's Q	ROE	Lev	Mfee	E	Occupy	Dual
TFP_LP		−0.4794***	0.2646***	0.5657***	−0.6379***	0.7267***	0.1621***	−0.1550***
Tobin's Q	−0.3729***		0.1927***	−0.4562***	0.4053***	−0.3849***	−0.1185***	0.1450***
ROE	0.2567***	0.2105***		0.0063	−0.1526***	0.1889***	−0.0942***	0.0238**
Lev	0.5780***	−0.3779***	0.0154		−0.3880***	0.4550***	0.3044***	−0.0903***
Mfee	−0.5733***	0.3531***	−0.1606***	−0.3654***		−0.3026***	0.0230*	0.1015***
E	0.7362***	−0.3124***	0.1860***	0.4612***	−0.2956***		0.0870***	−0.1369***
Occupy	0.1295***	−0.0519***	−0.0772***	0.2450***	0.0072	0.0304**		−0.0379***
Dual	−0.1436***	0.1022***	0.0301**	−0.0933***	0.0924***	−0.1266***	−0.0470***	

注:右上角为 Spearman 相关系数,左下角为 Pearson 相关系数。

10.3.3 主回归结果

表 10-4 列示了模型(10.2)的回归结果,结果由三部分组成:首先,列(1)中只加入了核心解释变量及其交互项,并控制了企业固定效应。结果显示,Treat×Post 的回归系数并不显著,可能是由遗漏变量偏误造成的回归结果不准确。其次,列(2)在列(1)的基础上加入了除年度固定效应之外的所有控制变量,Treat×Post 的回归系数在 1%水平上显著为负。最后,在列(2)的基础上,列(3)进一步控制了年度固定效应,Treat×Post 的回归系数依然在 1%水平上显著为负。上述结果说明,与非高新技术企业相比,亏损后转年限延长政策显著降低了高新技术企业的全要素生产率。其中,在控制年度固定效应和企业固定效应后,Treat×Post 的回归系数为−0.0821,这意味着与控制组相比,财税〔2018〕76 号实施后高新技术企业的全要素生产率下降了 8.21%。在样本期内,上市企业年度全要素生产率平均值为 9.3548,这相当于全要素生产率平均降低 0.7680(=9.3548×8.21%),具有显著的经济意义。此外,ROE 高、资产负债率较高、职工规模较大和管理费用率较低的企业的全要素生产率更高,这与现有研究结果基本一致,不再赘述。

表 10-4 主回归结果

项目	TFP_LP					
	(1)	(2)	(3)	(4)	(5)	(6)
				高风险	风险中立	低风险
Treat×Post	0.0321	−0.0912***	−0.0821***	−0.1075***	−0.0354	−0.0932**
	(0.0197)	(0.0175)	(0.0176)	(0.0282)	(0.0231)	(0.0420)

续表

项目	TFP_LP						
	(1)	(2)	(3)	(4)	(5)	(6)
				高风险	风险中立	低风险
Post	0.2823***	0.1468***	0.2941***	0.1720***	0.3111***	0.2843***
	(0.0162)	(0.0125)	(0.0168)	(0.0381)	(0.0258)	(0.0397)
Tobin's Q		−0.0271***	−0.0059	−0.1562**	−0.0326**	0.0048
		(0.0056)	(0.0063)	(0.0730)	(0.0139)	(0.0057)
ROE		1.6135***	1.5695***	1.2571***	1.2302***	2.2969***
		(0.1050)	(0.1024)	(0.1972)	(0.1135)	(0.2337)
Lev		0.4861***	0.4519***	0.6514***	0.5020***	0.5714***
		(0.0829)	(0.0812)	(0.2038)	(0.0865)	(0.1629)
Mfee		−3.2954***	−3.1873***	−6.3807***	−3.0218***	−1.9147***
		(0.2505)	(0.2514)	(0.6537)	(0.3494)	(0.4096)
E		0.3576***	0.3196***	0.2485***	0.2372***	0.3853***
		(0.0387)	(0.0386)	(0.0877)	(0.0409)	(0.0836)
Occupy		0.3983	0.3785	0.4840	−0.3198	0.3848
		(0.4600)	(0.4612)	(0.5976)	(0.4744)	(0.9848)
Dual		−0.0183	−0.0113	−0.0030	0.0053	0.0040
		(0.0154)	(0.0150)	(0.0369)	(0.0202)	(0.0330)
Year FE	否	否	是	是	是	是
Firm FE	是	是	是	是	是	是
Constant	9.2047***	9.2173***	9.0661***	9.5369***	9.1555***	8.7227***
	(0.0048)	(0.0183)	(0.0226)	(0.1213)	(0.0368)	(0.0797)
N	6909	6909	6909	1728	3454	1727
Adj-R^2	0.2630	0.5511	0.5910	0.5780	0.5949	0.6313
F	543.5051	229.2687	195.6789	36.6793	120.6258	51.3770

考虑亏损后转年限延长政策对企业全要素生产率的影响可能和企业财务业绩状况相关。本章利用 Z-score 度量企业财务风险，Z-score 反映了企业陷入财务困境的可能性，Z-score 越小，企业财务业绩越差，财务风险越高，具体计算公式为 Z-score = 1.2×营运资金/总资产 + 1.4×留存收益/总资产 + 3.3×息税前利润/总资产 + 0.6×股票总市值/负债账面价值 + 0.999×销售收入/总资产。根据 Z-score，企业样本被等分为四组，其中，财务业绩表现极端好和极端差的两类高新技术企业分别归属于低风险高新技术企业和高风险高新技术企业，其余高新技术企业则归

属于风险中立高新技术企业。具体结果列示于表10-4列（4）～列（6）中。结果显示，在高风险高新技术企业和低风险高新技术企业中，Treat×Post的回归系数分别在1%和5%水平上显著为负，而在风险中立高新技术企业中，Treat×Post的回归系数为负但不显著。上述结果说明，与非高新技术企业相比，亏损后转年限延长政策主要降低了两种极端风险情况下高新技术企业的全要素生产率。

10.3.4 机制分析

亏损后转年限延长政策为高新技术企业提供了更多暂时性流动利益，但是政策红利能否真正为提升企业全要素生产率提供实际资金支持受资金使用方式的深刻影响。企业对政策红利的使用方式包括债务偿还、股利支付、有形资产投资、无形资产投资和现金持有。

如表10-5所示，列（1）～列（6）中Treat×Post的回归系数虽大多为正，但均未通过显著性检验。可见，无论是高风险高新技术企业还是低风险高新技术企业，都未将亏损后转年限延长政策为企业创造的更多暂时流动性利益用于债务偿还、股利支付和有形资产投资。如表10-6所示，在关于无形资产投资的列（1）～列（4）中，低风险高新技术企业的Treat×Post的回归系数均为正，且分别在1%和10%水平上显著；在关于现金持有的列（5）、列（6）中，高风险高新技术企业的Treat×Post的回归系数为正，且在5%水平上显著。主要原因在于，低风险高新技术企业拥有良好的资金实力和财务业绩表现，能够大胆地将亏损后转年限延长政策为企业创造的更多暂时流动性利益投入研发和人力等无形资产中；相反，高风险高新技术企业正陷于财务困境中，持有现金以缓解当前紧张的流动性问题是理智而现实的。

表10-5 机制分析：债务偿还、股利支付和有形资产投资

项目	有息负债率		现金股利支付率		有形资产	
	（1）	（2）	（3）	（4）	（5）	（6）
	高风险	低风险	高风险	低风险	高风险	低风险
Treat×Post	0.0099	0.0038	−0.0043	0.0025	0.0042	0.0072
	(0.0085)	(0.0046)	(0.0363)	(0.0428)	(0.0074)	(0.0087)
Post	−0.0084	−0.0054	−0.0033	0.0150	−0.0065	−0.0378***
	(0.0077)	(0.0050)	(0.0456)	(0.0417)	(0.0083)	(0.0096)
ConVars	是	是	是	是	是	是
Year FE	是	是	是	是	是	是
Firm FE	是	是	是	是	是	是

续表

项目	有息负债率		现金股利支付率		有形资产	
	（1）	（2）	（3）	（4）	（5）	（6）
	高风险	低风险	高风险	低风险	高风险	低风险
Constant	0.2487***	0.1144***	0.5260***	0.4196***	0.2484***	0.2791***
	(0.0181)	(0.0076)	(0.1050)	(0.0885)	(0.0176)	(0.0159)
N	1728	1727	1728	1727	1728	1727
Adj-R^2	0.2311	0.3141	0.0649	0.0244	0.0508	0.1323
F	17.0822	13.3637	3.1114	1.5830	3.5895	5.7185

表 10-6　机制分析：无形资产投资和现金持有

项目	无形资产——研发投入		无形资产——人力投入		现金持有	
	（1）	（2）	（3）	（4）	（5）	（6）
	高风险	低风险	高风险	低风险	高风险	低风险
Treat×Post	−0.0011	0.9203***	−0.0003	0.0017*	0.0134**	0.0021
	(0.1743)	(0.3291)	(0.0004)	(0.0009)	(0.0066)	(0.0061)
Post	0.8090***	1.0207***	0.0011**	0.0010	0.0131**	0.0008
	(0.1388)	(0.2983)	(0.0005)	(0.0008)	(0.0065)	(0.0071)
ConVars	是	是	是	是	是	是
Year FE	是	是	是	是	是	是
Firm FE	是	是	是	是	是	是
Constant	2.8172***	6.9101***	0.0041***	0.0134***	0.0001	0.0287**
	(0.5978)	(0.5267)	(0.0012)	(0.0015)	(0.0170)	(0.0126)
N	1728	1727	1728	1727	1728	1727
Adj-R^2	0.1066	0.2732	0.0845	0.1828	0.0611	0.1209
F	6.3124	9.0605	3.6658	5.9469	6.3524	8.5055

创新效率是影响企业全要素生产率的重要途径，下降的创新效率会破坏创新活动的持续性和积累性，进而对高新技术企业未来继续开发和引进新技术、新产品产生不利影响，从而降低企业的全要素生产率。创新效率受到创新投入和创新产出的综合影响（权小锋和尹洪英，2017）。因此，本节采用企业发明专利、实用新型专利和外观设计专利的申请总量的自然对数/研发投入的自然对数度量创新效率，即单位研发投入的专利申请数量。

结果如表 10-7 所示，在列（1）～列（3）的全样本中，Treat×Post 的回归系数均为负,且分别在10%、5%和10%水平上显著,说明亏损后转年限延长政策实施后,高新技术企业的整体创新效率不升反降,这与高新技术企业对政策红利的不合理使用有关。

表10-7 机制分析:创新效率

项目	创新效率				
	(1)	(2)	(3)	(4) 高风险	(5) 低风险
Treat×Post	-0.0050*	-0.0056**	-0.0046*	-0.0117**	0.0046
	(0.0028)	(0.0028)	(0.0028)	(0.0054)	(0.0072)
Post	0.0045**	0.0014	-0.0209***	-0.0135**	-0.0187**
	(0.0022)	(0.0024)	(0.0031)	(0.0056)	(0.0078)
ConVars	否	是	是	是	是
Year FE	否	否	是	是	是
Firm FE	是	是	是	是	是
Constant	0.1663***	0.1771***	0.1612***	0.1553***	0.1595***
	(0.0007)	(0.0027)	(0.0033)	(0.0188)	(0.0110)
N	6909	6909	6909	1728	1727
Adj-R^2	0.0010	0.0221	0.1547	0.2057	0.0646
F	2.1238	9.1138	72.9558	23.4869	6.0797

那么,在两类极端财务风险企业中,创新效率又会表现出怎样的差异呢?利用企业财务风险进行分组后的结果显示,表10-7列(4)的高风险高新技术企业Treat×Post的回归系数为负,且在5%水平上显著;而表10-7列(5)的低风险高新技术企业Treat×Post的回归系数为正,但并未通过显著性检验。原因在于,高风险高新技术企业过多地增加了现金资产,浪费了通过投资新项目来为企业财务脱困的机会,企业的实际创新产出并不会因该政策的实施而显著增加,表现出投入和产出双低。另外,超额现金持有伴随着管理者代理问题和控股股东代理问题,会增加投资者对企业的不信任心理,企业将面临更高的融资约束和更高的资本成本,无疑会对企业后续的创新投入和产出造成威胁。综上,该政策对高风险高新技术企业的创新投入和创新产出的实际作用甚微,加之衍生的机会成本、代理成本和资本成本增加问题会增大企业后续创新投入和产出的难度,其创新效率不升反降。相反,低风险高新技术企业大胆地将政策所创造的更多暂时性流动利益投

入研发和人力,但是创新活动的高风险性和产出滞后性使企业短期内可能无法实现创新成果产出。因此,在样本期间内其回归系数虽为正但并不显著。

10.3.5 进一步分析

本节进一步探究治理环境对亏损后转年限延长政策与企业全要素生产率之间关系的调节效应。

在内部治理维度,根据盈余管理水平和内部控制质量进行分组,将数值高于年度-行业中位数的企业归属于高盈余管理水平组和高内部控制质量组,反之归属于低盈余管理水平组和低内部控制质量组。回归结果见表10-8列(1)~列(4),结果显示,对于高盈余管理水平和低内部控制质量的高新技术企业,亏损后转年限延长政策与企业全要素生产率负相关程度更大。上述结果说明,高效优质的内部治理机制能够更好地对所投入的资源进行利用和配置,一定程度上缓解亏损后转年限延长政策对企业全要素生产率的负向影响。

表10-8 异质性分析：内部治理

项目	TFP_LP			
	(1)	(2)	(3)	(4)
	高盈余管理水平	低盈余管理水平	高内部控制质量	低内部控制质量
Treat×Post	−0.0943***	−0.0628***	−0.0642**	−0.0836***
	(0.0259)	(0.0222)	(0.0250)	(0.0212)
Post	0.3194***	0.2819***	0.3369***	0.2609***
	(0.0266)	(0.0207)	(0.0241)	(0.0229)
ConVars	是	是	是	是
Year FE	是	是	是	是
Firm FE	是	是	是	是
Constant	9.0687***	9.0553***	9.1383***	8.9560***
	(0.0390)	(0.0251)	(0.0308)	(0.0294)
N	3360	3549	3451	3458
Adj-R^2	0.6211	0.5855	0.6309	0.5481
F	122.6352	96.0258	125.8501	86.0636

在外部监督维度,根据审计师是否来自"四大"和分析师跟踪数量进行分

组,其中,将分析师跟踪数量高于年度-行业中位数的企业归属于分析师关注度高组,反之归属于分析师关注度低组。回归结果见表 10-9 列(1)~列(4)。结果显示,对审计师来自非"四大"的企业,Treat×Post 的回归系数在 1%水平上显著为负,而对审计师来自"四大"的企业,Treat×Post 的回归系数为正,但并未通过显著性检验;对分析师关注度低的企业,Treat×Post 的回归系数在 1%水平上显著为负,而对分析师关注度高的企业,Treat×Post 的回归系数虽然为负数,但并未通过显著性检验。上述结果说明,更高的审计质量和更透明的信息传递渠道可以使亏损后转年限延长政策为高新技术企业创造的更多暂时性流动性利益被更合理地使用,提高资源配置效率,缓解亏损后转年限延长政策对全要素生产率产生的负向影响。

表 10-9 异质性分析:外部监督

项目	TFP_LP			
	(1)	(2)	(3)	(4)
	审计师来自"四大"	审计师来自非"四大"	分析师关注度高	分析师关注度低
Treat×Post	0.0652	−0.0843***	−0.0242	−0.0950***
	(0.0778)	(0.0182)	(0.0249)	(0.0223)
Post	0.2283***	0.2984***	0.3437***	0.2597***
	(0.0524)	(0.0178)	(0.0249)	(0.0242)
ConVars	是	是	是	是
Year FE	是	是	是	是
Firm FE	是	是	是	是
Constant	10.1431***	9.0100***	9.2738***	8.9465***
	(0.1776)	(0.0252)	(0.0314)	(0.0336)
N	417	6492	3255	3654
Adj-R^2	0.4903	0.5906	0.6304	0.5556
F	10.7368	190.2847	108.0681	83.2128

在企业禀赋维度,根据企业规模和产权性质进行分组。将企业规模数值高于年度-行业中位数的企业归属于大规模企业组,反之,归属于小规模企业组。回归结果见表 10-10 列(1)~列(4),结果显示,对小规模企业,Treat×Post 的回归系数在 1%水平上显著为负,而大规模企业并未通过显著性检验;对非国有企业,Treat×Post 的回归系数在 1%水平上显著为负,而对国有企业,

Treat×Post 的回归系数并未通过显著性检验。上述结果说明,大规模企业和国有企业所具有的天然优势可以缓解亏损后转年限延长政策对高新技术企业全要素生产率的负向影响。

表 10-10 异质性分析:企业禀赋

项目	TFP_LP			
	(1)	(2)	(3)	(4)
	大规模	小规模	国有企业	非国有企业
Treat×Post	−0.0336	−0.1112***	−0.0405	−0.0982***
	(0.0220)	(0.0262)	(0.0279)	(0.0233)
Post	0.3232***	0.2931***	0.2433***	0.3169***
	(0.0218)	(0.0276)	(0.0250)	(0.0240)
ConVars	是	是	是	是
Year FE	是	是	是	是
Firm FE	是	是	是	是
Constant	9.4312***	8.7667***	9.4137***	8.9203***
	(0.0383)	(0.0420)	(0.0551)	(0.0331)
N	3360	3549	2171	4738
Adj-R^2	0.5901	0.5700	0.5702	0.6016
F	97.9415	106.9277	55.4292	151.5741

10.3.6 稳健性检验

1. PSM + DID

高新技术企业和非高新技术企业在管理费用率、两职合一程度等方面存在异质性,这导致这些可观察的系统性差异可能引起处理组在亏损后转年限延长政策后全要素生产率的降低,而并非源于亏损后转年限延长政策。为排除这一干扰,本节采用 PSM + DID 重新构建样本并回归。PSM 的基本原理是将多维协变量变换为一维的倾向得分(可观察特征的个体接受实验的概率)之后,根据倾向得分在控制组中找到与处理组企业 Y 得分相同或相近的企业 Y' 进行匹配,从而使样本观测数据接近随机实验数据,解决因可观测变量自选择造成的偏差问题。具体而言,本节以模型(10.2)中的控制变量作为协变量进行 PSM,匹配方法采用最近邻匹配(包括 1∶1 匹配和 1∶4 匹配)与核匹配。未报告的匹配结果显示,所有协变量匹配后标准化偏差均不超过 5%,且除 1∶1 匹配中 ROE

在10%水平上显著、1∶4匹配和核匹配中Dual在10%水平上显著外,其余协变量在匹配后均不显著。总体匹配情况见表10-11中Panel A,结果显示,不管是最近邻匹配(1∶1匹配和1∶4匹配)还是核匹配,P值均大于0.100。上述结果表明,匹配后控制组与处理组之间不存在显著差异,匹配有效。表10-11的Panel B列示了PSM后DID模型的回归结果。结果显示,无论是进行1∶1匹配、1∶4匹配还是进行核匹配,Treat×Post的回归系数均显著为负,与前面结论保持一致。

表 10-11　稳健性检验:PSM + DID

Panel A:PSM情况				
项目	匹配前	1∶1匹配	1∶4匹配	核匹配
Ps R^2	0.107	0.001	0.001	0.000
LR chi^2	1013.59	7.840	7.300	4.410
$P>$chi^2	0.000	0.347	0.399	0.731
平均偏差	35.200	1.900	1.800	1.400

Panel B:PSM后DID模型的回归结果			
项目	(1) 1∶1匹配	(2) 1∶4匹配	(3) 核匹配
Treat×Post	−0.062**	−0.075***	−0.082***
	(0.0248)	(0.0183)	(0.0177)
Post	0.278***	0.286***	0.291***
	(0.0265)	(0.0181)	(0.0169)
ConVars	是	是	是
Year FE	是	是	是
Firm FE	是	是	是
Constant	9.086***	9.056***	9.067***
	(0.0373)	(0.0258)	(0.0227)
N	3296	5892	6870
Adj-R^2	0.592	0.583	0.592
F	89.139	160.199	194.701

注:Ps R^2指伪R^2;LR chi^{2}指卡方统计量;$P>$chi^{2}指卡方统计量对应的P值。

2. 替换被解释变量度量方式

本节使用OLS法、固定效应法和OP法三种方法重新测算企业全要素生产率,再进行回归分析。回归结果列示于表10-12列(1)~列(3),结果显示,Treat×Post的回归系数均在1%水平上显著为负,与前面结论保持一致。

表 10-12 稳健性检验：替换被解释变量度量方式

项目	(1) TFP_OLS	(2) TFP_FIX	(3) TFP_OP
Treat×Post	−0.076***	−0.074***	−0.080***
	(0.0184)	(0.0185)	(0.0173)
Post	0.352***	0.361***	0.321***
	(0.0170)	(0.0171)	(0.0166)
ConVars	是	是	是
Year FE	是	是	是
Firm FE	是	是	是
Constant	11.005***	11.544***	6.546***
	(0.0239)	(0.0240)	(0.0219)
N	6909	6909	6909
Adj-R^2	0.6491	0.6645	0.5006
F	242.706	254.169	155.580

3. 删除政策实施当年数据

由于财税〔2018〕76号发布的时间为2018年7月11日，2018年的数据可能掺杂政策实施前后期的影响，出于对结果稳健性的考虑，本节将2018年的样本观测值删除后重新进行回归，结果如表10-13列（1）所示，Treat×Post的回归系数依然在1%水平上显著为负，与前面结论保持一致。

表 10-13 其他稳健性检验

项目	(1) 删除政策实施当年数据	(2) 控制宏观经济影响	(3) 考虑行业年度趋势
Treat×Post	−0.096***	−0.082***	−0.054***
	(0.021)	(0.018)	(0.017)
Post	0.296***	−0.636***	0.189
	(0.018)	(0.138)	(0.152)
GDP		−0.005***	
		(0.002)	
Industry FE×Year FE	否	否	是
ConVars	是	是	是
Year FE	是	是	是

续表

项目	（1）删除政策实施当年数据	（2）控制宏观经济影响	（3）考虑行业年度趋势
Firm FE	是	是	是
Constant	9.064***	9.103***	8.483***
	（0.025）	（0.026）	（0.301）
N	5699	6909	6909
Adj-R^2	0.619	0.591	0.623

4. 控制宏观经济影响

宏观经济变动可能也会对企业的全要素生产率造成影响。为避免宏观经济变动对结果产生干扰，本节借鉴宋敏等（2021）的研究思路，将 GDP 增长率（GDP）在回归中予以控制。回归结果列示于表 10-13 列（2），结果显示，在对国内 GDP 增长率进行控制后，回归结果仍在 1% 水平上显著为负。

5. 考虑行业年度趋势

考虑在样本期间，每个行业都有自己独特的周期变化；每个年度颁布的产业政策对不同行业可能有着不同的影响。上述因素都可能影响企业的全要素生产率，若不加以控制，可能导致遗漏变量问题而使回归结果产生偏误。本节借鉴潘越等（2020）的研究方法，在模型（10.2）的基础上进一步控制了行业固定效应×年度固定效应，从而尽可能地消除随时间变化的行业异质性因素给本章结果带来的影响。回归结果列示于表 10-13 列（3），结果显示，Treat×Post 的回归系数依然为负，且在 1% 水平上显著，表明在考虑行业周期、产业政策等因素的潜在影响之后，前面结论依然成立。

第 11 章 "环保费改税"对重污染企业全要素生产率的影响

本章考察"环保费改税"对重污染企业全要素生产率的影响。20 世纪八九十年代，中国的经济发展"重效率、轻环保"。高投入、高耗能和高污染的粗放型经济发展模式引发严峻的生态环境危机。十九届六中全会指出，要坚持人与自然和谐共生[①]。我国在 1982 年建立了排污费制度，该制度在规范企业排污方面发挥了重要作用，但始终存在执法刚性不足、行政干预过多等问题。《中华人民共和国国民经济和社会发展第十三个五年规划纲要》提出要"开征环境保护税"。《中华人民共和国环境保护税法》（以下简称《环保税法》）于 2016 年 12 月 25 日出台，并自 2018 年 1 月 1 日起正式实施。《环保税法》是我国第一部"绿色税法"，征税对象分为大气污染物、水污染物、固体废物和噪声等四类。《环保税法》基于原有的排污费制度，遵循负担平移并适当调整的原则设计而成。《环保税法》的颁布将排污费改为环保税，通过"环保费改税"方式实现了排污费的法治化，弥补了排污费制度存在的执法不严、排污费低于企业污染治理成本及征管力度较弱等缺陷。具体而言，《环保税法》扩大了应税污染物的征收范围，增加了应税污染物的种类数，并规定了税目税额表。各省、自治区、直辖市人民政府可统筹考虑本地区环境承载能力、污染物排放现状和经济社会生态发展目标要求，在规定范围内确定和调整应税污染物的具体适用税额，报同级人大常委会决定，并报全国人大常委会和国务院备案。《环保税法》实施后，环保税的征管遵循"税务征收、环保协同"模式，即环保税的征收主体由环保部门改为税务部门，环保部门则依法负责应税污染物的监测管理。该模式使得环保税的征收更具强制性和规范性，有助于加大征管力度，增加执法刚性，从而倒逼和激励企业实现绿色转型。

环保税的概念源于 Pigou（1932）提出的"污染者付费原则"，即通过征收环保税可以将企业污染环境的外部成本转化为企业内部成本，从而约束企业排污。环保税具有"双重红利"（Pearce，1991）：第一，环境红利，即征收环保税可以减少环境污染；第二，经济红利，即征收环保税可以提高经济效益，促进社会就业（Orlov and Grethe，2012；刘晔和周志波，2010）。但是，有关环保税实施效果的实证研究

[①] 中国政府网. 中国共产党第十九届中央委员会第六次全体会议公报[EB/OL]. (2021-11-11)[2024-07-16]. https://www.gov.cn/xinwen/2021-11/11/content_5650329.htm.

并未形成一致结论,例如,有学者发现,针对污染性产品开征环保税反而会导致失业率上升(Bovenberg and de Mooij,1994)。那么,我国的"环保费改税"实施能否在改善生态环境的同时实现经济红利呢？这是值得研究的重要课题。"波特假说"描述了环境与经济之间的关系问题,其主要观点如下：第一,适当的环境规制可以鼓励企业创新,提高企业生产力和产品质量,进而抵消环境规制成本并提升盈利能力,获得竞争优势,即环境规制的"创新补偿效应"观；第二,科学的环境规制可以揭示企业资源配置低效率现象,为优化资源配置效率和推进潜在的技术改进指明方向,即环境规制的"资源配置效率"观。经济红利在企业层面的重要体现是全要素生产率的提高。全要素生产率是指在各种生产要素投入水平既定的条件下所达到的额外生产率,它是实现经济增长的引擎(蔡昉,2013)。在企业层面,全要素生产率是评价企业利用技术创新和规模经济来提高生产效率的重要指标,2015年政府工作报告指出,要增加研发投入,提高全要素生产率；在国家层面,全要素生产率也是衡量我国经济发展质量的重要标准,党的十九大报告强调,以供给侧结构性改革为主线,推动经济发展质量变革、效率变革、动力变革,提高全要素生产率。上述分析表明,经济高质量发展在企业层面主要体现为全要素生产率的提高。环境规制会影响企业资源整合和技术创新等活动,进而影响企业全要素生产率(Albrizio et al.,2017)。重污染企业作为"环保费改税"规制的重点对象,其研发投入、技术创新和资源配置都将受到"环保费改税"的影响。那么,"环保费改税"能否刺激重污染企业提升全要素生产率,实现环保税的"经济红利"目标,是评价其政策效果的重要基础。

"环保费改税"是环境规制的重要手段。现有文献讨论了环境规制与企业全要素生产率之间的关系,但并未形成一致结论。一部分学者发现,环境规制会抑制企业全要素生产率。环境规制会增加企业治污成本,挤占企业创新投入和限制技术升级,降低企业全要素生产率(Gray,1987；Boyd and McClelland,1999；Palmer et al.,1995)。另一部分学者发现,环境规制会提高企业全要素生产率。合理的环境规制可以激励企业技术创新和效率改进(Porter and van der Linde,1995),引导企业购买先进环保设备和研发创新绿色产品,抵消环境规制给企业增加的治污成本,提高企业生产效率(Testa et al.,2011)。近年来,我国学者研究发现,环境规制通过促进技术创新提高了企业全要素生产率(赵红和谷庆,2015；孙学敏和王杰,2016)。王海等(2019)以工业"三废"的排放量来衡量排污费征收力度,发现排污费征收力度提高会显著降低企业全要素生产率,而环境法规出台有助于通过施加外界压力,进而触发"波特效应"来扭转这一不利影响。值得注意的是,现有文献还研究了排污费制度的经济后果,涉及排污费制度与污染物排放(李建军和刘元生,2015；卢洪友等,2019)、企业绩效(何红渠和黄凌峰,2017)和技术创新(毕茜和于连超,2019)等方面的关系。尽管上述研究为本章的研究奠定了重要基础,但仍有待进一步推进：①学者在研究"波特假说"是否成立时,主要关注环境规制能否推动企业开展技术创新进而提高全要素生产率，没有从"波特假说"提出的提高企业资源配置效率等视角进行探讨，本章将从创新补偿效应和资源配置效率两个维度去揭示"环保费改税"对企业全要素生产率的影响路径；②已有文献侧重从排污费制度视角展开研究，且在研究征收排污费对企业的影响时主要选取污染排放强度、排污费收入等定量指标，这些指标存在主观性和内生性问题。《环保税法》的实施属于外生事件冲击，为本章研究"环保费改税"的政策效果提供了准自然实验。基于此，本章以2015~2020年沪深A股重污染行业上市企业为样本，利用DID模型检验"环保费改税"对重污染企业全要素生产率的影响，避免了定量分析中指标选取存在的缺陷。结果表明，"环保费改税"整体上支持了"波特假说"，对税负提标（即"环保费改税"之后环保税税额高于原排污费标准）地区的重污染企业全要素生产率起到了促进作用，但这种促进作用主要源于"环保费改税"优化了重污染企业的资源配置效率，而不是提高了重污染企业的创新投入和产出。

本章的研究贡献如下：第一，丰富了"环保费改税"经济后果微观视角的研究成果。近年来，有关"环保费改税"的研究主要聚焦在企业绩效（金友良等，2020）、企业绿色创新和绿色转型（于连超等，2019；于连超等，2021）、企业技术创新水平（程博等，2021；崔也光等，2021）等方面，尚未从微观层面关注"环保费改税"对企业全要素生产率的影响。本章利用《环保税法》实施的准自然实验，运用因果效应识别方法，检验"环保费改税"对重污染企业全要素生产率的影响，发现"环保费改税"可以提高税负提标地区重污染企业的全要素生产率，证实了"环保费改税"的实施在企业层面具有"经济红利"效应，为科学评价"环保费改税"的政策效果提供了微观层面的经验证据。第二，提供了"波特假说"资源配置效率层面的微观支持证据。与已有文献研究"波特假说"主要聚焦创新补偿效应不同，本章从创新补偿效应和资源配置效率两个层面检验"环保费改税"对重污染企业全要素生产率的影响。结果发现，"环保费改税"在短期内尚未促进重污染企业开展技术创新，而是通过促进其优化资源配置效率来提高全要素生产率。本章从资源配置效率层面证实了"波特假说"，是对现有文献的重要补充。

11.1 "环保费改税"影响重污染企业全要素生产率的理论分析

环境法规的实施有助于企业提高生产率和竞争力（Xie et al.，2017），"环保费改税"可以为企业提高全要素生产率创造良好条件。一方面，环保税的开征体现了"多排多缴、少排少缴、不排不缴"的征收原则。企业排污与生产经营活动密不可分，而政府征收的环保税税额与企业排污量直接挂钩。重污染企业具有高污染、高排放特性，"多污染多缴税"的政策设计会极大地提高其环境违规成本。另一方面，"环保费改税"使得约40%的地区提高了当地的环保税税额征收标准。"环保费改税"实施后，位于税负提标地区的重污染企业受到的政策冲击更大。企业的行为决策主要以经济利益为导向。为了降低环境违规成本、生产成本，重污染企业有动力淘汰落后产能、购置环保节能专用设备、改进生产技术、研发绿色环保产品和优化资源配置等，以应对"环保费改税"对自身绩效的冲击。当重污染企业实现先进设备、技术研发和资源配置有效整合时，就会提高全要素生产率和核心竞争力。据此，本章提出以下假设。

假设11.1："环保费改税"对重污染企业全要素生产率具有正向影响。

"环保费改税"能够促进重污染企业提高全要素生产率，其作用机制是什么？具体分析如下：从资源配置效率层面来看，"环保费改税"短期内有助于重污染企业通过提升资源配置效率来提高全要素生产率。财政部数据显示，2018年环保税为151亿元，2019年环保税为221亿元，同比增长46%，2020年环保税为207亿元，同比下降6%，2021年环保税为203亿元，同比下降2%。可见，"环保费改税"以来，环保税的征收较大幅度增加了重污染企业税负。"环保费改税"后，为了降低环境违规成本和生产成本，获取最大收益，重污染企业必须减少排污和提高生产效率。企业是处于动态环境中的，重污染企业过度排污就是资源浪费和资源利用效率低下的表现（Porter and van der Linde, 1995）。因此，重污染企业内部存在大幅提升资源配置效率的空间。为了尽快达到环保合规要求，企业亟须采取应急措施，而优化内部资源配置一般不需要求助于外部支援，是企业可以自主实施的低成本应对策略。企业优化内部资源配置的本质就是提高技术效率，即在现有技术水平下，通过资源再分配调整内部资源的流动方向，从而最大限度释放现有技术水平的潜能（李平，2016）。从短期来看，企业通过提高自身资源配置效率不仅可以减少排污，以达到环境合规要求，而且可以通过有效治理污染提高产出水平（Shimamoto, 2016）。因此，短期内重污染企业全要素生产率的直接提升可能主要源于内部资源配置效率的提高。企业的污染控制过程可以分为源头控制、过程控制和末端治理（李蕾蕾和盛丹，2018）。在环保税负压力之下，企业有动力去优化自身资源配置，以减少末端排污和提高生产效率。"环保费改税"对企业提升资源配置效率的影响主要分为三个方面：第一，加强生产过程监管。企业资源利用效率低下的原因主要有材料利用不完全、生产过程控制产生不必要的资源浪费等。由于资源具有稀缺性，企业通过加强生产过程监督，不仅可以通过提高资源利用率来提高产量，而且可以通过使用清洁高效的原材料来减少单位产出的污染排放。第二，修正生产要素资源的不合理分配。重污染企业内部的生产要素往往在污染部门和低效率生产部门堆积，企业通过减少污染项目投入和增加污染防治投资，合理配置资本和劳动等生产要素到清洁部门和高效率生产部门，以减少要素投入扭曲，从而有助于提升整体生产效率。第三，提高管理水平。重污染企业的违规排污往往与管理不善联系紧密。企业通过提升生产经营管理可以增加要素资源间协调性，还可以通过调整人员管理模式和缩短停工时间来提高劳动产出效率，进而提高总体生产率。综上所述，短期内企业更可能通过优化资源配置来减少排污和提高投入-产出效率，从而提高全要素生产率，实现从高能耗企业向高效率企业转型。据此，本章提出以下假设。

假设 11.2："环保费改税"短期内有助于重污染企业通过提升资源配置效率来提高全要素生产率。

从创新补偿效应层面来看，"环保费改税"短期内不会促进重污染企业通过加大技术创新来提高全要素生产率。"环保费改税"会对重污染企业产生持久的不利影响，且伴随着部分省、自治区和直辖市税额标准逐步提高和环保税征管力度增强，重污染企业面临的税负和环境规制强度也会增加。这将给重污染企业形成"环境规制严苛"的稳定预期。那么，重污染企业短期内是否有动力立即开展技术创新呢？由于企业处于自利的决策立场下，这取决于其权衡成本与收益后的利益博弈结果。一方面，"环保费改税"强化了重污染企业的环境合规成本压力，其必然要在"维持现状、继续排污、缴纳环保税"和"引进治污设备、升级减排技术和研发绿色产品，少缴或不缴环保税"之间进行权衡。环境规制带来遵从成本，企业起初可能并不会立即开展创新活动，且企业开展创新活动所需周期较长、投入成本较大，短期内企业可能无法实现创新成果（Porter, 1996）。因此，重污染企业短期内很难完成技术升级。另一方面，税负提标地区重污染企业在政策实施之初面临较高的环保税负，而开展创新活动需要投入大量资金，技术创新具有的不确定性和高风险性会加剧企业面临的经营风险（Kothari et al., 2002）。因此，从短期来看，企业投入资金用于技术创新产生的边际收益未必会大于边际成本，企业往往不会主动开展研发投入和技术升级。"环保费改税"实施以来，短期内企业基于合规动机可能倾向投入资金用于末端治理，即购买环保设施与实施污染治理（唐国平等，2013），伴随着政策的继续推行，日益增加的成本压力会倒逼重污染企业投入资金开展创新活动，即研发环保技术和清洁生产以提高生产效率（陈琪，2020）。上述分析表明，在"环保费改税"的规制压力作用下，重污染企业短期内并不会选择通过开展技术创新来提高生产率，当企业基于利益博弈的结果意识到技术创新可以弥补环境规制成本和带来长期收益时，才会激发其创新动力。因此，短期内技术进步对企业全要素生产率的提升作用是有限的。据此，本章提出以下假设。

假设 11.3："环保费改税"短期内不会促进重污染企业通过加大技术创新来提高全要素生产率。

11.2 "环保费改税"影响重污染企业全要素生产率的研究设计

11.2.1 模型构建

《环保税法》的实施属于外生事件,企业很难在短期内因《环保税法》的实施而改变其所在行业和所在地区。因此,本章将 2018 年 1 月 1 日《环保税法》的实施作为准自然实验,使用 DID 模型检验"环保费改税"对重污染企业全要素生产率的影响。本章将样本分为处理组和控制组,并用 PSM+DID 来进行稳健性检验。与原有排污费征收标准相比,《环保税法》实施后,部分省、自治区、直辖市提高了税负,其他地区选择了税负平移。参考金友良等(2020)的做法,本章以重污染企业所在地区在《环保税法》实施之后是否提高税负为标准,将税负平移的重污染企业设定为控制组,税负提高的重污染企业设置为处理组。根据各地方政府制定的环保税税额征收标准,本章处理组重污染企业所在地区为河北、江苏、山东、河南、湖南、四川、重庆、贵州、海南、广西、山西、北京;控制组重污染企业所在地区为湖北、浙江、辽宁、福建、吉林、安徽、江西、陕西、甘肃、新疆、西藏、宁夏、青海、内蒙古、黑龙江、云南、天津、上海和广东(不涉及港澳台)。考虑遗漏变量偏误问题,本章选择采用加入年度和企业双固定效应的 DID 模型,模型如下:

$$\text{TFP}_{i,t} = \beta_0 + \beta_1 \text{Treat}_i \times \text{After}_t + \beta_2 \text{Treat}_i + \beta_3 \text{After}_t + \beta_4 \text{Controls}_{i,t} + \mu_i + \gamma_t + \varepsilon_{i,t}$$

(11.1)

其中,下标 i 表示企业,t 表示年份;$\text{TFP}_{i,t}$ 为被解释变量,表示 i 企业在第 t 年的全要素生产率;Treat_i 为样本企业是否属于处理组的虚拟变量,若 i 企业所在地区为税负提标地区,则取 $\text{Treat}_i = 1$,否则取 $\text{Treat}_i = 0$;After_t 为《环保税法》实施前后的虚拟变量,若为 2018 年及之后年份,则取 $\text{After}_t = 1$,否则取 $\text{After}_t = 0$;交互项 $\text{Treat}_i \times \text{After}_t$ 为核心解释变量,其回归系数 β_1 表示"环保费改税"对税负提标地区重污染企业全要素生产率的政策效应,若《环保税法》实施显著提高了处理组重污染企业的全要素生产率,则 β_1 应显著为正;$\text{Controls}_{i,t}$ 为控制变量;μ_i 为企业固定效应;γ_t 为年度固定效应;$\varepsilon_{i,t}$ 为随机误差项,服从正态分布。

11.2.2 样本选择与数据来源

《环保税法》规制的主要对象是重污染企业。按照《上市公司行业分类指引》(2012 年修订),重污染行业集中在采矿业(B)、制造业(C),以及电力、热力、燃气及水生产和供应业(D)。使用 DID 模型的前提条件是处理组和控制组具有同质性,即处理组在未受到政策干预情况下的时间效应和趋势与控制组相同。为了满足该前提，本章以 2015～2020 年沪深 A 股上市企业重污染行业（即 B、C 和 D 三大行业）为初始研究样本，并对样本进行如下处理：①剔除样本期间交易状态异常（ST、*ST、PT）的企业样本；②剔除数据严重缺失的企业样本，对个别缺失值作插值处理；③为降低极端值的影响，对所有连续变量在 1%和 99%分位上进行缩尾处理。上述处理程序与现有文献（冀云阳和高跃，2020）基本一致，最终得到 9420 个观测值。本章的数据来源于 CSMAR 数据库，并采用企业聚类稳健标准误。

11.2.3 变量定义与度量

1. 被解释变量

本章的被解释变量为企业全要素生产率。目前测算企业全要素生产率有多种方法，本章选取 OLS 法、OP 法和 LP 法进行计算。LP 法不仅能够有效解决 OLS 法的同时性偏差问题，而且相较于 OP 法，LP 法选用企业中间投入作为企业全要素生产率的代理变量，可以有效缓解内生性问题，并解决了 OP 法由企业在某些观察期不存在投资导致的样本缺失问题。本章参照鲁晓东和连玉君（2012）的做法，在主回归中选择 LP 法进行计算，并在稳健性检验中采用 OP 法和 OLS 法：

$$\ln Y_{i,t} = \beta_0 + \beta_L \ln L_{i,t} + \beta_K \ln K_{i,t} + \beta_M \ln M_{i,t} + \varepsilon_{i,t} \tag{11.2}$$

基于柯布-道格拉斯生产函数，Y 为上市企业的年末主营业务收入；L 为劳动投入，用上市企业每年的职工人数来表示；K 为资本投入，用上市企业的固定资产净值来表示；M 为中间投入，用上市企业财报中的购买商品、接受劳务支付的现金表示。模型回归之后的残差项即上市企业的全要素生产率。

本章分别按处理组和控制组计算样本期内企业全要素生产率的平均值，图 11-1 报告了 2015～2020 年重污染企业全要素生产率平均值的变动趋势。结果显示，自 2015 年以来，处理组和控制组所在地区的企业全要素生产率平均值一直呈逐步

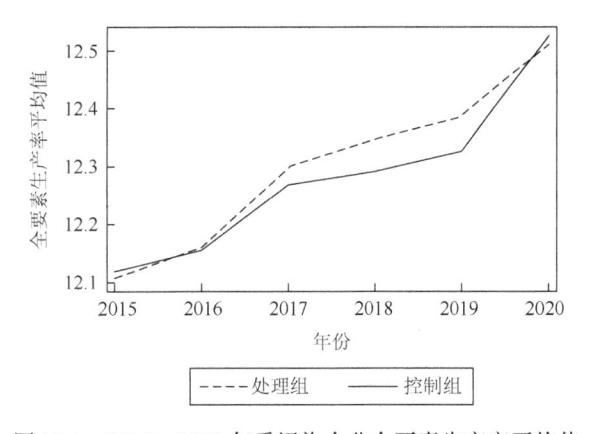

图 11-1 2015～2020 年重污染企业全要素生产率平均值

上升状态；在 2017 年以前，处理组和控制组企业全要素生产率平均值变动趋势基本一致，而在 2017 年之后，处理组企业全要素生产率平均值增速高于控制组，且两者差距逐渐拉大。据此，本章初步推测，相对于税负平移地区，税负提标地区企业全要素生产率的快速增长可能归因于 2016 年底颁布的《环保税法》。2017 年各地征税标准已经出台，2018 年《环保税法》实施后，重污染企业全要素生产率显著提升。这也从侧面支持了平行趋势假设和假设 11.1。

2. 解释变量

本章选取河北、江苏及北京等 12 个地区的重污染企业作为处理组（Treat = 1），其他地区的重污染企业为控制组（Treat = 0）。本章定义 After 为政策是否实施的时间虚拟变量，若为《环保税法》施行当年（2018 年）及以后年份，则取 After = 1，否则取 After = 0。本章的核心解释变量为 Treat 和 After 的交互项，即 Treat×After。

3. 控制变量

参照崔广慧和姜英兵（2019）、袁文华等（2021）的做法，本章设置的控制变量为企业规模（Size）、企业年龄（Age）、产权性质（Soe）、企业成长能力（Growth）、现金持有水平（Cash）、资产收益率（ROA）、资产负债率（Lev）、第一大股东持股比例（Top1）、代理成本（Ac）。各变量定义见表 11-1。

表 11-1 变量定义

变量定义	变量符号	计算方式
企业全要素生产率	TFP	LP 法计算的全要素生产率为 TFP_LP；OLS 法计算的全要素生产率 TFP_OLS；OP 法计算的全要素生产率 TFP_OP
"环保费改税"的政策效应	Treat×After	Treat 和 After 的交互项
是否为处理组	Treat	虚拟变量 处理组取 Treat = 1，即税负提标地区的重污染企业；控制组取 Treat = 0，即税负平移地区的重污染企业
是否处于《环保税法》实施后	After	虚拟变量 若为 2018 年及以后年份，则取 After = 1；若为 2018 年之前年份，则取 After = 0
产权性质	Soe	若为国有企业，则取 Soe = 1，否则 Soe = 0
现金持有水平	Cash	经营活动产生的现金流量/期末总资产
企业规模	Size	期末总资产的自然对数
资产收益率	ROA	期末净利润/期末总资产
资产负债率	Lev	期末总负债/期末总资产
企业成长能力	Growth	期末营业收入增长率
企业年龄	Age	当年年份-企业上市当年年份
第一大股东持股比例	Top1	期末第一大股东持股数/期末总股数
代理成本	Ac	管理费用/主营业务收入

11.3　实证结果与分析

11.3.1　描述性统计

表 11-2 列示了主要变量的描述性统计结果。结果显示，TFP_LP 的平均值为 12.27，与现有文献（郑宝红和张兆国，2018）相近；Treat 的平均值为 0.42，说明处于税负提标地区的重污染企业数量占重污染企业数量合计的比例为 42%，表明"环保费改税"对重污染企业具有重要影响，值得深入研究；Soe 的平均值为 0.28，说明样本中有 28%的重污染企业是国有企业；其他控制变量与现有文献基本一致，不再赘述。

表 11-2　主要变量的描述性统计

变量符号	样本量	平均值	标准差	最小值	中位数	最大值
TFP_LP	9420	12.27	0.70	10.73	12.20	14.30
Treat	9420	0.42	0.49	0	0	1
After	9420	0.50	0.50	0	0	1
Treat×After	9420	0.20	0.40	0	0	1
Soe	9420	0.28	0.45	0	0	1
Size	9420	22.16	1.19	20.07	22.01	25.86
ROA	9420	0.04	0.06	−0.25	0.04	0.20
Lev	9420	0.39	0.19	0.06	0.38	0.87
Growth	9420	0.17	0.35	−0.47	0.11	2.07
Age	9420	10.62	6.92	1	9	29
Top1	9420	0.34	0.14	0.03	0.31	0.90
Cash	9420	0.16	0.11	0	0.14	0.77
Ac	9420	0.09	0.10	0	0.07	4.82

11.3.2　相关性分析

表 11-3 列示了主要变量的 Pearson 相关系数。结果显示，企业全要素生产率（TFP_LP）与控制变量之间的相关系数均显著，说明本章控制变量的选取具有代表性。未报告的结果显示，OLS 法回归模型的方差膨胀因子平均值为 1.57，且各变量之间的相关系数均小于 0.65，说明本章模型并不存在严重的多重共线性问题。

表 11-3 主要变量的 Pearson 相关系数

变量	TFP_LP	Soe	Size	ROA	Lev	Growth	Age	Top1	Cash	Ac
TFP_LP	1									
Soe	0.225***	1								
Size	0.640***	0.366***	1							
ROA	0.167***	-0.113***	-0.007	1						
Lev	0.346***	0.267***	0.499***	-0.364***	1					
Growth	0.127***	-0.075***	0.044***	0.230***	0.045***	1				
Age	0.319***	0.522***	0.445***	-0.141***	0.324***	-0.085***	1			
Top1	0.126***	0.187***	0.163***	0.136***	0.019*	-0.009	-0.034***	1		
Cash	0.021**	-0.011	-0.113***	0.216***	-0.262***	-0.017*	-0.037***	0.034***	1	
Ac	-0.398***	-0.064***	-0.212***	-0.180***	-0.116***	-0.090***	-0.043***	-0.080***	0.031***	1

11.3.3 主回归结果

表 11-4 列示了"环保费改税"影响重污染企业全要素生产率的检验结果。其中，列（1）仅检验了核心解释变量的影响，并控制了企业固定效应，列（2）在列（1）基础上加入了控制变量，列（3）在列（2）基础上进一步加入了年度固定效应。结果显示，无论是否加入控制变量和固定效应，Treat×After 的回归系数均在 1%水平上显著为正，说明"环保费改税"提高了税负提标地区重污染企业的全要素生产率，证实了假设 11.1。列（3）的结果显示，在控制年度固定效应和企业固定效应后，Treat×After 的回归系数为 0.0381，这说明"环保费改税"使得税负提标地区重污染企业的全要素生产率提高了 3.81%，相当于全要素生产率平均值增加 0.47（=12.27×3.81%），具有显著的经济意义。此外，加入控制变量的列（3）结果显示，Growth 和 Cash 的回归系数均在 1%水平上显著为正，且回归系数分别为 0.1917 和 0.1992，相当于全要素生产率平均值增加 2.35（=12.27×0.1917）和 2.44（=12.27×0.1992），具有显著的经济意义。上述结果说明，企业成长能力（Growth）越好，现金持有水平（Cash）越充足，重污染企业全要素生产率的提升效果越明显。

表 11-4 主回归结果

项目	（1）	（2）	（3）
	\multicolumn{3}{c}{TFP_LP}
Treat×After	0.2591***	0.0455***	0.0381***
	(19.1618)	(3.6031)	(2.7294)
Soe		−0.0131	−0.0082
		(−0.3807)	(−0.2390)
Size		0.1945***	0.1930***
		(8.0213)	(7.9068)
ROA		0.9952***	1.0219***
		(8.8780)	(9.1245)
Lev		0.0471	0.0490
		(0.6031)	(0.6247)
Growth		0.1966***	0.1917***
		(14.4079)	(13.6252)
Age		0.0555***	0.0473***
		(12.0069)	(10.0140)
Cash		0.1768***	0.1992***
		(2.6320)	(2.9581)
Top1		−0.0014	−0.0014
		(−1.1644)	(−1.1817)

续表

项目	（1）	（2）	（3）
	TFP_LP		
Ac		−0.5978***	−0.5850***
		(−2.7545)	(−2.6778)
Year FE	否	否	是
Firm FE	是	是	是
Constant	12.2210***	7.3509***	7.4441***
	(4411)	(14.7613)	(14.8899)
N	9420	9420	9420
Adj-R^2	0.0908	0.4454	0.4518
F	367.1739	195.0980	149.1566

11.3.4 进一步分析

前面结果表明，"环保费改税"会显著提高税负提标地区重污染企业的全要素生产率，但这种效果可能受到企业个体特征的影响而有所差异。本节将从产权性质和研发投入维度考察"环保费改税"对重污染企业全要素生产率的影响差异性。

1. 产权性质

国有企业和非国有企业在股权结构、企业行为决策方面存在重大差异。国有企业的平均生产率及资源配置效率低于非国有企业（龚关等，2015）。"环保费改税"后，国有企业本身受到更多的政治干预，容易获得财政补贴，从而缓解"环保费改税"给自身业绩带来的不利影响。同时，国有企业不如非国有企业那样追求绩效和利润最大化，而是更多地关注社会和政治目标。因此，"环保费改税"后，国有企业可能缺乏动力去优化资源配置效率、研发新技术和环保产品，从而对全要素生产率并未产生实质性影响。非国有企业在面临更加严格的环境规制政策时，为了在激烈的市场竞争中生存并获得竞争优势，会更有动力去提高生产效率，从而提升全要素生产率。表 11-5 列示了"环保费改税"对重污染国有企业和非国有企业全要素生产率产生影响的回归结果。结果显示，非国有企业 Treat×After 的回归系数在 1%水平上显著为正，而国有企业 Treat×After 的回归系数并不显著。这说明，税负提标地区的非国有企业相较于税负平移地区的非国有企业显著提高了全要素生产率。但是，国有企业的处理组相比控制组并无显著提升。上述结果表明，"环保费改税"对税负提标地区重污染企业全要素生产率的提升效应主要体现在非国有企业中。

表 11-5　异质性分析：产权性质

项目	(1) 国有企业	(2) 非国有企业
Treat×After	0.0092	0.0505***
	(0.37)	(3.06)
Controls	是	是
Year FE	是	是
Firm FE	是	是
Constant	7.4408***	8.0394***
	(7.5388)	(13.4721)
N	2633	6787
Adj-R^2	0.5193	0.4257
F	63.2582	113.9620

2. 研发投入

前面理论分析表明，长期来讲，技术创新是重污染企业提升全要素生产率的重要路径，而研发投入是重污染企业实现创新驱动发展的重要前提。重污染企业增加研发投入用于改进生产技术，有利于获得技术补偿和减少排污成本，提高生产率。因此，"环保费改税"对重污染企业全要素生产率的提升效应在研发投入大的企业中可能更显著。参考李蕾蕾和盛丹（2018）的做法，本节选取研发支出/营业收入衡量企业研发投入，并以所有重污染企业研发投入中位数作为划分标准，将在中位数以上的企业划分为研发投入大组，反之，则为研发投入小组。表 11-6 列示了在不同的研发投入下，"环保费改税"对重污染企业全要素生产率的分组回归结果。结果显示，在研发投入小组，Treat×After 的回归系数为 0.0359，在 10%水平上显著；在研发投入大组，Treat×After 的回归系数为 0.0512，在 1%水平上显著。此外，两组回归系数的组间差异为 0.0153，且在 1%水平上显著。由此可知，在不同研发投入的企业中，"环保费改税"均能显著提高税负提标地区重污染企业的全要素生产率，但对研发投入大的税负提标地区重污染企业全要素生产率的促进作用更大。

表 11-6　异质性分析：研发投入

项目	(1) 研发投入小	(2) 研发投入大
Treat×After	0.0359*	0.0512***
	(1.9235)	(2.7270)

续表

项目	（1）	（2）
	研发投入小	研发投入大
Controls	是	是
Year FE	是	是
Firm FE	是	是
Constant	8.4274***	6.7352***
	（10.1933）	（11.1695）
N	3951	5469
Adj-R^2	0.4711	0.4694
F	71.2078	95.6308
Difference Statistics	$P = 0.0000$***	

11.3.5 稳健性检验

1. PSM + DID

为了进一步克服内生性问题，本节选择 PSM 来剔除样本选择中可观察的个体异质性对政策效应造成的干扰。PSM 的原理是通过函数关系将多维协变量变换为一维的倾向得分，再根据倾向得分进行匹配，从而找到与处理组企业特征最相似的控制组，分离出"环保费改税"对税负提标地区重污染企业全要素生产率的净效应。本节选取企业规模（Size）、企业年龄（Age）、产权性质（Soe）、企业成长能力（Growth）、现金持有水平（Cash）、资产收益率（ROA）、资产负债率（Lev）等控制变量作为协变量进行 PSM。匹配方法采用最近邻匹配（包括1∶1匹配和1∶4 匹配）和核匹配。本节对以上协变量进行匹配，未报告的结果显示，标准化偏差均小于 5%，且匹配后 P 值均不显著，表明处理组和控制组之间没有明显差异，匹配效果良好。表 11-7 列示了对有效匹配后的样本再进行 DID 的回归结果。结果显示，列（1）～列（3）的交互项（Treat×After）的回归系数均显著为正，与前面结论一致。

表 11-7 稳健性检验：PSM + DID

项目	（1）	（2）	（3）
	1∶1 匹配	1∶4 匹配	核匹配
Treat×After	0.0444**	0.0386***	0.0377***
	（2.4132）	（2.7356）	（2.7087）

续表

项目	(1) 1∶1匹配	(2) 1∶4匹配	(3) 核匹配
Controls	是	是	是
Year FE	是	是	是
Firm FE	是	是	是
Constant	6.7024***	7.3943***	7.4770***
	(10.4794)	(14.9589)	(14.9203)
N	4998	8811	9411
Adj-R^2	0.4842	0.4701	0.4532
F	88.3673	145.5001	152.3659

2. 替换被解释变量度量方式

本节使用OP法和OLS法两种方法重新测算企业全要素生产率，再进行回归分析。表11-8列（1）、列（2）为OLS法回归结果，表11-8列（3）、列（4）为OP法回归结果。结果显示，无论是否加入控制变量，Treat×After的回归系数均显著为正，与前面结论保持一致。

表11-8 稳健性检验：替换被解释变量度量方式

项目	(1) TFP_OLS	(2) TFP_OLS	(3) TFP_OP	(4) TFP_OP
Treat×After	0.0247***	0.0169*	0.0325**	0.0207*
	(2.6427)	(1.9468)	(2.1977)	(1.6582)
Controls	否	是	否	是
Year FE	是	是	是	是
Firm FE	是	是	是	是
Constant	−0.0511***	1.7856***	2.1231***	1.0194**
	(−10.4124)	(7.3693)	(295.2558)	(2.3480)
N	9420	9420	9420	9420
Adj-R^2	0.0557	0.2097	0.0422	0.2947
F	36.5924	48.6003	43.2381	76.5906

第 12 章 "社保入税"的市场反应及其影响因素

本章考察"社保入税"的市场反应及其影响因素。社保体系的建设和完善对社会的和谐发展具有重要意义，完善的社保征收体制是刺激居民消费、推动经济高质量发展的制度保障，也是当前服务于"双循环"发展格局的重要配套措施。我国社保征收环节存在严重的逃费、欠费现象（鲁於等，2019），如何完善现行社保征收制度以提高社保缴费的征收管理效率，是一个亟待解决的难题。长期以来，社保机构和税务部门是我国的社保征收主体。有研究表明，二元主体征收体制降低了社保基金的征缴效率（郑春荣和王聪，2014），诱发企业社保缴费不实、部分社保基金账户收不抵支的现象（彭雪梅等，2015）。《社会保险费征缴暂行规定》与《中华人民共和国社会保险法》并未明确规定社保征收主体，选择社保征收主体成为首先需要解决的问题。

为了提高社保基金的征管效率，推进税费业务和信息系统整合优化，强化经费保障和资产管理，中共中央办公厅、国务院办公厅于 2018 年 7 月 20 日印发了《国税地税征管体制改革方案》。《国税地税征管体制改革方案》明确规定，从 2019 年 1 月 1 日起，将基本养老保险费、基本医疗保险费、失业保险费、工伤保险费、生育保险费等各项社保费交由税务部门统一征收。依此规定，国家税务总局增设社会保险费司，完成了全面实施税务征缴社保费的机构建设。"社保入税"提升了部门间的信息共享程度，降低了征管各方的信息不对称水平，完善了现有的征收体制，为提高社保基金的征缴效率提供了有力的制度保证。鉴于"社保入税"的重要性，探讨"社保入税"的经济后果具有重要的理论与现实意义。因此，本章从企业价值维度考察"社保入税"的微观政策效应，探究"社保入税"的市场反应及其影响因素。

现有关于社保征收体制的文献尚未得出一致结论，其争议点集中在社保基金征收机构的选择问题。针对社保基金征收机构选择的文献主要从选择因素、征缴优势及征缴效果三个方面展开：第一，选择因素。学者关注国情和社会发展阶段（Watanabe，2006）、税收体系或社保机构的现代化程度（Zaglmayer and Schoukens，2005）等因素对社保基金征收机构选择的影响。第二，征缴优势。部分学者认为，与社保机构相比，税务部门拥有完善的征缴系统和专业的征缴队伍，能够有效抑制企业逃缴，提高征管效率（董树奎，2001；刘军强，2011）；另一部分学者认为，相较于税务部门，社保机构的工作人员更具有专业优势，能够有效提高社保的覆盖面（郑秉文和房连泉，2007）。第三，征缴效果。涉及征缴率和覆盖率、欠费率（鲁全，2011）、征收成本和社保基金收入（唐珏和封进，2020）等。但有关社保征收机构选择的研究尚未得出一致结论。

上述文献为本章的研究奠定了重要基础，但检验"社保入税"经济后果的文献仍然较少，且有待进一步推进：第一，研究视角上，现有关于社保征收体制的国内文献大多是基于二元主体征管制度的研究，鲜有学者关注新征管制度的政策效应；第二，研究内容上，社保支出是企业重要的成本支出之一，"社保入税"带来的征管强度的改变势必会引起企业成本支出的变化，同时也可能产生其他微观经济后果。现有文献侧重讨论"社保入税"对征缴率、欠费率等宏观经济后果的影响，然而对其微观经济后果的关注度不足；第三，研究方法上，关于社保征管体制的研究多数采用规范研究（郑秉文，2019）、趋势比较研究（鲁全，2011）或多元回归（鲁於等，2019）等方法，目前尚未有相关研究采用事件研究法。

鉴于此，首先，本章以"社保入税"为背景，利用事件研究法考察2018年7月20日"社保入税"的市场反应，首次检验了"社保入税"引起的征管强度改变对企业价值的影响，丰富了"社保入税"的微观经济后果的相关研究。其次，本章从规制压力、抗风险能力及财政分权三个维度分析"社保入税"市场反应的影响因素。结果显示，市场投资者将"社保入税"视为利空消息，且不同特征企业的市场反应不同。劳动密集度高和盈余管理水平高等规制压力较大的企业的负面市场反应更明显；国有企业和内部控制质量高等抗风险能力较高的企业的负面冲击更低；注册地在财政分权度低的省区市的企业，"社保入税"降低企业价值的负向影响更大。

本章的主要贡献如下：首先，本章基于"社保入税"的制度背景，利用事件研究法与多元回归法系统分析了"社保入税"对企业价值的影响，丰富了以往关于社保征收体制的微观经济后果研究，弥补了"社保入税"微观经济后果的研究空白。其次，本章厘清了"社保入税"作用于企业价值的机制路径。从规制压力、抗风险能力及财政分权三个维度深入分析"社保入税"引起市场反应的影响因素，延伸和拓展了"社保入税"的市场反应研究。

12.1 "社保入税"市场反应的理论分析

12.1.1 "社保入税"与企业价值

"社保入税"提升了社保征收工作的信息化水平、部门间的信息共享程度，降低了征管各方的信息不对称水平，进而提高了社保征管强度，完善了现有社保征收体制。然而，长期以来，为了留存更多收益，企业隐瞒实际工资水平，按照最低工资标准或基数下限缴费甚至不缴费①。完善的征收体制能够有效提高企业社保遵缴率，减少企业逃费行为（Barrand et al.，2004），但社保征管压力的骤增增加了企业的用工成本和违规风险。因此，本章预期，投资者作为理性经济人会视"社保入税"为利空消息，即资本市场将出现显著为负的市场反应。

首先，"社保入税"增加了企业的用工成本。一方面，"金税三期"系统降低了不同部门间的信息壁垒。具体而言，该系统囊括企业用工人数、人员工资、企业经营收益、企业所得税、个税、社保缴纳情况等数据。社保、税务、工商及司法机构的信息互通有助于降低各部门之间的信息不对称，便于个税申报信息与社保缴费的职工个人缴费基数比对，提高社保基金的征管效率。鉴于此，税务部门全责征收模式能够有效制约企业的选择性参保行为。另一方面，"社保入税"之后，税务部门全面承担执法和监督企业用工的职责，因为税务部门拥有专业的税收团队、强大的征收能力及完备的征管体系（伍中信和倪杉，2019），所以能够督促企业规范用工和规范参保，使企业的用工成本显著增加，利润下降，支付给职工及为职工支付的现金增加，从而在短期内减损企业价值。

其次，"社保入税"增加了企业的违规风险。一方面，"社保入税"提升了社保征收的权威性，对不合规缴纳社保的企业形成较强的威慑。具体而言，社保"税"较"费"更具法律强制性，社保费交由税务部门统一征收后，企业欠费逃费的代价不亚于偷税漏税。2018年11月29日，28部委联合签署了《关于对社会保险领域严重失信企业及其有关人员实施联合惩戒的合作备忘录》，对社保领域严重失信企业及其有关人员实施联合惩戒。未按规定缴纳社保的企业一旦进入社保黑名单，不仅会被列为重点监督检查对象，并且其生产经营会受到银行授信、政府采购、信用评级等多方面限制。"社保入税"实施后，企业社保费的缴纳将受到严格监管，征收过程更为规范（李明等，2018）。另一方面，由于"社保入税"出台不久，具体执行的细则尚未发布，企业难以准确估计此次社保改革对其生产经营产生的不利影响。调研发现，多数企业管理者认为，"社保入税"后，征缴强度增加及税务部门与社保机构之间的数据交换将有效遏制按最低工资基数缴纳、不投保等行为，企业社保开支及违规被查的风险明显增加。

综上所述，企业用工成本和违规风险的增加使得本次社保改革在短期内对企业产生不利冲击。基于此，本章提出以下假设。

假设12.1：在"社保入税"实施时，资本市场会出现显著负向的市场反应。

---

① 《中国企业社保白皮书2018》显示，依法按照上年度职工工资作为缴费基数的企业占比不到三成。

12.1.2 "社保入税"、规制压力与企业价值

"社保入税"有助于提高企业用工与生产经营的合规性,保障职工的合法权益。因此,企业的劳动力需求及经营合规程度决定了企业面临的规制压力。规制压力直接影响企业的投资政策调整及利益相关者的决策行为,进而作用于企业价值。鉴于此,本章从劳动密集度与盈余管理水平两个维度衡量企业的规制压力。

从企业劳动密集度来看,一方面,"社保入税"增加了企业的人力成本。由于劳动密集型企业对劳动力的需求量更大,企业难以及时调整人力资源投入,资产密集型企业则拥有较多的技术装备,对劳动力的需求较少,其用工成本相对可控。另一方面,相较于资产密集型企业,劳动密集型企业的盈利能力有限(李钢等,2009),并且在短期内企业的缴费能力偏低,缴费压力更大,更可能面临经营困难、现金流紧张等生存威胁,进而影响企业绩效和价值(Aronson,2018)。因此,与资产密集型企业相比,劳动密集型企业受"社保入税"影响更大。

从盈余管理水平来看,盈余管理被企业普遍地用作操控盈余,是一种机会主义行为(方红星和张勇,2016)。盈余管理水平高,通常反映了企业积极通过操控非正常应计项目与经营成本、酌量性费用等活动调整企业盈余。已有研究表明,税收征管能够显著抑制企业的盈余管理行为(Li et al.,2019)。一方面,严格的税务稽查会减少管理层内部转移的相关安排,从而减少管理层披露复杂信息的努力(Hanlon et al.,2014),进而降低企业的盈余管理水平;另一方面,高税收征管压力会降低企业出于避税目的而对盈余进行的调整行为(叶康涛和刘行,2011)。"社保入税"明确了税务部门是征收社保基金的唯一机构,税务部门全责征收模式增加了企业面临的外部监督力度。因此,相较于低盈余管理水平的企业,高盈余管理水平的企业因其合规性较低受到的规制压力更大,政策冲击更强。鉴于此,高盈余管理水平的企业受"社保入税"影响更大。

据此,本章提出以下假设。

假设12.2:在"社保入税"实施时,劳动密集型企业和高盈余管理水平企业的市场反应更为消极。

12.1.3 "社保入税"、抗风险能力与企业价值

企业的抗风险能力是影响投资者决策行为的重要因素之一。抗风险能力越强的企业,越容易获得投资者的认可,从而获得投资。社保征收机构的转变强化了法律执行力度,面对骤增的用工成本和违规风险,抗风险能力强的企业能够更好地抵御来自"社保入税"的负面冲击,这可能决定了市场反应的差异。本章从产

权性质和内部控制两个维度探究企业抗风险能力对"社保入税"市场反应的影响。

从产权性质维度来看，国有企业的抗风险能力要高于非国有企业。一方面，国有企业具有天然的政治优势，能够获得较多稀缺资源和隐性优惠（Allen et al.，2005）。"社保入税"虽增加了企业的用工成本，但政府仍可能通过信贷支持、政府补贴和税收减免等方式降低企业的经营成本；同时，相比于非国有企业，国有企业拥有政府的隐性担保，其违约风险或破产风险更低，因此，国有企业可以抵御"社保入税"对企业价值的不利冲击。另一方面，国有企业的高管通常由政府任命和委派（周黎安，2008），具有"准官员"特征（杨瑞龙等，2013）。根据《党政领导干部选拔任用工作条例》的规定，组织部门在选拔任用领导干部时需要全面考察候选人的"德、能、勤、绩、廉"（陈仕华等，2015）。国有企业一旦被曝出不缴或者少缴社保，国有企业高管的德行会受到严重怀疑，其政治晋升机会大大降低，因此，国有企业较少会欠缴或少缴社保。同时，鉴于国有企业承担较多的政策性负担，企业盈余包含过多噪声（廖冠民和沈红波，2014），企业业绩并非国有企业的主要考核指标。然而，非国有企业在政治资源获取、政府补贴、信贷融资等方面明显处于弱势地位。非国有企业高管的薪酬通常与企业业绩挂钩，业绩薪酬敏感性高。为了获得最大收益，非国有企业往往发生少缴或不缴社保等违规行为，被查风险大。"社保入税"会增加成本费用，降低利润，不利于高管完成业绩考核指标，容易发生逃费行为，增加企业风险。因此，"社保入税"引致的用工成本增加对非国有企业的冲击大于国有企业，即非国有企业受"社保入税"影响更大。

从内部控制维度来看，内部控制旨在减少企业财务舞弊事件的发生，控制企业的全面风险（逯东等，2015）。有效的内部控制能够提升企业经营效率、约束管理层行为、缓解委托代理问题，进而提高企业的抗风险能力。通过高质量的内部控制，企业避税、避费方案中的不合规因素会得到有效控制，从而降低企业受到处罚的风险。因此，"社保入税"之后，高内部控制质量的企业倾向通过合规、灵活的规避行为降低用工成本，例如，巧用专项扣除、改变用工方式、招聘实习生、返聘退休人员、劳务派遣、聘用停薪留职人员等多种筹划方案，降低经营成本，提升企业价值。当企业内部控制质量较低时，管理层更可能从事机会主义行为，即更可能使用不缴社保、少缴社保、按最低基数申报、个税社保基数不一致等损害职工权益的方法降低企业用工成本。这会增加企业的违规风险。同时，低内部控制质量企业的高管更有可能将不缴或少缴社保的收益转移到自身，从而减少企业收益，损害企业价值。

综上，本章提出以下假设。

假设12.3：在"社保入税"实施时，非国有企业和低内部控制质量企业的市场反应更为消极。

12.1.4 "社保入税"、财政分权与企业价值

为了激励各地方政府发展经济，中央政府赋予地方政府在债务安排、税收管理和预算执行方面一定的自主权。财政分权扩大了地方政府的财政自主权和税收剩余索取权，极大地激发了地方政府谋求经济增长和财政增收的积极性（田彬彬和范子英，2016）。财政分权会显著影响地方政府行为（黄寿峰，2017）。社保竞争是重要的地方政府行为之一，势必会受地方政府财政分权度的影响。本章预期，注册地在财政分权度低地区的企业，"社保入税"的市场反应更消极。理由如下：一方面，在财政分权的制度背景下，地方政府会从财政收入和财政支出两个维度争夺流动性资源（Oates，1972）。具体而言，相较于注册地为财政分权度低地区的企业，财政分权度高的地方政府可以通过降低社保法定费率及社保征管强度来减少企业的社保缴费开支。社保费交由税务部门统一征收后，征管能力和征管效率的提升降低了地方政府调整社保征管力度的自主权。但是，地方政府仍可以通过调整社保缴费基数降低企业的用工成本[①]。另一方面，当地方政府的财政分权度高时，即便"社保入税"增加了企业的用工成本，地方政府仍可以通过政府补贴增加、税费减免等方式降低企业经营成本，以吸引更多企业留存本地，缓解企业面临的不利冲击。

因此，本章提出以下假设。

假设12.4：在"社保入税"实施时，相较于财政分权度高地区的企业，财政分权度低地区的企业所受政策的负面冲击更大。

12.2 "社保入税"市场反应的研究设计

12.2.1 研究方法

本章采用事件研究法和多元回归法探究"社保入税"对企业价值的影响。具体而言，"社保入税"有两个关键的时间点：第一，2018年7月20日，中共中央办公厅、国务院办公厅印发了《国税地税征管体制改革方案》，提出"先合并国税地税机构再接收社会保险费和非税收入征管职责"的目标，明确从2019年1月1日起，将基本养老保险费、基本医疗保险费、失业保险费、工伤保险费、生育保险费等各项社保费交由税务部门统一征收；第二，2020年10月30日，四川、湖

---

① 中国政府网. 国务院办公厅关于印发降低社会保险费率综合方案的通知[EB/OL].(2019-04-01)[2024-06-21]. https://www.gov.cn/gongbao/content/2019/content_5383716.htm.

南、贵州、广西、北京、江西、新疆、山西、吉林、青岛、深圳等地的人社、税务、财政、医保部门相继发布公告,要求自 2020 年 11 月 1 日起,企业职工、灵活就业人员各项社保费交由税务部门统一征收,至此我国"社保入税"落下帷幕。首先,本章采用事件研究法来考察 2018 年 7 月 20 日"社保入税"的市场反应,同时将上述结果与 2020 年 10 月 30 日四川、湖南等地发布"社保入税"的市场反应进行对比;其次,本章从规制压力、抗风险能力和财政分权三个方面进一步细化分析"社保入税"引起市场反应的差异性。

与政策实施日相比,采用公告发布日作为事件日,能够降低因市场提前消化而对结果产生的噪声(Berkowitz et al.,2015)。因此,本章选取 2018 年 7 月 20 日为事件日,选取[−150,−30]窗口期作为估计期,采用 Fama-French 五因子模型计算股票的超额收益率。为了保证结果的稳健性,本章在稳健性分析中采用 Fama-French 三因子模型和市场模型计算股票的超额回报。

Fama-French 五因子模型如下:

$$R_{i,t} - R_{f,t} = \beta_1(R_{m,t} - R_{f,t}) + \beta_2 \text{SMB} + \beta_3 \text{HML} \\ + \beta_4 \text{RMW} + \beta_5 \text{CMA} + \varepsilon \quad (12.1)$$

其中,$R_{i,t}$ 为企业 i 在第 t 交易日考虑现金红利再投资的个股回报率;$R_{f,t}$ 为中国人民银行公布三月定存基准利率;$R_{m,t}$ 为在第 t 交易日采用流通市值加权平均法计算的市场回报率;SMB 为市值因子,等于按照流通市值加权计算的小盘股组合和大盘股组合的收益之差;HML 为账面市值比因子,等于按照流通市值加权计算的高账面市值比组合和低账面市值比组合的收益率之差;RMW 为盈利能力因子,等于按照流通市值加权计算的高盈利股票组合和低盈利股票组合的收益率之差;CMA 为投资模式因子,等于按照流通市值加权计算的低投资比例股票组合和高投资比例股票组合的收益率之差;ε 为随机误差项。

本章将事件日之前[−150,−30]窗口期作为估计期,对每个企业按照模型(12.1)回归计算 $\hat{\beta_1}$、$\hat{\beta_2}$、$\hat{\beta_3}$、$\hat{\beta_4}$ 和 $\hat{\beta_5}$ 的估计值,将事件期的市场回报率代入其中即可求得股票的期望回报率 $\hat{R}_{i,t}$。其次,通过模型(12.2)计算超额收益率(abnormal return,AR):

$$\text{AR}_{i,t} = R_{i,t} - \hat{R}_{i,t} \quad (12.2)$$

最后,通过累加第 t_1 交易日至第 t_2 交易日的日超额收益率计算事件期的累计超额收益率(cumulative abnormal return,CAR)。

本章通过建立多元回归模型,从规制压力、抗风险能力和财政分权三个方面进一步细化分析"社保入税"CAR 的影响因素,模型如下:

$$\text{CAR}_i = \alpha_0 + \alpha_1 X + A \times \text{ConVars} + \varepsilon \quad (12.3)$$

被解释变量 CAR_i 是通过事件研究法计算的事件期窗口内上市企业股票的

CAR，解释变量是抗风险能力、规制压力与财政分权。规制压力采用如下两种指标度量：劳动密集度（Labor）与盈余管理水平（DA）。抗风险能力采用如下两种度量指标：产权性质（Soe）与内部控制质量（Ic）。本章考察财政分权对"社保入税"市场反应的影响，其中，财政分权分为财政收入分权（Tpropi）和财政支出分权（Tpropc）。参考刘行和叶康涛（2018）的研究，本章设置如下可能影响 CAR 的控制变量，包括企业规模（Size）、资产负债率（Lev）、净资产收益率（ROE）和账面市值比（BM）。变量定义见表 12-1。此外，本章还控制了省份及行业等变量[①]。

表 12-1　变量定义

变量符号	变量名称	变量定义
CAR$_i$[t_1, t_2]	CAR	通过事件研究法计算的事件期[t_1, t_2]窗口内上市企业股票的 CAR
Labor	劳动密集度	1-固定资产净值/总资产
Soe	产权性质	国有企业，Soe = 1；非国有企业，Soe = 0
Tpropi	财政收入分权	人均省级财政收入/（人均省级财政收入 + 人均中央财政收入）
Tpropc	财政支出分权	人均省级支出收入/（人均省级支出收入 + 人均中央支出收入）
Ic	内部控制质量	迪博内部控制指数/100
DA	盈余管理水平	根据琼斯模型计算得出
Size	企业规模	年末总资产的自然对数
Lev	资产负债率	年末总负债/年末总资产
ROE	净资产收益率	利润总额/净资产
BM	账面市值比	总资产/（流通股股数×当期收盘价 + 非流通股股数×每股净资产）

12.2.2　样本选择与数据来源

本章选取 A 股所有上市企业为初始样本，并执行如下筛选程序：①为避免财务困境企业股票的异常交易对结果的干扰，本章剔除 ST、PT 及已经退市的企业样本；②剔除窗口期内数据不完整的企业样本；③剔除财务数据缺失的企业

[①] 基于不同的学者观点，各章同一变量可能存在定义不一致的情况。本书采用的各变量定义方式均符合学术规范的各项要求。

样本。最终得到 3304 个样本①。上述样本筛选程序与现有文献（刘行和叶康涛，2018；陈运森等，2020）基本一致。本章所使用的产权性质数据来源于 WIND 数据库，财政分权的原始数据来自中国经济信息中心数据库（China Economic Information Center Database，CEIC），其余数据来自 CSMAR 数据库。为避免极端值的影响，本章对多元回归所需的连续变量进行上下 1%的缩尾处理。

12.3 实证结果与分析

12.3.1 "社保入税"的市场反应

1. 全样本分析

表 12-2 与图 12-1 报告了在 2018 年 7 月 20 日 "社保入税" 提出[–4, 4]期间的市场反应整体走势。《国税地税征管体制改革方案》发布的前 4 个交易日中，有 3 个交易日的平均超额收益率（average abnormal return，AAR）显著为负，说明《国税地税征管体制改革方案》发布的消息可能已经泄露，部分投资者提前获悉。AAR 由 Date = –2 时的–0.261%上升至 Date = –1 时的 0.075%，说明投资者对先前过低的预期进行了部分反向修正。[0, 2]期间平均累计超额收益率（cumulative average abnormal return，CAAR）继续下降，但下降速度减缓，具体来看，AAR 由 Date = 0 时的–0.468%上升至 Date = 2 时的–0.070%，原因可能是信息提前泄露，"社保入税" 在[–4, 0]期间已部分被消化。随着信息的进一步确定与丰富，[2, 4]期间 AAR 和 CAAR 开始迅速下降，Date = 4 时的 AAR 为–0.983%，较前两个交易日 Date = 2 时 AAR 下降 1304%（=（–0.983–（–0.07））/（–0.07））。综上，上述结果支持假设 12.1，即资本市场上的多数投资者将 "社保入税" 视为利空消息，认为此政策在短期内将对企业造成不利影响，资本市场出现显著负向的市场反应。

表 12-2　全样本分析

Date	AAR/%	T	CAAR/%	T
–4	–0.078	–1.869*	–0.078	–1.869*
–3	–0.305	–7.758***	–0.383	–6.366***
–2	–0.261	–6.367***	–0.644	–8.612***
–1	0.075	1.696*	–0.569	–6.203***

---

① 分析 "社保入税" 的市场反应未剔除多元回归时所需的财务数据缺失的观测值，因此样本量为 3406 个。

续表

Date	AAR/%	T	CAAR/%	T
0	−0.468	−9.153***	−1.037	−9.741***
1	−0.244	−4.450***	−1.281	−9.418***
2	−0.070	−1.482	−1.351	−8.765***
3	−0.604	−13.277***	−1.955	−11.397***
4	−0.983	−18.400***	−2.938	−15.126***

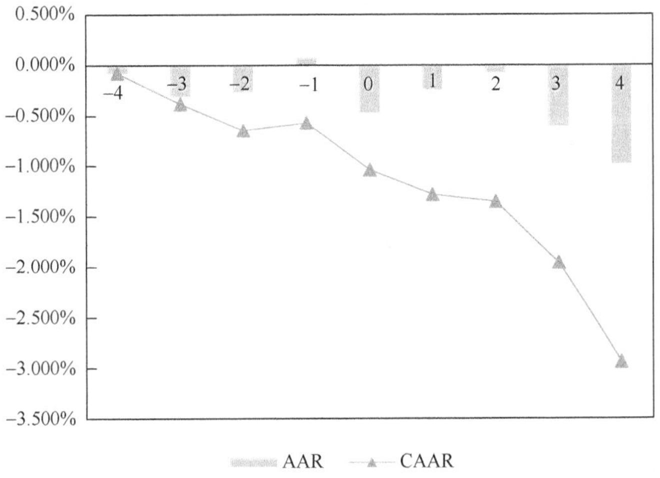

图 12-1　全样本[−4, 4]AAR 与 CAAR 变化趋势

2. 全样本对比分析

"社保入税"有两个关键的时间点：2018 年 7 月 20 日和 2020 年 10 月 30 日。表 12-3 列示了两次政策发布在不同窗口期的市场反应结果对比。结果显示，2018 年 7 月 20 日的负向市场反应显著大于 2020 年 10 月 30 日的负向市场反应。可能的原因是，2018 年 7 月 20 日发布的《国税地税征管体制改革方案》首次明确、具体地指出"社保入税"的改革方向，政府改变征缴体制的决心与力度超出了市场的预期。2020 年 10 月 30 日，四川、湖南、贵州、广西、北京、江西、新疆、山西、吉林、青岛、深圳等地的人社、税务、财政、医保部门发布"社保入税"相关文件时，市场参与者早已预期。因此，相较于 2018 年 7 月 20 日的市场反应，2020 年 10 月 30 日多地同时发布"社保入税"相关文件落实方案对市场的冲击会有所减弱。

表 12-3　全样本对比分析

变量	2018年7月20日 N	2018年7月20日 Mean_CAR/%	2020年10月30日 N	2020年10月30日 Mean_CAR/%	MeanDiff
[−3, 0]	3432	−0.960	3525	−0.303	−0.656***
[−2, 0]	3432	−0.654	3525	−0.156	−0.498***
[−1, 0]	3432	−0.393	3525	−0.103	−0.290***
[0, 3]	3432	−0.712	3525	0.071	−0.783***
[0, 2]	3432	−0.783	3525	0.165	−0.948***
[0, 1]	3432	−1.386	3525	0.052	−1.438***
[−1, 1]	3432	−0.637	3525	−0.073	−0.564***
[−2, 2]	3432	−0.969	3525	−0.013	−0.956***
[−3, 3]	3432	−1.878	3525	−0.254	−1.624***

注：MeanDiff 指组间系数差异。

3．分组样本分析

1）规制压力

本章从劳动密集度与盈余管理水平两个维度衡量企业的规制压力。关于劳动密集度分组，参考倪骁然和朱玉杰（2016）的做法，本章采用 1−固定资产净值/总资产衡量劳动密集度，其数值越大表示劳动密集度越高。在此基础上，本章设置如下虚拟变量：高于劳动密集度行业中位数的企业设为 1，即劳动密集组；反之设为 0，即资产密集组。关于盈余管理水平分组，本章采用琼斯模型计算的 2018 年盈余管理水平并取绝对值。在此基础上，本章设置如下虚拟变量：高于盈余管理水平行业中位数的企业设为 1，即高盈余管理水平组；反之设为 0，即低盈余管理水平组。

表 12-4 和图 12-2 报告了劳动密集组与资产密集组企业 CAR 的变动趋势。结果显示，资产密集组企业与劳动密集组企业在窗口期内的 CAR 均为负，两组企业的 CAR 随时间推移而下降。另外，如图 12-2 所示，劳动密集组企业 CAR 的下降幅度明显大于资产密集组企业。具体而言，劳动密集组企业在[−4, 4]窗口期内的 CAR 从−0.079 下降到−3.475%，而资产密集组企业在[−4, 4]窗口期内的 CAR 从−0.064 下降到−2.207%。上述结果表明，"社保入税"发布后，市场对劳动密集型企业看法更悲观，即在"社保入税"发布期间，相较于资产密集型企业，劳动密集型企业出现负向市场反应的情形更明显。产生上述结果的原因是劳动密集型企业的技术装备程度较低，劳动力需求大，盈利能力有限（李钢等，2009）。在短期内，劳动密集型企业必须维持大量用工，面临骤增的社保征管压力，其受到规制的负担与压力更大，因此，企业绩效和价值受到的负面冲击更大。

表 12-4 "社保入税"的市场反应（劳动密集度分组）

Date	资产密集型 CAR/%	T	劳动密集型 CAR/%	T
−4	−0.064	−1.165	−0.079	−1.254
−3	−0.292	−3.684***	−0.452	−4.980***
−2	−0.490	−4.844***	−0.738	−6.731***
−1	−0.319	−2.559***	−0.715	−5.386***
0	−0.724	−5.097***	−1.267	−7.982***
1	−0.889	−5.027***	−1.556	−7.698***
2	−0.819	−4.298***	−1.733	−7.468***
3	−1.298	−6.204***	−2.455	−9.570***
4	−2.207	−9.209***	−3.475	−12.046***

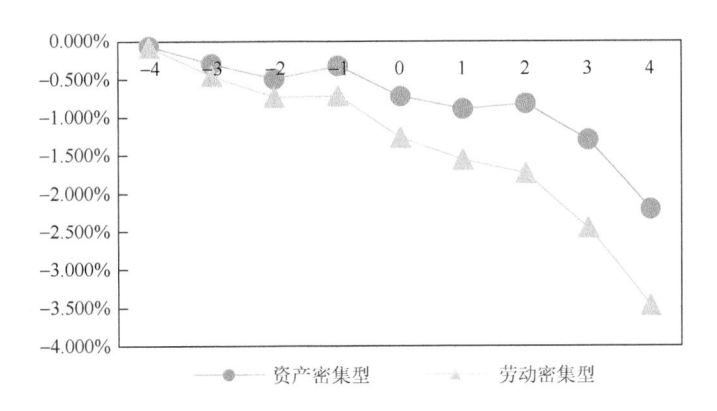

图 12-2 劳动密集度子样本[−4, 4]CAR 变化趋势

表 12-5 和图 12-3 示出了盈余管理水平高组和盈余管理水平低组企业 CAR 的变动趋势。结果显示，盈余管理水平高组企业的负向市场反应显著高于盈余管理水平低组企业。具体而言，盈余管理水平高组（低组）企业的 CAR 从 Date = −4 的−0.173%（0.031%）降低至 Date = 4 的−3.569%（−2.109%）。上述结果表明，"社保入税"发布后，相较于低盈余管理水平企业，高盈余管理水平企业的市场反应更为消极。可能的原因如下：高盈余管理水平往往伴随股东掏空企业（Desai et al.，2007）、财务报告质量较低（叶康涛和刘行，2011；Hanlon et al.，2014）等不合规现象。"社保入税"提高了社保费用的征管效率与征管强度，合规性低的企业会面临更高的法律风险与规制压力，因此在短期内盈余管理水平高的企业会受到更大的冲击。

表 12-5 "社保入税"的市场反应（盈余管理水平分组）

Date	盈余管理水平低 CAR/%	T	盈余管理水平高 CAR/%	T
−4	0.031	0.590	−0.173	−2.669***
−3	−0.267	−3.604***	−0.477	−5.018***
−2	−0.427	−4.478***	−0.801	−6.983***
−1	−0.213	−1.886*	−0.821	−5.745***
0	−0.550	−4.225***	−1.439	−8.565***
1	−0.648	−3.861***	−1.796	−8.590***
2	−0.584	−3.106***	−1.965	−8.426***
3	−1.142	−5.595***	−2.607	−10.033***
4	−2.109	−9.258***	−3.569	−12.001***

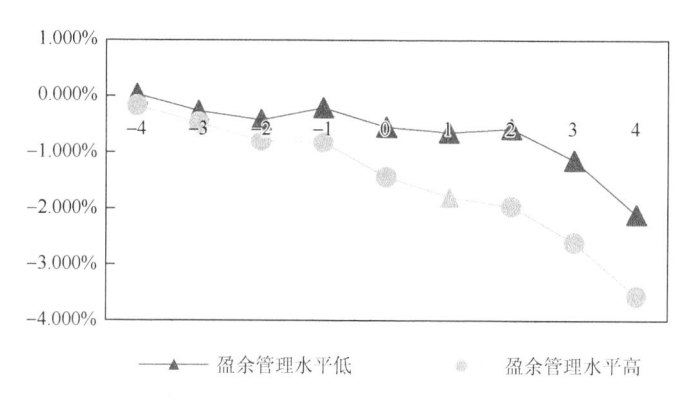

图 12-3 盈余管理水平子样本[−4, 4]CAR 变化趋势

2）抗风险能力

本章从产权性质与内部控制质量两个维度衡量企业的抗风险能力。关于产权性质，本章设置如下虚拟变量：国有企业为 1，非国有企业为 0。关于内部控制质量分组，本章设置如下虚拟变量：高于内部控制质量行业中位数的企业设为 1，即内部控制质量高组；反之设为 0，即内部控制质量低组。

表 12-6 的结果显示，非国有企业的 CAR 从 Date = −4 的−0.159%降低至 Date = 4 的−3.784%，国有企业的市场反应呈波动趋势。图 12-4 示出了国有企业和非国有企业 CAR 的波动趋势。非国有企业的 CAR 下降幅度大于国有企业，且随时间推移，两者差异逐渐扩大。综上，在"社保入税"发布后，相较于国有企业，非国有企业受到的负向影响更大，这一结果初步验证了假设 12.3。

表 12-6 "社保入税"的市场反应（产权性质分组）

Date	非国有企业 CAR/%	T	国有企业 CAR/%	T
-4	-0.159	-2.990***	0.144	2.377**
-3	-0.520	-6.749***	-0.009	-0.104
-2	-0.867	-9.046***	0.008	0.077
-1	-0.793	-6.828***	0.160	1.216
0	-1.282	-9.489***	-0.291	-1.841*
1	-1.731	-10.028***	0.027	0.148
2	-2.059	-10.638***	0.649	3.305***
3	-2.715	-12.667***	0.188	0.891
4	-3.784	-15.501***	-0.519	-2.238**

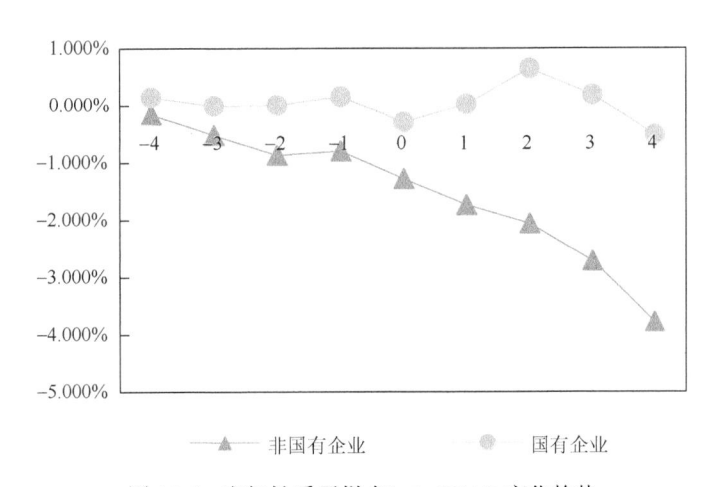

图 12-4 产权性质子样本[-4, 4]CAR 变化趋势

表 12-7 和图 12-5 示出了内部控制质量高组和内部控制质量低组企业 CAR 的变动趋势。由表 12-7 可知，在内部控制质量低组，CAR 从 Date = -4 的-0.162%下降至 Date = 4 的-2.406%；在内部控制质量高组，CAR 从 Date = -4 的 0.018%下降至 Date = 4 的-3.261%。通过图 12-5 难以直接区分不同内部控制质量分组的市场反应差异。值得注意的是，在[-1, 1]期间，内部控制质量低组企业 CAR 的下降幅度大于内部控制质量高组企业。表 12-7 与图 12-5 列示的是单变量检验的结果，距离事件日较远的交易日更容易受到其他因素的影响，因而结果欠稳定。鉴于此，本章进一步采用多元回归法控制可能影响市场反应的其他因素，并且将 CAR 的窗口期限定在[-1, 1]，以降低潜在因素的影响。

表 12-7　"社保入税"的市场反应（内部控制质量分组）

Date	内部控制质量低 CAR/%	T	内部控制质量高 CAR/%	T
−4	−0.162	−2.679***	0.018	0.306
−3	−0.355	−4.096***	−0.388	−4.634***
−2	−0.459	−4.327***	−0.765	−7.295***
−1	−0.461	−3.436***	−0.571	−4.619***
0	−1.045	−6.498***	−0.945	−6.737***
1	−1.377	−6.880***	−1.070	−5.952***
2	−1.267	−5.444***	−1.282	−6.706***
3	−1.825	−7.137***	−1.923	−9.074***
4	−2.406	−8.464***	−3.261	−13.272***

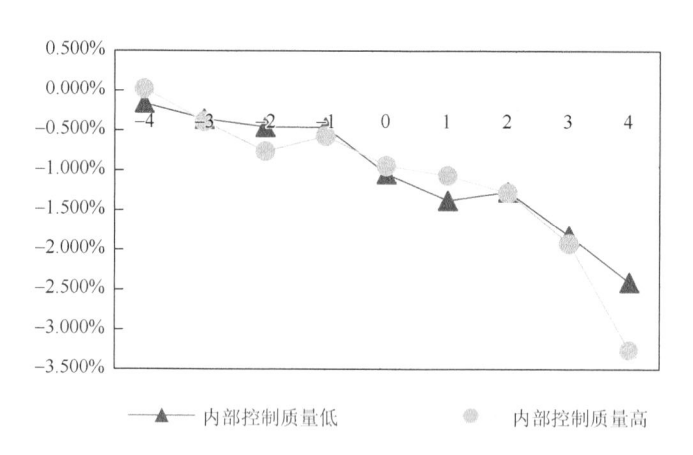

图 12-5　内部控制质量子样本[−4, 4]CAR 变化趋势

3）财政分权

本章进一步考察财政分权对"社保入税"市场反应的影响，其中，财政分权分为财政收入分权和财政支出分权。关于财政分权分组，本章设置如下虚拟变量：高于财政收入（支出）分权中位数的企业设为 1，即财政收入（支出）分权高组；反之设为 0，即财政收入（支出）分权低组。由表 12-8、表 12-9 和图 12-6 可知，财政收入（支出）分权高组企业与财政收入（支出）分权低组企业在窗口期内的 CAR 均为负，两组企业的 CAR 随时间推移而下降。市场对低财政分权度地区企业承受"社保入税"冲击的态度更悲观，这一结果初步验证了假设 12.4。

第12章 "社保入税"的市场反应及其影响因素

表 12-8　"社保入税"的市场反应（财政收入分权分组）

Date	财政收入分权度低 CAR/%	T	财政收入分权度高 CAR/%	T
−4	−0.077	−1.415	−0.064	−0.996
−3	−0.385	−4.922***	−0.356	−3.788***
−2	−0.643	−6.603***	−0.578	−4.997***
−1	−0.614	−5.056***	−0.396	−2.872***
0	−1.188	−7.963***	−0.755	−5.012***
1	−1.518	−8.012***	−0.854	−4.549***
2	−1.453	−6.839***	−1.054	−5.032***
3	−2.030	−8.612***	−1.682	−7.355***
4	−2.946	−11.048***	−2.705	−10.420***

表 12-9　"社保入税"的市场反应（财政支出分权分组）

Date	财政支出分权度低 CAR/%	T	财政支出分权度高 CAR/%	T
−4	−0.120	−2.094**	−0.021	−0.347
−3	−0.415	−4.963***	−0.328	−3.771***
−2	−0.673	−6.367***	−0.553	−5.250***
−1	−0.628	−4.834***	−0.402	−3.147***
0	−1.189	−7.734***	−0.795	−5.397***
1	−1.596	−8.119***	−0.837	−4.590***
2	−1.542	−6.918***	−1.000	−4.982***
3	−2.158	−8.699***	−1.583	−7.242***
4	−3.052	−10.808***	−2.619	−10.642***

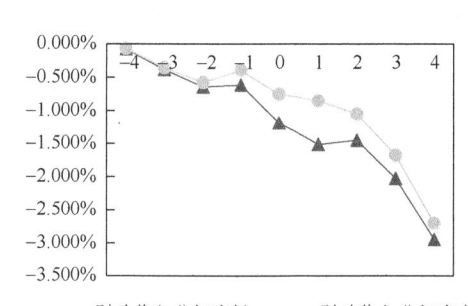

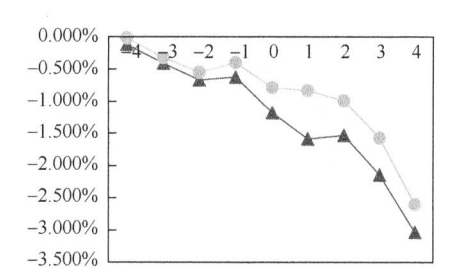

图 12-6　财政分权子样本[−4, 4]CAR 变化趋势

12.3.2 多元回归结果

1. 研究假设的实证检验

为了获得更深入的经验证据，本章进一步从规制压力、抗风险能力和财政分权三个维度对 CAR 进行多元回归分析。

表 12-10 为"社保入税"市场反应影响因素的回归结果。规制压力维度的回归结果如表 12-10 列（1）、列（2）所示。劳动密集度（Labor）与 CAR 在 5%水平显著负相关，盈余管理水平（DA）与 CAR 在 5%水平显著负相关，上述结果支持了假设 12.2。在"社保入税"发布时，劳动密集型和高盈余管理水平等规制压力大的企业的市场反应更为消极。抗风险能力维度的回归结果如表 12-10 列（3）、列（4）所示。产权性质（Soe）与 CAR 在 1%水平上显著正相关，内部控制质量（Ic）与 CAR 在 1%水平上显著正相关，上述结果支持了假设 12.3。"社保入税"发布后，国有企业和高内部控制质量企业受到的负面冲击更小。财政分权维度的回归结果列示于表 12-10 列（5）、列（6）。财政收入分权（Tpropi）与 CAR 在 1%水平上显著正相关，财政支出分权（Tpropc）与 CAR 在 5%水平上显著正相关。上述结果支持了假设 12.4，即注册地在财政分权度低省区市的企业受到"社保入税"的负向影响更大。上述结果说明，投资者可以识别"社保入税"给不同特征的企业带来的影响，进而形成具有异质性的市场反应。

表 12-10　"社保入税"市场反应影响因素的回归结果

项目	（1）	（2）	（3）	（4）	（5）	（6）
	规制压力		抗风险能力		财政分权	
Labor	−0.0164**					
	(−2.2265)					
DA		−0.0484**				
		(−2.5748)				
Soe			0.0113***			
			(5.1390)			
Ic				0.0035***		
				(3.6100)		
Tpropi					0.0188***	
					(2.9163)	
Tpropc						0.0188**

续表

项目	（1）	（2）	（3）	（4）	（5）	（6）
	规制压力		抗风险能力		财政分权	
						（2.2010）
Size	0.0002	−0.0006	−0.0007	−0.0004	0.0003	0.0003
	（0.2115）	（−0.5780）	（−0.6345）	（−0.3431）	（0.2742）	（0.2618）
Lev	−0.0043	−0.0043	−0.0048	−0.0031	−0.0058	−0.0056
	（−0.6350）	（−0.6256）	（−0.7031）	（−0.4635）	（−0.8390）	（−0.8090）
ROE	0.0121**	0.0088	0.0115**	0.0044	0.0116**	0.0117**
	（2.2830）	（1.5177）	（2.1755）	（0.7573）	（2.1653）	（2.1848）
BM	0.0033	0.0037	0.0035	0.0062	0.0051	0.0052
	（0.6608）	（0.7554）	（0.7050）	（1.2451）	（1.0203）	（1.0465）
Industry FE	是	是	是	是	是	是
Province FE	是	是	是	是	是	是
Constant	0.0111	0.0236	0.0138	−0.0118	−0.0101	−0.0099
	（0.4510）	（0.9998）	（0.5732）	（−0.5139）	（−0.4145）	（−0.4068）
Adj-R^2	0.0249	0.0293	0.0305	0.0363	0.0282	0.0270
N	3304	3304	3304	3304	3304	3304

2. 稳健性检验

1）更换对比样本

12.3.1 节"社保入税"市场反应的对比分析选取了 2018 年 7 月 20 日全样本与 2020 年 10 月 30 日全样本。2020 年 10 月 30 日，诸多省市正式宣告社保费交由税务部门统一征收，为排除此类样本对结果的干扰，本章在市场反应对比的稳健性检验中选取 2018 年 7 月 20 日全样本与 2020 年 10 月 30 日宣告的十余省市的样本进行对比分析。由表 12-11 可知，2018 年 7 月 20 日的市场反应显著大于 2020 年 10 月 30 日的市场反应，与前面结论保持一致。

表 12-11 稳健性检验：更换对比样本

变量	2018 年 7 月 20 日		2020 年 10 月 30 日		MeanDiff
	N	Mean_CAR/%	N	Mean_CAR/%	
[−3, 0]	3432	−0.960	1179	−0.222	−0.738***
[−2, 0]	3432	−0.654	1179	−0.178	−0.476***

续表

变量	2018年7月20日 N	2018年7月20日 Mean_CAR/%	2020年10月30日 N	2020年10月30日 Mean_CAR/%	MeanDiff
[−1, 0]	3432	−0.393	1179	−0.042	−0.351***
[0, 1]	3432	−0.712	1179	−0.222	−0.49***
[0, 2]	3432	−0.783	1179	−0.016	−0.767***
[0, 3]	3432	−1.386	1179	−0.205	−1.181**
[−1, 1]	3432	−0.637	1179	−0.325	−0.312
[−2, 2]	3432	−0.969	1179	−0.272	−0.697***
[−3, 3]	3432	−1.878	1179	−0.522	−1.356***

2）更换估计模型

本章采用市场模型和 Fama-French 三因子模型等方法重新计算股票 CAR。通过市场模型计算股票 CAR 的结果列于表 12-12。从规制压力维度看，企业的劳动密集度与盈余管理水平分别和 CAR 在 1%和 5%水平上显著负相关，支持假设 12.2；从抗风险能力维度看，是否为国有企业和内部控制质量分别与 CAR 在 1%水平上显著正相关，支持假设 12.3；从财政分权维度看，财政收入分权度与 CAR 在 10%水平上显著正相关，财政支出分权度虽未通过显著性检验，但回归系数仍为正。通过 Fama-French 三因子模型计算股票 CAR 的结果列于表 12-13，其结果与前面结论保持一致，表明本章结果具有较好的稳健性。

表 12-12　稳健性检验：更换估计模型（市场模型）

项目	(1)	(2)	(3)	(4)	(5)	(6)
	被解释变量：CAR[−1, 1]					
	规制压力		抗风险能力		财政分权	
Labor	−0.0285***					
	(−3.9450)					
DA		−0.0411**				
		(−2.2623)				
Soe			0.0134***			
			(6.1960)			
Ic				0.0028***		
				(2.9716)		

续表

项目	（1）	（2）	（3）	（4）	（5）	（6）
	被解释变量：CAR[-1, 1]					
	规制压力		抗风险能力		财政分权	
Tpropi					0.0152*	
					(1.8747)	
Tpropc						0.0152
						(1.2040)
ConVars	是	是	是	是	是	是
Industry FE	是	是	是	是	是	是
Province FE	是	是	是	是	是	是
Constant	-0.0578**	-0.0593***	-0.0627***	-0.0852***	-0.0893***	-0.0892***
	(-2.4608)	(-2.6105)	(-2.7473)	(-3.7845)	(-3.8293)	(-3.7682)
Adj-R^2	0.0249	0.0293	0.0305	0.0363	0.0282	0.0270
N	3304	3304	3304	3304	3304	3304

表12-13 稳健性检验：更换估计模型（Fama-French三因子模型）

项目	（1）	（2）	（3）	（4）	（5）	（6）
	被解释变量：CAR[-1, 1]					
	规制压力		抗风险能力		财政分权	
Labor	-0.0127*					
	(-1.6883)					
DA		-0.0526***				
		(-2.7492)				
Soe			0.0126***			
			(5.5938)			
Ic				0.0033***		
				(3.3923)		
Tpropi					0.0301***	
					(3.5435)	
Tpropc						0.0322**
						(2.4457)
ConVars	是	是	是	是	是	是
Industry FE	是	是	是	是	是	是
Province FE	是	是	是	是	是	是

续表

项目	(1)	(2)	(3)	(4)	(5)	(6)
	被解释变量：CAR[−1, 1]					
	规制压力		抗风险能力		财政分权	
Constant	0.0159	0.0290	0.0239	0.0009	−0.0068	−0.0074
	(0.6352)	(1.2103)	(0.9809)	(0.0398)	(−0.2732)	(−0.2929)
Adj-R^2	0.0354	0.0384	0.0428	0.0441	0.0406	0.0387
N	3304	3304	3304	3304	3304	3304

3）更换事件窗口期

进一步地，本章更换事件窗口期，即将多元回归的被解释变量设定为CAR[0, 1]。重新回归的结果列于表12-14，结果与前面结论基本保持一致，表明本章结果具有较好的稳健性。

表12-14 稳健性检验：更换事件窗口期

项目	(1)	(2)	(3)	(4)	(5)	(6)
	被解释变量：CAR[0, 1]					
	规制压力		抗风险能力		财政分权	
Labor	−0.0130**					
	(−1.9732)					
DA		−0.0349**				
		(−2.0881)				
Soe			0.0099***			
			(4.8838)			
Ic				0.0026***		
				(2.9992)		
Tpropi					0.0168**	
					(2.2823)	
Tpropc						0.0174
						(1.5475)
ConVars	是	是	是	是	是	是
Industry FE	是	是	是	是	是	是
Province FE	是	是	是	是	是	是
Constant	0.0004	0.0077	0.0039	−0.0057	−0.0178	−0.0180
	(0.0197)	(0.3713)	(0.1838)	(−0.2694)	(−0.8110)	(−0.8088)
Adj-R^2	0.0215	0.0251	0.0270	0.0438	0.0236	0.0228
N	3304	3126	3304	3304	3304	3304

第13章 结 论

本书综合运用信息不对称、委托代理、财税体制、社保、融资约束、投资机会和税务会计等基本原理，以评估大规模减税降费对企业的财务效应为目标，围绕大规模减税降费的政策目标来展开研究，涉及企业税负、企业财务行为、企业绩效和市场反应四大主体内容，旨在从企业层面全面评估减税降费各项重要政策的财务效应。

本书的主要结论如下。

（1）固定资产加速折旧政策显著降低了企业税负；企业资本支出是加速折旧政策影响企业税负的渠道机制，即固定资产加速折旧政策通过提高企业的资本支出降低企业税负；进一步分析发现，固定资产加速折旧政策对企业税负的降低效应在企业资本密集度较高、现金持有水平较低、外部环境较差及避税动机较强时更加显著。

（2）研发费用加计扣除比例提高显著降低了企业所得税税负；东部地区企业所得税税负在政策实施后显著下降，而东北、中部和西部地区企业所得税税负受政策影响不明显；相比于国有企业，研发费用加计扣除比例提高对企业所得税税负的降低效应在非国有企业中更明显；相比于小规模企业，研发费用加计扣除比例提高对企业所得税税负的降低效应在大规模企业中更明显；当企业所处地区的法律环境较好时，研发费用加计扣除比例提高的减税效应更大。

（3）研发费用加计扣除比例提升能够显著缓解企业融资约束，该结论在经过系列稳健性检验后依然成立；企业异质性会显著影响研发费用加计扣除政策缓解企业融资约束的政策效果，相比于国有企业，研发费用加计扣除比例提高对企业融资约束的缓解作用在非国有企业中更明显；相比于大规模企业，小规模企业的融资约束对政策变化更为敏感；当企业的审计师并非来自"四大"事务所时，政策缓解企业融资约束的效果更明显；当企业处于东部地区时，政策对企业融资约束的缓解作用更大。

（4）增值税税率调整显著促进了企业创新，它使得企业的创新产出在改革后增加了约11.33%，具体到发明专利申请数量上相当于增加3.77个，具有显著的经济意义；企业所生产产品的需求价格弹性越大，即企业的税负转嫁难度越大，增值税税率调整对企业创新的激励作用越大；相比于国有企业，增值税税率调整对企业创新的激励效应在非国有企业中更明显；企业的抵押担保能力越弱，即企获取银行贷款的难度越大,增值税税率调整对企业创新的激励作用越大;企业所处地区的金融发展水平越低,增值税税率调整对企业创新的激励作用越大;机制分析发现,企业的经营性净现金流越少、现金持有越少及银行借款越少,增值税税率调整对企业创新的激励效应越明显,这表明增值税税率调整通过改善企业内部现金流和增加银行借款两条路径促进企业创新;拓展性分析发现,增值税税率调整不仅增加了企业专利产出,而且提升了企业创新效率。

(5)亏损后转年限延长对企业研发投入有显著的促进作用;考虑企业生命周期的异质性影响,亏损后转年限延长对企业研发投入的促进作用只在成长期和成熟期的企业中显著,并且企业的融资约束和经营前景是影响政策实施效果的重要因素;亏损后转政策放宽后,企业僵尸化的概率有所增加,且这一问题在淘汰期的企业中最为严重,衰退期次之,此外,亏损后转年限延长对企业研发投入的促进效应只在非僵尸企业的组别中显著。

(6)结合企业技术创新生命周期,征收部门与企业之间的策略互动最终演化为三类:当处于技术创新起步期时,企业进行技术创新获取的净收益很小,无论征收部门是否尽职征收,企业都不会改变原有生产来进行技术创新;当处于技术创新成长期时,企业创新与否则视征收部门策略选择而定,即当征收部门不尽职征收时,企业选择维持原有生产,当征收部门尽职征收时,企业选择进行技术创新;当处于技术创新成熟期时,企业进行技术创新取得的净收益很大,无论征收部门是否尽职征收,企业都会主动采取技术创新策略。"社保入税"倒逼企业进行技术创新:对处于技术创新起步期、成长期的企业,"社保入税"使企业由维持原有生产改变为进行技术创新。征管强化与降费减负可以平衡共进:大规模减税降费调低费率后,企业在"社保入税"的强征管下仍然选择进行技术创新。

(7)亏损后转年限延长显著提高了企业投资效率,说明亏损后转年限延长有助于优化资源配置。区分企业战略差异度的异质性分析发现,亏损后转年限延长对企业投资效率的提升作用仅在战略差异度较大的企业中显著;区分企业投资机会的异质性分析发现,亏损后转年限延长对企业投资效率的提升作用仅在投资机会较好的企业中显著;区分企业生命周期的异质性分析发现,亏损后转年限延长对企业投资效率的提升作用仅在成长期企业中显著,说明亏损后转年限延长提高企业投资效率需满足战略差异度较大和投资机会较好两大条件。

(8)增值税税率调整显著提升了企业绩效。机制分析发现,增值税税率调整通过增加企业内部现金流和刺激企业扩大投资两条路径提升了企业绩效。异质性分析发现,增值税税率调整对企业绩效的正向影响在增值税税负较大、融资约束较强、议价能力较强和资本密集度较高的企业中更明显。基于企业进销项结构差异视角的拓展性分析发现,增值税税率调整仅对销项高税率企业绩效有正向影响,并显著增加了销项低税率和高中间投入率企业的增值税税负。

（9）亏损后转年限延长政策显著降低了高新技术企业的全要素生产率；亏损后转年限延长政策使高风险高新技术企业过多地增加了持有成本较高的现金资产，使低风险高新技术企业过多地增加了回报周期长且不确定性高的无形资产投资，两种极端行为整体上降低了企业的资源配置效率，从而对极端财务风险企业的全要素生产率产生负向影响；亏损后转年限延长政策主要通过降低高新技术企业的创新效率而对全要素生产率产生负向影响；良好的内部治理、外部监督和自身禀赋可以缓解亏损后转年限延长政策对高新技术企业全要素生产率的负向影响。

（10）"环保费改税"显著提高了税负提标地区重污染企业的全要素生产率，整体上支持了"波特假说"；然而，税负提标地区重污染企业全要素生产率的提高并非源于"环保费改税"引发的创新补偿效应，而是源于"环保费改税"增加了资源配置效率。上述结果支持了"波特假说"有关环境规制优化了资源配置效率进而提高企业生产率的结论。进一步分析发现，"环保费改税"对税负提标地区重污染企业全要素生产率的提升效应主要存在于非国有企业和研发投入大的企业。

（11）投资者将"社保入税"视为利空消息，且2018年7月20日政策发布时的市场反应高于2020年10月30日的市场反应；对于不同特征的企业，市场反应表现显著的异质性，具体而言，从规制压力维度来看，劳动密集型企业和盈余管理水平高企业的负向市场反应更大；从抗风险能力维度来看，国有企业和内部控制质量高的企业受到的负面冲击更低；从财政分权维度来看，注册地在财政分权度低省区市的企业，其受到"社保入税"降低企业价值的负向影响更大。

本书的主要政策建议如下。

从政策制定角度而言，第一，建议继续优化增值税税率结构，适时推进增值税税率三档并两档。第二，在合理范围内继续提高研发费用加计扣除比例，同时适当出台"特惠性"政策，将企业差异性纳入考虑范畴，综合考虑产权性质、企业规模等特点，实施差异化、有针对性的税收优惠政策。第三，与发达国家相比，我国允许的亏损后转年限仍然较短，建议将高新技术企业的亏损后转年限再适当延长。此外，在制定亏损结转政策时，需要根据企业所处生命周期阶段分类施策。建议进一步延长初创期企业亏损后转年限（如从现有的10年延长至15年）。对于转型迫切、创新意愿同样较强的衰退期企业，可以考虑通过企业合并、分立等重组方式实现转型发展。对于淘汰期企业，则需适当缩紧亏损后转年限，避免其演化为僵尸企业，无效占用市场资源。

从税收征管角度而言，减税政策种类繁多、专业性强，税收征管机构应不断优化纳税服务，多渠道、广覆盖地开展税费优惠政策宣传辅导，将减税降费政策及时、准确地传达给纳税人。同时，税收征管机构应做到应收尽收，禁止收取"过头税"、收紧税收优惠享受条件,从而为企业切实享受政策红利创造公平的环境,确保企业感受到减税降费的"温度"。

从地方政府角度而言,地方政府对国有企业的控制力依然强势,国有企业的社会保障角色依然占据主导地位,国有企业改革若想在简政放权上取得新突破,需要从根本上减少地方政府对国有企业微观事务的干预,防止"政企合谋"扭曲减税降费政策红利。

从企业角度而言,一方面,"社保入税"在短期内对企业价值产生不利影响,其引起的企业用工成本上升增加了企业经营风险,建议企业通过采用灵活用工、精简职工人数、优化薪酬结构和调整业务流程等方式降低社保开支。另一方面,企业可加强营运资本管理,加快收账速度,延长付款周期,降低潜在的额外增值税负担;同时,提高供应商和客户议价能力,争取在与上下游的价格谈判中取得优势,使购销价格与结算方式向对自身有利的方向转变,获得更多的税收利益。

参考文献

安同良，周绍东，皮建才. 2009. R&D 补贴对中国企业自主创新的激励效应[J]. 经济研究，44（10）：87-98，120.

巴曙松，刘孝红，牛播坤. 2005. 转型时期中国金融体系中的地方治理与银行改革的互动研究[J]. 金融研究（5）：25-37.

白重恩. 2019. 中国经济何处破局：养老保险降费[J]. 中国经济报告（1）：81-86.

鲍树琛. 2018. 产权性质、所得税税负与企业价值[J]. 首都经济贸易大学学报，20（3）：78-86.

毕茜，于连超. 2019. 环境税与企业技术创新：促进还是抑制?[J]. 科研管理，40（12）：116-125.

毕晓方，翟淑萍，姜宝强. 2017. 政府补贴、财务冗余对高新技术企业双元创新的影响[J]. 会计研究（1）：46-52，95.

布义爽. 2021. 研发费用加计扣除政策对企业创新产出的影响[D]. 北京：中国财政科学研究院.

蔡昉. 2013. 中国经济增长如何转向全要素生产率驱动型[J]. 中国社会科学（1）：56-71，206.

曹平，王桂军. 2018. "营改增"提高还是降低了服务业企业的技术创新意愿？：来自中国上市公司的实证[J]. 南方经济（6）：1-24.

曹书军，刘星，傅蕴英. 2009. 劳动雇佣与公司税负：就业鼓励抑或预算软约束[J]. 中国工业经济（5）：139-149.

曹越，陈文瑞. 2017. 固定资产加速折旧的政策效应：来自财税[2014]75 号的经验证据[J]. 中央财经大学学报（11）：58-74.

曹越，陈文瑞，鲁昱. 2017a. 环境规制会影响公司的税负吗?[J]. 经济管理（7）：163-182.

曹越，孙丽，郭天枭，等. 2020a. "国企混改"与内部控制质量：来自上市国企的经验证据[J]. 会计研究（8）：144-158.

曹越，辛红霞，张卓然. 2020b. 新《环境保护法》实施对重污染行业投资效率的影响[J]. 中国软科学（8）：164-173.

曹越，易冰心，胡新玉，等. 2017b. "营改增"是否降低了所得税税负——来自中国上市公司的证据[J]. 审计与经济研究（1）：90-103.

曹越，张文琪. 2024. 亏损后转年限延长增加了企业创新投入吗?[J]. 南开管理评论：1-24.

曹越，周佳. 2019. 深化增值税改革的市场反应及影响因素[J]. 财经理论与实践，40（5）：75-84.

陈耿，刘星，辛清泉. 2015. 信贷歧视、金融发展与民营企业银行借款期限结构[J]. 会计研究（4）：40-46，95.

陈丽姗，傅元海. 2019. 融资约束条件下技术创新影响企业高质量发展的动态特征[J]. 中国软科学（12）：108-128.

陈林，万攀兵，许莹盈. 2019. 混合所有制企业的股权结构与创新行为：基于自然实验与断点回归的实证检验[J]. 管理世界，35（10）：186-205.

陈琪. 2020. 环保投入能提高企业生产率吗——基于企业创新中介效应的实证分析[J]. 南开经济研究（6）：80-100.

陈仕华，卢昌崇，姜广省，等.2015.国企高管政治晋升对企业并购行为的影响——基于企业成长压力理论的实证研究[J]. 管理世界（9）：125-136.

陈文瑞，叶建明，曹越，等.2021.战略联盟与公司税负[J]. 会计研究（3）：72-86.

陈晓光.2013.增值税有效税率差异与效率损失：兼议对"营改增"的启示[J]. 中国社会科学（8）：67-84，205-206.

陈信元，黄俊.2016.股权分置改革、股权层级与企业绩效[J]. 会计研究（1）：56-62.

陈旭东，杨文冬，黄登仕.2008.企业生命周期改进了应计模型吗?：基于中国上市公司的实证检验[J]. 会计研究（7）：56-64，97.

陈秋秋.2016.计税折旧政策下的盈余管理——基于2014年会计政策变更的初步检验[J]. 证券市场导报（6）：42-48.

陈运森，袁薇，兰天琪.2020.法律基础建设与资本市场高质量发展——基于新《证券法》的事件研究[J]. 财经研究，46（10）：79-92.

陈昭，刘映曼.2019."营改增"政策对制造业上市公司经营行为和绩效的影响[J]. 经济评论（5）：22-35.

程博，熊婷，殷俊明.2021.他山之石或可攻玉：税制绿色化对企业创新的溢出效应[J]. 会计研究（6）：176-188.

程承坪，陈志.2021.非国有资本能否促进国有企业技术创新研究[J]. 中国软科学（2）：125-132.

程欣，邓大松，叶丹.2019.更高的社保投入有利于企业创新吗——基于"中国企业-劳动力匹配调查"（CEES）的实证研究[J]. 社会保障研究（5）：101-111.

储政，孙英隽.2021.税收优惠对中小企业融资约束的影响——基于创业板上市公司的分析[J]. 财会研究（12）：31-35.

崔广慧，姜英兵.2019.环境规制对企业环境治理行为的影响——基于新《环保法》的准自然实验[J]. 经济管理，41（10）：54-72.

崔也光，鹿瑶，王京.2021.环境保护税对重污染行业企业自主技术创新的影响[J]. 税务研究（7）：60-65.

邓力平，何巧，王智烜.2020.减税降费背景下企业税负对创新的影响研究[J]. 经济与管理评论，36（6）：101-111.

丁盈盈.2021.研发费用加计扣除对企业技术创新的影响研究——基于制造业企业的实证分析[D]. 南昌：江西财经大学.

董树奎.2001.对我国社会保险费征收管理体制的分析[J]. 税务研究（11）：2-6.

董新兴，刘坤.2016.劳动力成本上升对企业创新行为的影响——来自中国制造业上市公司的经验证据[J]. 山东大学学报（哲学社会科学版）（4）：112-121.

董屹宇，郭泽光.2021.风险资本与企业技术创新——基于要素密集度行业差异性的研究[J]. 财贸研究，32（8）：99-110.

杜悦琳.2021.研发费用加计扣除政策对企业绩效的影响研究[D]. 长春：吉林财经大学.

樊勇，李昊楠.2020.税收征管、纳税遵从与税收优惠——对金税三期工程的政策效应评估[J]. 财贸经济，41（5）：51-66.

范文林，胡明生.2020.固定资产加速折旧政策与企业短贷长投[J]. 经济管理，42（10）：174-191.

范子英.2018.国地税合并将对地方经济和政府行为产生深远影响[N]. 中国经济时报，（005）.

范子英，高跃光.2019.如何推进高质量发展的税制改革[J]. 探索与争鸣（7）：106-113，159.

范子英，彭飞.2017."营改增"的减税效应和分工效应：基于产业互联的视角[J]. 经济研究，

52（2）：82-95.
范子英，王倩. 2019. 转移支付的公共池效应、补贴与僵尸企业[J]. 世界经济，42（7）：120-144.
方红星，张勇. 2016. 供应商/客户关系型交易、盈余管理与审计师决策[J]. 会计研究（1）：79-86, 96.
冯俏彬. 2018. 我国社保费改税理论与实践新探[J]. 地方财政研究（1）：4-10, 22.
冯泽，陈凯华，戴小勇. 2019. 研发费用加计扣除是否提升了企业创新能力？——创新链全视角[J]. 科研管理，40（10）：73-86.
付文林，赵永辉. 2014. 税收激励、现金流与企业投资结构偏向[J]. 经济研究，49（5）：19-33.
甘小武，曹国庆. 2020. 研发费用加计扣除政策对高新技术企业研发投入的影响分析[J]. 税务研究（10）：100-106.
葛玉御. 2017. 税收"放管服"改善营商环境的路径研究[J]. 税务研究（11）：32-36.
宫兴国，于月莉，林春雷. 2022. 战略激进、市场化进程与企业融资约束——基于A股制造业上市公司的实证数据[J]. 南京审计大学学报（2）：50-59.
龚关，胡关亮，陈磊. 2015. 国有与非国有制造业全要素生产率差异分析——基于资源配置效率与平均生产率[J]. 产业经济研究（1）：93-100.
谷成，王巍. 2021. 增值税减税、企业议价能力与创新投入[J]. 财贸经济，42（9）：35-49.
顾国蓉. 2021. 研发费用加计扣除对制造业企业R&D投入的影响分析[D]. 北京：中国财政科学研究院.
郭健，刘晓彤，宋尚彬. 2020. 企业异质性、研发费用加计扣除与全要素生产率[J]. 宏观经济研究（5）：130-144.
郭庆旺. 2019. 减税降费的潜在财政影响与风险防范[J]. 管理世界，35（6）：1-10, 194.
海本禄，杨君笑，尹西明，等. 2021. 外源融资如何影响企业技术创新：基于融资约束和技术密集度视角[J]. 中国软科学（3）：183-192.
韩东平，张鹏. 2015. 货币政策、融资约束与投资效率——来自中国民营上市公司的经验证据[J]. 南开管理评论，18（4）：121-129, 150.
何红渠，黄凌峰. 2017. 征收排污费能有效提高企业绩效吗？[J]. 财经问题研究（7）：28-33.
何杨，邓栖元，朱云轩. 2019. 增值税留抵退税政策对企业价值的影响研究——基于我国上市公司的实证分析[J]. 财政研究（5）：104-117.
何子冕，江华，李雅楠. 2020. 养老保险实际缴费率与企业创新——基于非线性关系的研究[J]. 劳动经济研究，8（4）：95-120.
贺康，王运陈，张立光，等. 2020. 税收优惠、创新产出与创新效率——基于研发费用加计扣除政策的实证检验[J]. 华东经济管理，34（1）：37-48.
贺亚楠，杨紫琼，郝盼盼. 2021. 加计扣除对上市公司真实盈余管理行为的影响——基于R&D操纵的视角[J]. 中国科技论坛（9）：52-61.
胡海生，王克强，刘红梅. 2021. 增值税税率降低和加计抵减政策的经济效应评估：基于动态可计算一般均衡模型的研究[J]. 财经研究，47（1）：4-17.
胡华夏，余跃洋，洪荭，等. 2017. 研发费用加计扣除政策实施的影响因素分析[J]. 税务研究（2）：121-124.
胡秋明，景鹏. 2014. 社会保险缴费主体逃欠费行为关系演变与调适[J]. 财经科学（10）：19-28.
黄宏斌，翟淑萍，陈静楠. 2016. 企业生命周期、融资方式与融资约束：基于投资者情绪调节效应的研究[J]. 金融研究（7）：96-112.

黄俊威,龚光明.2019.融资融券制度与公司资本结构动态调整——基于"准自然实验"的经验证据[J].管理世界,35(10):64-81.

黄寿峰.2017.财政分权对中国雾霾影响的研究[J].世界经济,40(2):127-152.

黄先海,金泽成,余林徽.2018.出口、创新与企业加成率:基于要素密集度的考量[J].世界经济,41(5):125-146.

黄贤环,王瑶.2021.加速折旧企业所得税政策与实体企业金融化——基于2014年固定资产加速折旧政策的准自然实验[J].证券市场导报(2):52-61.

吉黎.2020.亏损结转政策的影响效应、国际经验及启示[J].税务研究(3):104-107.

冀云阳,高跃.2020.税收治理现代化与企业全要素生产率——基于企业纳税信用评级准自然实验的研究[J].财经研究,46(12):49-63.

江伟,李斌.2006.制度环境、国有产权与银行差别贷款[J].金融研究(11):116-126.

江希和,王水娟.2015.企业研发投资税收优惠政策效应研究[J].科研管理,36(6):46-52.

江轩宇,朱琳,伊志宏,等.2019.工薪所得税筹划与企业创新[J].金融研究(7):135-154.

姜付秀,石贝贝,马云飙.2016.信息发布者的财务经历与企业融资约束[J].经济研究,51(6):83-97.

姜付秀,王运通,田园,等.2017.多个大股东与企业融资约束——基于文本分析的经验证据[J].管理世界(12):61-74.

姜军,申丹琳,江轩宇,等.2017.债权人保护与企业创新[J].金融研究(11):128-142.

蒋东生.2011.过度投资与企业价值[J].管理世界(1):174-175.

金友良,谷钧仁,曾辉祥.2020."环保费改税"会影响企业绩效吗?[J].会计研究(5):117-133.

鞠晓生,卢荻,虞义华.2013.融资约束、营运资本管理与企业创新可持续性[J].经济研究,48(1):4-16.

孔东民,季绵绵,周妍.2021.固定资产加速折旧政策与企业产能过剩[J].财贸经济,42(9):50-65.

李波,苗丹.2017.我国社会保险费征管机构选择——基于省级参保率和征缴率数据[J].税务研究(12):20-25.

李常青,李宇坤,李茂良.2018.控股股东股权质押与企业创新投入[J].金融研究(7):143-157.

李钢,沈可挺,郭朝先.2009.中国劳动密集型产业竞争力提升出路何在——新《劳动合同法》实施后的调研[J].中国工业经济,9:37-46.

李广子,刘力.2009.债务融资成本与民营信贷歧视[J].金融研究(12):137-150.

李昊洋,程小可,高升好.2017.税收激励影响企业研发投入吗?——基于固定资产加速折旧政策的检验[J].科学学研究,35(11):1680-1690.

李汇东,唐跃军,左晶晶.2013.用自己的钱还是用别人的钱创新?:基于中国上市公司融资结构与公司创新的研究[J].金融研究(2):170-183.

李建军,刘元生.2015.中国有关环境税费的污染减排效应实证研究[J].中国人口·资源与环境,25(8):84-91.

李建强,赵西亮.2021.固定资产加速折旧政策与企业资本劳动比[J].财贸经济,42(4):67-82.

李蕾蕾,盛丹.2018.地方环境立法与中国制造业的行业资源配置效率优化[J].中国工业经济(7):136-154.

李明,李德刚,冯强.2018.中国减税的经济效应评估——基于所得税分享改革"准自然试验"[J].经济研究,53(7):121-135.

李鹏. 2010. 规模大小与企业利润——基于中国企业500强动态面板数据的实证研究[J]. 现代管理科学（10）：67-69.

李平. 2016. 提升全要素生产率的路径及影响因素——增长核算与前沿面分解视角的梳理分析[J]. 管理世界（9）：1-11.

李姝, 金振, 谢雁翔. 2022. 员工持股计划对企业全要素生产率的影响研究[J]. 管理学报, 19(5): 758-767.

李姝, 翟士运, 古朴. 2018. 非控股股东参与决策的积极性与企业技术创新[J]. 中国工业经济（7）：155-173.

李新, 汤恒运, 陶东杰, 等. 2019. 研发费用加计扣除政策对企业研发投入的影响研究——来自中国上市公司的证据[J]. 宏观经济研究（8）：81-93, 169.

李新建, 李懿, 魏海波. 2017. 组织化人力资本研究探析与展望——基于战略管理的视角[J]. 外国经济与管理, 39（1）：42-55.

李旭超, 鲁建坤, 金祥荣. 2018. 僵尸企业与税负扭曲[J]. 管理世界, 34（4）：127-139.

李艳, 杨婉昕, 陈斌开. 2020. 税收征管、税负水平与税负公平[J]. 中国工业经济（11）：24-41.

李艳艳. 2018. 税收征管对研发费用加计扣除政策的影响效应分析[J]. 税务研究（11）：73-77.

李颖, 张玉凤. 2021. 增值税税率改革与企业全要素生产率：基于供应链体系构建视角的分析[J]. 财务研究（6）：48-59.

李宇坤, 任海云, 祝丹枫. 2021. 数字金融、股权质押与企业创新投入[J]. 科研管理, 42（8）：102-110.

李远慧, 陈蓉蓉. 2022. 基于企业研发投入视角的增值税税率下调派生效应研究[J]. 税务研究（2）：124-131.

梁富山. 2021. 加计扣除税收优惠对企业研发投入的异质性效应研究[J]. 税务研究（3）：134-143.

廖冠民, 沈红波. 2014. 国有企业的政策性负担：动因、后果及治理[J]. 中国工业经济（6）：96-108.

林莞娟, 王辉, 韩涛. 2016. 股权分置改革对国有控股比例以及企业绩效影响的研究[J]. 金融研究（1）：192-206.

林钟高, 丁茂桓. 2017. 内部控制缺陷及其修复对企业债务融资成本的影响——基于内部控制监管制度变迁视角的实证研究[J]. 会计研究（4）：73-80.

刘柏, 王馨竹. 2017. "营改增"对现代服务业企业的财务效应——基于双重差分模型的检验[J]. 会计研究（10）：11-17.

刘柏惠, 寇恩惠, 杨龙见. 2019. 增值税多档税率、资源误置与全要素生产率损失[J]. 经济研究, 54（5）：113-128.

刘朝阳, 刘晨旭. 2021. 增值税降率对企业绩效与投资行为的影响研究——兼论增值税降率微观传导过程中的企业异质性问题[J]. 南方经济（7）：55-71.

刘海明, 曹廷求. 2017. 信贷供给周期对企业投资效率的影响研究——兼论宏观经济不确定条件下的异质性[J]. 金融研究（12）：80-94.

刘行, 陈澈. 2021. 消费税征收环节后移对企业的影响：来自股票市场的初步证据[J]. 经济研究, 56（3）：100-115.

刘行, 叶康涛, 陆正飞. 2019. 加速折旧政策与企业投资——基于"准自然实验"的经验证据[J]. 经济学（季刊）, 18（1）：213-234.

刘行, 叶康涛. 2014. 金融发展、产权与企业税负[J]. 管理世界（3）：41-52.

刘行, 叶康涛. 2018. 增值税税率对企业价值的影响：来自股票市场反应的证据[J]. 管理世界,

34（11）：12-24，35，195.

刘行，赵健宇，叶康涛. 2017. 企业避税、债务融资与债务融资来源：基于所得税征管体制改革的断点回归分析[J]. 管理世界（10）：113-129.

刘行，赵健宇. 2019. 税收激励与企业创新——基于增值税转型改革的"准自然实验"[J]. 会计研究（9）：43-49.

刘建民，唐红李，吴金光. 2017. 营改增全面实施对企业盈利能力、投资与专业化分工的影响效应——基于湖南省上市公司PSM-DID模型的分析[J]. 财政研究（12）：75-88.

刘建民，唐红李，吴金光. 2019. 企业异质背景下"营改增"对技术创新的微观效应研究：基于准自然实验的PSM实证检验[J]. 中国软科学（9）：134-142.

刘莅. 2021. 研发费用加计扣除对我国高新技术企业的影响研究[D]. 成都：四川大学.

刘军强. 2011. 资源、激励与部门利益：中国社会保险征缴体制的纵贯研究（1999—2008）[J]. 中国社会科学（3）：139-156，223.

刘骏，刘峰. 2014. 财政集权、政府控制与企业税负：来自中国的证据[J]. 会计研究（1）：21-27，94.

刘啟仁，赵灿，黄建忠. 2019. 税收优惠、供给侧改革与企业投资[J]. 管理世界，35（1）：78-96，114.

刘啟仁，赵灿. 2020. 税收政策激励与企业人力资本升级[J]. 经济研究，55（4）：70-85.

刘诗源，林志帆，冷志鹏. 2020. 税收激励提高企业创新水平了吗？：基于企业生命周期理论的检验[J]. 经济研究，55（6）：105-121.

刘伟江，吕镯. 2018. 固定资产加速折旧新政对制造业企业全要素生产率的影响——基于双重差分模型的实证研究[J]. 中南大学学报（社会科学版），24（3）：78-87.

刘星，吴先聪. 2011. 机构投资者异质性、企业产权与公司绩效——基于股权分置改革前后的比较分析[J]. 中国管理科学，19（5）：182-192.

刘晔，林陈聆. 2021. 研发费用加计扣除政策与企业全要素生产率[J]. 科学学研究，39（10）：1790-1802.

刘晔，周志波. 2010. 环境税"双重红利"假说文献述评[J]. 财贸经济（6）：60-65.

刘玉龙，倪麟，任国良. 2012. 增值税转型：公司绩效与股东财富的实证分析[J]. 经济体制改革（2）：140-143.

柳雅君. 2021. 研发费用加计扣除与企业全要素生产率：影响机制及环境协同[D]. 太原：山西财经大学.

卢峰，姚洋. 2004. 金融压抑下的法治、金融发展和经济增长[J]. 中国社会科学（1）：42-55.

卢洪友，刘啟明，徐欣欣，等. 2019. 环境保护税能实现"减污"和"增长"么？——基于中国排污费征收标准变迁视角[J]. 中国人口·资源与环境，29（6）：130-137.

鲁全. 2011. 中国养老保险费征收体制研究[J]. 山东社会科学（7）：110-115.

鲁桐，党印. 2014. 中国中小上市公司治理与绩效关系研究[J]. 金融评论，6（4）：1-17，123.

鲁晓东，连玉君. 2012. 中国工业企业全要素生产率估计：1999—2007[J]. 经济学（季刊），11（1）：541-558.

鲁於，冀云阳，杨翠迎. 2019. 企业社会保险为何存在缴费不实——基于财政分权视角的解释[J]. 财贸经济（9）：146-161.

陆挺，刘小玄. 2005. 企业改制模式和改制绩效——基于企业数据调查的经验分析[J]. 经济研究，40（6）：94-103.

逯东，付鹏，杨丹. 2015. 媒体类型、媒体关注与上市公司内部控制质量[J]. 会计研究（4）：78-85.

罗浩泉. 2021. 研发费用加计扣除政策对民营企业创新激励效应研究[D]. 广州：广东省社会科学院.

罗宏, 陈丽霖. 2012. 增值税转型对企业融资约束的影响研究[J]. 会计研究（12）：43-49.

罗长远, 曾帅. 2020. "走出去"对企业融资约束的影响：基于"一带一路"倡议准自然实验的证据[J]. 金融研究（10）：92-112.

骆海燕, 屈小娥, 胡琰欣. 2020. 环保税制下政府规制对企业减排的影响——基于演化博弈的分析[J]. 北京理工大学学报（社会科学版），22（1）：1-12.

吕长江, 张海平. 2011. 股权激励计划对公司投资行为的影响[J]. 管理世界（11）：118-126.

马灿. 2021. 加计扣除政策、融资约束与企业R&D投资[D]. 重庆：重庆工商大学.

马光荣, 刘明, 杨恩艳. 2014. 银行授信、信贷紧缩与企业研发[J]. 金融研究（7）：76-93.

马克卫. 2021. 增值税减税、经济产出与收入分配——基于投入产出与国民收入流量衔接模型的分析[J]. 山西财经大学学报，43（6）：29-39.

马玉琪, 扈瑞鹏, 赵彦云. 2017. 财税激励政策对高新技术企业研发投入影响效应分析：基于广义倾向得分法的实证研究[J]. 中国科技论坛（2）：143-149.

毛捷, 吉黎, 赵忠秀. 2016. 亏损抵扣、风险分担与企业投资："沉睡合伙人"假说的经验证据[J]. 金融研究（10）：174-189.

毛捷, 吕冰洋, 陈佩霞. 2018. 分税的事实：度量中国县级财政分权的数据基础[J]. 经济学（季刊），17（2）：499-526.

毛新述, 周小伟. 2015. 政治关联与公开债务融资[J]. 会计研究（6）：26-33, 96.

孟庆斌, 李昕宇, 张鹏. 2019. 员工持股计划能够促进企业创新吗？——基于企业员工视角的经验证据[J]. 管理世界，35（11）：209-228.

倪娟, 彭凯, 苏磊. 2019. 增值税非税收中性？——基于可抵扣范围与税负转嫁能力的分析框架[J]. 会计研究（10）：50-56.

倪婷婷, 王跃堂. 2016. 增值税转型、集团控制与企业投资[J]. 金融研究（1）：160-175.

倪骁然, 朱玉杰. 2016. 劳动保护、劳动密集度与企业创新——来自2008年《劳动合同法》实施的证据[J]. 管理世界（7）：154-167.

倪筱楠, 王明先, 温佳瑜. 2021. 研发活动文本信息披露缓解了融资约束吗[J]. 财会月刊（24）：75-82.

聂辉华, 方明月, 李涛. 2009. 增值税转型对企业行为和绩效的影响——以东北地区为例[J]. 管理世界（5）：17-24, 35.

潘越, 汤旭东, 宁博, 等. 2020. 连锁股东与企业投资效率：治理协同还是竞争合谋[J]. 中国工业经济（2）：136-154.

彭华涛, 吴瑶. 2021. 研发费用加计扣除、融资约束与创业企业研发投入强度：基于中国新能源行业的研究[J]. 科技进步与对策，38（15）：100-108.

彭雪梅, 刘阳, 林辉. 2015. 征收机构是否会影响社会保险费的征收效果？——基于社保经办和地方税务征收效果的实证研究[J]. 管理世界（6）：63-71.

平新乔, 梁爽, 郝朝艳, 等. 2009. 增值税与营业税的福利效应研究[J]. 经济研究，44（9）：66-80.

钱雪松, 唐英伦, 方胜. 2019. 担保物权制度改革降低了企业债务融资成本吗？——来自中国《物权法》自然实验的经验证据[J]. 金融研究（7）：115-134.

邱洋冬, 陶锋. 2020. 选择性产业政策提升了企业风险承担水平吗？：基于高新技术企业资质认定的证据[J]. 经济科学（1）：46-58.

权小锋, 尹洪英. 2017. 中国式卖空机制与公司创新——基于融资融券分步扩容的自然实验[J]. 管理世界（1）：128-144.

饶静, 万良勇. 2018. 政府补助、异质性与僵尸企业形成：基于A股上市公司的经验证据[J]. 会计研究（3）：3-11.

任灿灿, 郭泽光, 田智文. 2021. 研发费用加计扣除与企业全要素生产率[J]. 华东经济管理, 35（5）：119-128.

任海云, 宋伟宸. 2017. 企业异质性因素、研发费用加计扣除与R&D投入[J]. 科学学研究, 35（8）：1232-1239.

申广军, 陈斌开, 杨汝岱. 2016. 减税能否提振中国经济？——基于中国增值税改革的实证研究[J]. 经济研究, 51（11）：70-82.

申慧慧, 于鹏. 2021. 税法折旧与公司投资结构[J]. 会计研究（2）：133-148.

沈红波, 寇宏, 张川. 2010. 金融发展、融资约束与企业投资的实证研究[J]. 中国工业经济（6）：55-64.

沈华玉, 吴晓晖. 2017. 上市公司违规行为会提升股价崩盘风险吗[J]. 山西财经大学学报, 39（1）：83-94.

沈永建, 范从来, 陈冬华, 等. 2017. 显性契约、职工维权与劳动力成本上升：《劳动合同法》的作用[J]. 中国工业经济（2）：117-135.

石绍宾, 李敏. 2021. 研发费用加计扣除政策调整对企业创新的影响——基于2013—2019年上市公司数据[J]. 公共财政研究（3）：4-28.

石绍宾, 沈青, 鞠镇远. 2020. 加速折旧政策对制造业投资的激励效应[J]. 税务研究（2）：16-22.

宋建波, 苏子豪, 王德宏. 2019. 政府补助、投融资约束与企业僵尸化[J]. 财贸经济, 40（4）：5-19.

宋敏, 周鹏, 司海涛. 2021. 金融科技与企业全要素生产率——"赋能"和信贷配给的视角[J]. 中国工业经济（4）：138-155.

苏坤. 2015. 管理层股权激励、风险承担与资本配置效率[J]. 管理科学, 28（3）：14-25.

苏武俊, 陈锋. 2019. 事务所规模、会计信息质量与债务融资成本[J]. 会计之友（2）：38-44.

粟立钟, 张润达, 王靖宇. 2022. 研发激励型产业政策具有两面性吗——来自研发费用加计扣除政策的经验证据[J]. 科技进步与对策, 39（3）：118-128.

孙学敏, 王杰. 2016. 环境规制、引致性研发与企业全要素生产率——对"波特假说"的再检验[J]. 西安交通大学学报（社会科学版）, 36（2）：10-16.

孙正. 2020. 服务业的"营改增"提升了制造业绩效吗?[J]. 中国软科学（9）：39-49.

孙正, 陈旭东, 雷鸣. 2020. 增值税减税提升了中国资本回报率吗[J]. 南开管理评论, 23（6）：157-165.

孙自愿, 周翼强, 章砚. 2021. 竞争还是普惠？——政府激励政策选择与企业创新迎合倾向政策约束[J]. 会计研究（7）：99-112.

谭小芬, 李源, 苟琴. 2019. 美国货币政策推升了新兴市场国家非金融企业杠杆率吗?[J]. 金融研究（8）：38-57.

汤泽涛, 汤玉刚. 2020. 增值税减税、议价能力与企业价值——来自港股市场的经验证据[J]. 财政研究（4）：115-128.

唐国平, 李龙会, 吴德军. 2013. 环境管制、行业属性与企业环保投资[J]. 会计研究（6）：83-89.

唐恒书, 刘俊秀, 程余圣鸿. 2018. 固定资产折旧模式与企业价值研究[J]. 会计之友（20）：

112-114.

唐珏, 封进. 2019. 社会保险缴费对企业资本劳动比的影响——以21世纪初省级养老保险征收机构变更为例[J]. 经济研究, 54 (11): 87-101.

唐珏, 封进. 2020. 社保缴费负担、企业退出进入与地区经济增长——基于社保征收体制改革的证据[J]. 经济学动态 (6): 47-60.

唐清泉, 巫岑. 2015. 银行业结构与企业创新活动的融资约束[J]. 金融研究 (7): 116-134.

唐英凯, 曹麒麟, 周静. 2011. 法律环境、政治关系与家族企业价值: 基于法与金融的实证研究[J]. 软科学, 25 (6): 86-91.

田彬彬, 范子英. 2016. 税收分成、税收努力与企业逃税——来自所得税分享改革的证据[J]. 管理世界 (12): 36-46, 59.

田轩, 孟清扬. 2018. 股权激励计划能促进企业创新吗[J]. 南开管理评论, 21 (3): 176-190.

田志伟, 胡怡建, 宫映华. 2017. 免征额与个人所得税的收入再分配效应[J]. 经济研究, 52 (10): 113-127.

田志伟, 王钰. 2022. 增值税税率下调的收入再分配效应[J]. 税务研究 (1): 42-48.

童锦治, 冷志鹏, 黄浚铭, 等. 2020. 固定资产加速折旧政策对企业融资约束的影响[J]. 财政研究 (6): 48-61, 76.

童锦治, 刘诗源, 林志帆. 2018. 财政补贴、生命周期和企业研发创新[J]. 财政研究 (4): 33-47.

童锦治, 苏国灿, 魏志华. 2015. "营改增"、企业议价能力与企业实际流转税税负——基于中国上市公司的实证研究[J]. 财贸经济 (11): 14-26.

汪德华. 2018. 税务部门统一征收社会保险费: 改革必要性与推进建议[J]. 学习与探索 (7): 103-110.

王碧珺, 谭语嫣, 余淼杰, 等. 2015. 融资约束是否抑制了中国民营企业对外直接投资[J]. 世界经济, 38 (12): 54-78.

王丹, 李丹, 李欢. 2020. 客户集中度与企业投资效率[J]. 会计研究 (1): 110-125.

王登礼, 赖先进, 郭京京. 2018. "研发费加计扣除政策"的税收激励效应——以战略性新兴产业为例[J]. 科学学与科学技术管理, 39 (10): 3-12.

王桂军, 曹平. 2018. "营改增"对制造业企业自主创新的影响——兼议制造业企业的技术引进[J]. 财经研究, 44 (3): 4-19.

王海, 尹俊雅, 李卓. 2019. 开征环保税会影响企业TFP吗——基于排污费征收力度的实证检验[J]. 财贸研究, 30 (6): 87-98.

王华, 韦欣彤, 曹青子, 等. 2020. "营改增"与企业创新效率——来自准自然实验的证据[J]. 会计研究 (10): 150-163.

王化成, 侯粲然, 刘欢. 2019. 战略定位差异、业绩期望差距与企业违约风险[J]. 南开管理评论, 22 (4): 4-19.

王化成, 卢闯, 李春玲. 2005. 企业无形资产与未来业绩相关性研究——基于中国资本市场的经验证据[J]. 中国软科学 (10): 120-124.

王化成, 张修平, 侯粲然, 等. 2017. 企业战略差异与权益资本成本——基于经营风险和信息不对称的中介效应研究[J]. 中国软科学 (9): 99-113.

王靖宇, 张宏亮. 2020. 债务融资与企业创新效率——基于《物权法》自然实验的经验证据[J]. 中国软科学 (4): 164-173.

王克敏, 刘静, 李晓溪. 2017. 产业政策、政府支持与公司投资效率研究[J]. 管理世界 (3):

113-124，145.

王亮亮. 2018. 控股股东"掏空"与"支持"：企业所得税的影响[J]. 金融研究（2）：172-189.

王乔，黄瑶妮. 2019. 减税降费：助力中国经济高质量发展[J]. 税务研究（10）：78-81.

王素荣，付博. 2017. "一带一路"沿线国家公司所得税政策及税务筹划[J]. 财经问题研究（1）：84-92.

王素荣，蒋高乐. 2010. 增值税转型对上市公司财务影响程度研究[J]. 会计研究（2）：40-46.

王彤. 2021. 税收优惠政策的创新激励效应：以研发费用加计扣除为例[D]. 武汉：华中师范大学.

王万珺，刘小玄. 2018. 为什么僵尸企业能够长期生存[J]. 中国工业经济（10）：61-79.

王伟同，李秀华，陆毅. 2020. 减税激励与企业债务负担——来自小微企业所得税减半征收政策的证据[J]. 经济研究，55（8）：105-120.

王玺，刘萌. 2020. 研发费用加计扣除政策对企业绩效的影响研究——基于我国上市公司的实证分析[J]. 财政研究（11）：101-114.

王小鲁，樊纲，胡李鹏. 2019. 中国分省份市场化指数报告（2018）[M]. 北京：社会科学文献出版社.

王晓艳，温东子. 2020. 机构投资者异质性、创新投入与企业绩效——基于创业板的经验数据[J]. 审计与经济研究，35（2）：98-106.

王延明，王怿，鹿美瑶. 2005. 增值税转型对公司业绩影响程度的分析——来自上市公司的经验证据[J]. 经济管理，27（12）：36-44.

王艳丽，类晓东，龙如银. 2021. 绿色信贷政策提高了企业的投资效率吗？——基于重污染企业金融资源配置的视角[J]. 中国人口·资源与环境，31（1）：123-133.

王再进，方衍. 2013. 企业研发费加计扣除政策实施问题及对策研究[J]. 科研管理，34（1）：94-98.

王宗军，周文斌，后青松. 2019. 固定资产加速折旧所得税政策对企业研发创新的效应[J]. 税务研究（11）：41-46.

魏浩，白明浩，郭也. 2019. 融资约束与中国企业的进口行为[J]. 金融研究（2）：98-116.

魏志华，曾爱民，李博. 2014. 金融生态环境与企业融资约束：基于中国上市公司的实证研究[J]. 会计研究（5）：73-80，95.

温忠麟，张雷，侯杰泰，等. 2004. 中介效应检验程序及其应用[J]. 心理学报，36（5）：614-620.

吴建祖，肖书锋. 2016. 创新注意力转移、研发投入跳跃与企业绩效——来自中国A股上市公司的经验证据[J]. 南开管理评论，19（2）：182-192.

吴联生. 2009. 国有股权、税收优惠与公司税负[J]. 经济研究，44（10）：109-120.

吴秋生，李官辉. 2022. 加计扣除强化、成本控制与企业创新投入增长[J]. 山西财经大学学报，44（3）：114-126.

吴怡俐，吕长江，倪晨凯. 2021. 增值税的税收中性、企业投资和企业价值——基于"留抵退税"改革的研究[J]. 管理世界（8）：180-194.

伍红，郑家兴，王乔. 2019. 固定资产加速折旧、厂商特征与企业创新投入——基于高端制造业A股上市公司的实证研究[J]. 税务研究（11）：34-40.

伍中信，倪杉. 2019. 社保费征管机制变革与改进对策研究[J]. 会计之友（13）：143-149.

肖春明. 2021. 增值税税率下调对企业投资影响的实证研究——基于减税的中介效应[J]. 税务研究（3）：119-126.

肖利平，蒋忱璐. 2017. 高技术产业技术创新效率的阶段性特征及其动态演变[J]. 商业研究（10）：153-161.

肖人瑞,谭光荣,万平,等.2021.加速折旧能够促进劳动力就业吗——基于准自然实验的经验证据[J].会计研究(12):54-69.

辛宇,滕飞,顾小龙.2019.企业集团中违规处罚的信息和绩效传递效应研究[J].管理科学,32(1):125-142.

熊波,杜佳琪.2020.加速折旧政策对企业全要素生产率的影响——来自A股上市公司的经验证据[J].工业技术经济,39(10):145-152.

熊祥军.2011.税收优惠政策对企业技术创新的负面效应与应对[J].中国市场(27):37-38.

徐丹丹,赵天惠,许敬轩.2021.税收激励、固定资产投资与劳动收入份额——来自2014年固定资产加速折旧政策的证据[J].管理评论,33(3):244-254.

徐建中,贾大风,李奉书,等.2018.装备制造企业低碳技术创新对企业绩效的影响研究[J].管理评论,30(3):82-94.

徐思,何晓怡,钟凯.2019."一带一路"倡议与中国企业融资约束[J].中国工业经济(7):155-173.

许红梅,李春涛.2020.社保费征管与企业避税——来自《社会保险法》实施的准自然实验证据[J].经济研究,55(6):122-137.

许玲玲,余明桂,钟慧洁.2022.高新技术企业认定与企业劳动雇佣[J].经济管理,44(1):85-104.

许伟,陈斌开.2016.税收激励和企业投资:基于2004~2009年增值税转型的自然实验[J].管理世界(5):9-17.

薛钢,张道远,王薇.2019.研发加计税收优惠对企业全要素生产率的激励效应[J].云南财经大学学报,35(8):102-112.

严兵,张禹,韩剑.2014.企业异质性与对外直接投资——基于江苏省企业的检验[J].南开经济研究(4):50-63.

燕洪国,潘翠英.2022.税收优惠、创新要素投入与企业全要素生产率[J].经济与管理评论,38(2):85-97.

阳佳余.2012.融资约束与企业出口行为:基于工业企业数据的经验研究[J].经济学(季刊),11(3):1503-1524.

杨兵,杨杨,杜剑.2022.企业风险预期与投资策略选择——基于年报文本挖掘的实证研究[J].经济管理,44(2):122-140.

杨典.2013.企业治理与企业绩效——基于中国经验的社会学分析[J].中国社会科学(1):72-94.

杨令仪,杨默如.2019.研发支出税收激励政策对公司股价的影响——基于事件研究法[J].华侨大学学报(哲学社会科学版)(1):49-62.

杨默如,叶慕青.2016."营改增"对先行试点行业效应如何?——基于分地区分行业试点上市公司税负与绩效的影响[J].武汉大学学报(哲学社会科学版),69(5):55-65.

杨瑞龙,王元,聂辉华.2013."准官员"的晋升机制:来自中国央企的证据[J].管理世界(3):23-33.

杨瑞平,李喆赟,刘文蓉.2021.加计扣除政策改革与高新技术企业研发投入[J].经济问题(8):110-120.

杨兴全,齐云飞,吴昊旻.2016.行业成长性影响公司现金持有吗?[J].管理世界(1):153-169.

姚立杰,陈雪颖,周颖,等.2020.管理层能力与投资效率[J].会计研究(4):100-118.

姚立杰,周颖.2018.管理层能力、创新水平与创新效率[J].会计研究(6):70-77.

叶康涛,刘行.2011.税收征管、所得税成本与盈余管理[J].管理世界(5):140-148.

叶志伟,张新民,胡聪慧.2023.企业为何短贷长投?——基于企业战略视角的解释[J].南开管理评论，26（1）：29-42.

殷红，张龙，叶祥松.2020.我国财政政策对全要素生产率的非线性冲击效应——基于总量和结构双重视角[J]. 财贸经济，41（12）：37-52.

尹恒，迟炜栋.2022.增值税减税的效应：异质企业环境下的政策模拟[J]. 中国工业经济（2）：80-98.

于富生，张敏，姜付秀，等.2008.公司治理影响公司财务风险吗?[J]. 会计研究（10）：52-59，97.

于连超，张卫国，毕茜.2019.环境税会倒逼企业绿色创新吗?[J]. 审计与经济研究，34（2）：79-90.

于连超，张卫国，毕茜.2021.环境保护费改税促进了重污染企业绿色转型吗?——来自《环境保护税法》实施的准自然实验证据[J]. 中国人口·资源与环境，31（5）：109-118.

于新亮，上官熠文，于文广，等.2019.养老保险缴费率、资本——技能互补与企业全要素生产率[J]. 中国工业经济（12）：96-114.

于泽，陆怡舟，王闻达.2015.货币政策执行模式、金融错配与我国企业投资约束[J]. 管理世界（9）：52-64.

余明桂，潘红波.2010.金融发展、商业信用与产品市场竞争[J]. 管理世界（8）：117-129.

余明桂，钟慧洁，范蕊.2019.民营化、融资约束与企业创新——来自中国工业企业的证据[J]. 金融研究（4）：75-91.

袁芳英，朱晴.2022.分析师关注会减少上市公司违规行为吗?——基于信息透明度的中介效应[J]. 湖南农业大学学报（社会科学版），23（1）：80-88.

袁建国，后青松，程晨.2015.企业政治资源的诅咒效应——基于政治关联与企业技术创新的考察[J]. 管理世界（1）：139-155.

袁文华，孟丽，张金涛.2021.环境规制对企业全要素生产率的影响——基于中国新《环保法》的准自然实验研究[J]. 大连理工大学学报（社会科学版），42（3）：58-69.

袁业虎，沈立锦.2020.研发费用加计扣除政策促进了企业降杠杆吗?——基于医药制造业上市公司双重差分模型的检验[J]. 税务研究（10）：92-99.

曾爱民，魏志华.2013.融资约束、财务柔性与企业投资-现金流敏感性——理论分析及来自中国上市公司的经验证据[J]. 财经研究，39（11）：48-58.

翟胜宝，聂小娟，童丽静，等.2021.竞争战略、企业生命周期和企业价值[J]. 系统工程理论与实践，41（4）：846-860.

张京萍.2009."企业亏损结转"税收法规的国际比较分析[J]. 涉外税务（12）：58-61.

张军，范子英，方红生.2016.登顶比赛——理解中国经济发展的机制[M]. 北京：北京大学出版社.

张克中，欧阳洁，李文健.2020.缘何"减税难降负"：信息技术、征税能力与企业逃税[J]. 经济研究，55（3）：116-132.

张敏，吴联生，王亚平.2010.国有股权、公司业绩与投资行为[J]. 金融研究（12）：115-130.

张同斌，高铁梅.2012.财税政策激励、高新技术产业发展与产业结构调整[J]. 经济研究（5）：58-70.

张新民，张婷婷，陈德球.2017.产业政策、融资约束与企业投资效率[J]. 会计研究（4）：12-18.

张璇，李子健，李春涛.2019.银行业竞争、融资约束与企业创新——中国工业企业的经验证据[J]. 金融研究（10）：98-116.

张艺轩.2020.研发费用加计扣除对企业研发投入的影响[D]. 济南：山东大学.

赵红, 谷庆. 2015. 环境规制、引致R&D与全要素生产率[J]. 重庆大学学报（社会科学版）, 21（5）: 23-34.

赵健宇, 陆正飞. 2018. 养老保险缴费比例会影响企业生产效率吗?[J]. 经济研究, 53（10）: 97-112.

赵静. 2016. 当前我国养老保险制度的问题及相关对策[J]. 现代经济探讨（11）: 5-9.

赵连伟. 2015. 营改增的企业成长效应研究[J]. 中央财经大学学报（7）: 20-27.

郑宝红, 张兆国. 2018. 企业所得税率降低会影响全要素生产率吗?——来自我国上市公司的经验证据[J]. 会计研究（5）: 13-20.

郑秉文, 房连泉. 2007. 社会保障供款征缴体制国际比较与中国的抉择[J]. 公共管理学报（4）: 1-16.

郑秉文. 2017. 社会保险费应由社保部门统一征收[J]. 中国社会保障（5）: 24-27.

郑秉文. 2019. 社会保险降费与规范征收：基于公共政策分析的思考[J]. 税务研究（6）: 3-9.

郑春荣, 王聪. 2014. 我国社会保险费的征管机构选择——基于地税部门行政成本的视角[J]. 财经研究, 40（7）: 17-26.

郑登津, 孟庆玉, 袁淳. 2021. 税率锚定效应与企业投资决策[J]. 金融研究（11）: 135-152.

钟覃琳, 陆正飞, 袁淳. 2016. 反腐败、企业绩效及其渠道效应——基于中共十八大的反腐建设的研究[J]. 金融研究（9）: 161-176.

周楷唐, 麻志明, 吴联生. 2017. 高管学术经历与公司债务融资成本[J]. 经济研究, 52（7）: 169-183.

周黎安. 2008. 转型中的地方政府：官员激励与治理[M]. 上海：格致出版社.

朱德胜, 周晓珮. 2016. 股权制衡、高管持股与企业创新效率[J]. 南开管理评论, 19（3）: 136-144.

朱沛华. 2020. 负面声誉与企业融资——来自上市公司违规处罚的经验证据[J]. 财贸经济, 41（4）: 50-65.

邹新凯. 2019. 税务机关社保费征管权证立与运行保障——来自功能适当原则的分析径路[J]. 地方财政研究（3）: 86-93.

Acharya V V, Subramanian K V, Baghai R P. 2014. Wrongful discharge laws and innovation[J]. The Review of Financial Studies, 27（1）: 301-346.

Adizes I. 1979. Organizational passages-diagnosing and treating lifecycle problems of organizations[J]. Organizational Dynamics, 8（1）: 3-25.

Aghion P, Howitt P. 1992. A model of growth through creative destruction[J]. Econometrica, 60（2）: 323.

Aghion P, van Reenen J, Zingales L. 2013. Innovation and institutional ownership[J]. American Economic Review, 103（1）: 277-304.

Albrizio S, Kozluk T, Zipperer V. 2017. Environmental policies and productivity growth: Evidence across industries and firms[J]. Journal of Environmental Economics and Management, 81: 209-226.

Alesina A, Ardagna S, Perotti R, et al. 2002. Fiscal policy, profits, and investment[J]. American Economic Review, 92（3）: 571-589.

Allen F, Qian J, Qian M J. 2005. Law, finance and economic growth in China[J]. Journal of Financial Economics, 77（1）: 57-116.

Amore M D, Schneider C, Žaldokas A. 2013. Credit supply and corporate innovation[J]. Journal of

Financial Economics, 109 (3): 835-855.

Anthony J H, Ramesh K. 1992. Association between accounting performance measures and stock prices[J]. Journal of Accounting and Economics, 15 (2-3): 203-227.

Armstrong C S, Glaeser S, Huang S, et al. 2019. The economics of managerial taxes and corporate risk-taking[J]. The Accounting Review, 94 (1): 1-24.

Aronson D. 2018. Industry dynamics and the minimum wage: A putty-clay approach[J]. International Economic Review, 59 (1): 51-84.

Arrow K J. 1962. Economic welfare and the allocation of resources for invention[M]//Universities-National Bureau Committee for Economic Research, Committee on Economic Growth of the Social Science Research Council. The Rate and Direction of Inventive Activity: Economic and Social Factors. Princeton: Princeton University Press.

Atanassov J, Liu X D. 2020. Can corporate income tax cuts stimulate innovation?[J]. Journal of Financial and Quantitative Analysis, 55 (5): 1415-1465.

Atanassov J. 2013. Do hostile takeovers stifle innovation? Evidence from antitakeover legislation and corporate patenting[J]. The Journal of Finance, 68 (3): 1097-1131.

Auerbach A J, Poterba J M. 1986. Tax loss carryforwards and corporate tax incentives[R]. Cambridge: NBER.

Auerbach A J. 1986. The dynamic effects of tax law asymmetries[J]. The Review of Economic Studies, 53 (2): 205-225.

Autor D H, Kerr W R, Kugler A D. 2007. Does employment protection reduce productivity? Evidence from US states[J]. The Economic Journal, 117 (521): 189-217.

Ayyagari M, Demirgüç-Kunt A, Maksimovic V. 2011. Firm innovation in emerging markets: The role of finance, governance, and competition[J]. Journal of Financial and Quantitative Analysis, 46 (6): 1545-1580.

Barclay M J, Smith C W. 2005. The capital structure puzzle: The evidence revisited[J]. Journal of Applied Corporate Finance, 17 (1): 8-17.

Barlev B, Levy H. 1975. Loss carryback and carryover provision: Effectiveness and economic implications[J]. National Tax Journal, 28 (2): 173-184.

Barney J, Wright M, Ketchen D J. 2001. The resource-based view of the firm: Ten years after 1991[J]. Journal of Management, 27 (6): 625-641.

Barrand P, Ross S G, Harrison G. 2004. Integrating a unified revenue administration for tax and social contribution collections: Experiences of central and eastern European countries[R]. Washington, D.C.: IMF.

Beck T, Demirgüç-Kunt A, Maksimovic V. 2005. Financial and legal constraints to growth: Does firm size matter?[J]. The Journal of Finance, 60 (1): 137-177.

Becker B. 2015. Public R&D policies and private R&D investment: A survey of the empirical evidence[J]. Journal of Economic Surveys, 29 (5): 917-942.

Benfratello L, Schiantarelli F, Sembenelli A. 2008. Banks and innovation: Microeconometric evidence on Italian firms[J]. Journal of Financial Economics, 90 (2): 197-217.

Benmelech E, Kandel E, Veronesi P. 2010. Stock-based compensation and CEO (dis) incentives[J]. The Quarterly Journal of Economics, 125 (4): 1769-1820.

Benzarti Y, Carloni D. 2019. Who really benefits from consumption tax cuts?Evidence from a large VAT reform in France[J]. American Economic Journal: Economic Policy, 11 (1): 38-63.

Berger A N, Di Patti E B. 2006. Capital structure and firm performance: A new approach to testing agency theory and an application to the banking industry[J]. Journal of Banking & Finance, 30 (4): 1065-1102.

Berkowitz D, Lin C, Ma Y. 2015. Do property rights matter? Evidence from a property law enactment[J]. Journal of Financial Economics, 116 (3): 583-593.

Bertrand M, Mullainathan S. 2003. Enjoying the quiet life? Corporate governance and managerial preferences[J]. Journal of Political Economy, 111 (5): 1043-1075.

Bethmann I, Jacob M, Müller M A. 2018. Tax loss carrybacks: Investment stimulus versus misallocation[J]. The Accounting Review, 93 (4): 101-125.

Biddle G C, Chen P, Zhang G C. 2001. When capital follows profitability: Non-linear residual income dynamics[J]. Review of Accounting Studies, 6 (2): 229-265.

Billett M T, Mauer D C. 2003. Cross-subsidies, external financing constraints, and the contribution of the internal capital market to firm value[J]. The Review of Financial Studies, 16 (4): 1167-1201.

Bloom N, Griffith R, van Reenen J. 2002. Do R&D tax credits work? Evidence from a panel of countries 1979—1997[J]. Journal of Public Economics, 85 (1): 1-31.

Blundell R, Bond S, Devereux M, et al. 1992. Investment and Tobin's Q: Evidence from company panel data[J]. Journal of Econometrics, 51 (1-2): 233-257.

Boubakri N, Ghouma H. 2010. Control/ownership structure, creditor rights protection, and the cost of debt financing: International evidence[J]. Journal of Banking & Finance, 34 (10): 2481-2499.

Bovenberg A L, de Mooij R A. 1994. Environmental levies and distortionary taxation[J]. The American Economic Review, 84 (4): 1085-1089.

Boyd G A, McClelland J D. 1999. The impact of environmental constraints on productivity improvement in integrated paper plants[J]. Journal of Environmental Economics and Management, 38 (2): 121-142.

Bradshaw M, Liao G M, Ma M. 2019. Agency costs and tax planning when the government is a major shareholder[J]. Journal of Accounting and Economics, 67 (2): 255-277.

Brandt L, Li H B. 2003. Bank discrimination in transition economies: Ideology, information or incentives?[J]. Journal of Comparative Economics, 31 (3): 387-413.

Brown J R, Fazzari S M, Petersen B C. 2009. Financing innovation and growth: Cash flow, external equity, and the 1990s R&D boom[J]. The Journal of Finance, 64 (1): 151-185.

Brown J R, Martinsson G, Petersen B C. 2012. Do financing constraints matter for R&D?[J]. European Economic Review, 56 (8): 1512-1529.

Brown J R, Petersen B C. 2011. Cash holdings and R&D smoothing[J]. Journal of Corporate Finance, 17 (3): 694-709.

Caballero R J, Hoshi T, Kashyap A K, 2008. Zombie lending and depressed restructuring in Japan[J]. American Economic Review, 98 (5): 1943-1977.

Cai J, Harrison A E. 2011. The value-added tax reform puzzle[R]. Cambridge: NBER.

Carare A, Danninger S. 2008. Inflation smoothing and the modest effect of VAT in Germany[J]. IMF

Working Papers, 8 (175): 1-21.

Chang X, Fu K K, Low A, et al. 2015. Non-executive employee stock options and corporate innovation[J]. Journal of Financial Economics, 115 (1): 168-188.

Charlet A, Owens J. 2010. An international perspective on VAT[J]. Tax Notes International, 59 (12): 943-953.

Chava S, Oettl A, Subramanian A, et al. 2013. Banking deregulation and innovation[J]. Journal of Financial Economics, 109 (3): 759-774.

Chen H W, Chen J Z, Lobo G J, et al. 2010b. Association between borrower and lender state ownership and accounting conservatism[J]. Journal of Accounting Research, 48 (5): 973-1014.

Chen S P, Chen X, Cheng Q, et al. 2010a. Are family firms more tax aggressive than non-family firms?[J]. Journal of Financial Economics, 95 (1): 41-61.

Choi H. 2010. Reconciling tax incidence theories: Refuting the coase theorem[R]. Changhua: Chienkuo Technology University.

Claessens S, Feijen E, Laeven L. 2008. Political connections and preferential access to finance: The role of campaign contributions[J]. Journal of Financial Economics, 88 (3): 554-580.

Cleary S, Povel P, Raith M. 2007. The U-shaped investment curve: Theory and evidence[J]. Journal of Financial and Quantitative Analysis, 42 (1): 1-39.

Coase R H. 1960. The problem of social cost[J]. The Journal of Law and Economics, 3: 1-44.

Cooper M G, Knittel M J. 2010. The implications of tax asymmetry for US corporations[J]. National Tax Journal, 63 (1): 33-61.

Cooper M, Knittel M. 2006. Partial loss refundability: How are corporate tax losses used?[J]. National Tax Journal, 59 (3): 651-663.

Cornaggia J, Li J Y. 2019. The value of access to finance: Evidence from M&As[J]. Journal of Financial Economics, 131 (1): 232-250.

Cornaggia J, Mao Y F, Tian X, et al. 2015. Does banking competition affect innovation?[J]. Journal of Financial Economics, 115 (1): 189-209.

Cornett M M, Marcus A J, Saunders A, et al. 2007. The impact of institutional ownership on corporate operating performance[J]. Journal of Banking & Finance, 31 (6): 1771-1794.

Cosci S, Meliciani V, Sabato V. 2016. Relationship lending and innovation: Empirical evidence on a sample of European firms[J]. Economics of Innovation and New Technology, 25 (4): 335-357.

Dammon R M, Senbet L W. 1988. The effect of taxes and depreciation on corporate investment and financial leverage[J]. The Journal of Finance, 43 (2): 357-373.

DeAngelo H, DeAngelo L, Stulz R M. 2006. Dividend policy and the earned/contributed capital mix: A test of the life-cycle theory[J]. Journal of Financial Economics, 81 (2): 227-254.

DeAngelo L E. 1981. Auditor size and audit quality[J]. Journal of Accounting and Economics, 3 (3): 183-199.

DeCicca P, Kenkel D, Liu F. 2013. Who pays cigarette taxes? The impact of consumer price search[J]. Review of Economics and Statistics, 95 (2): 516-529.

Deephouse D L. 1999. To be different, or to be the same? It's a question (and theory) of strategic balance[J]. Strategic Management Journal, 20 (2): 147-166.

Desai M A, Dyck A, Zingales L. 2007. Theft and taxes[J]. Journal of Financial Economics, 84 (3):

591-623.

Devereux M P, Keen M, Schiantarelli F. 1994. Corporation tax asymmetries and investment: Evidence from U.K. panel data[J]. Journal of Public Economics, 53（3）: 395-418.

Dickinson V. 2011. Cash flow patterns as a proxy for firm life cycle[J]. The Accounting Review, 86（6）: 1969-1994.

Domar E D, Musgrave R A. 1944. Proportional income taxation and risk-taking[J]. The Quarterly Journal of Economics, 58（3）: 388-422.

Dreßler D, Overesch M. 2013. Investment impact of tax loss treatment-empirical insights from a panel of multinationals[J]. International Tax and Public Finance, 20（3）: 513-543.

Duchin R, Sosyura D. 2013. Divisional managers and internal capital markets[J]. The Journal of Finance, 68（2）: 387-429.

Edgerton J. 2010. Investment incentives and corporate tax asymmetries[J]. Journal of Public Economics, 94（11-12）: 936-952.

Fabiani S, Sbragia R. 2014. Tax incentives for technological business innovation in Brazil: The use of the good law-lei do bem[J]. Journal of Technology Management & Innovation, 9（4）: 53-63.

Fang H S, Bao Y X, Zhang J. 2017b. Asymmetric reform bonus: The impact of VAT pilot expansion on China's corporate total tax burden[J]. China Economic Review, 46: S17-S34.

Fang L H, Lerner J, Wu C P. 2017a. Intellectual property rights protection, ownership, and innovation: Evidence from China[J]. The Review of Financial Studies, 30（7）: 2446-2477.

Fang V W, Tian X, Tice S R. 2014. Does stock liquidity enhance or impede firm innovation?[J]. The Journal of Finance, 69（5）: 2085-2125.

Fazzari S M, Hubbard R G, Petersen B C, et al. 1988. Financing constraints and corporate investment[J]. Brookings Papers on Economic Activity, （1）: 141-195.

Fisman R, Wei S J. 2004. Tax rates and tax evasion: Evidence from "missing imports" in China[J]. Journal of Political Economy, 112（2）: 471-496.

Fowowe B. 2017. Access to finance and firm performance: Evidence from African countries[J]. Review of Development Finance, 7（1）: 6-17.

Geletkanycz M A, Hambrick D C. 1997. The external ties of top executives: Implications for strategic choice and performance[J]. Administrative Science Quarterly, 42（4）: 654-681.

Glaeser E L, Kallal H D, Scheinkman J A, et al. 1992. Growth in cities[J]. Journal of Political Economy, 100（6）: 1126-1152.

Gort M, Klepper S. 1982. Time paths in the diffusion of product innovations[J]. The Economic Journal, 92（367）: 630-653.

Graham J R, Kim H. 2009. The effects of the length of the tax-loss carryback period on tax receipts and corporate marginal tax rates[J]. National Tax Journal, 62（3）: 413-427.

Gray W B. 1987. The cost of regulation: OSHA, EPA and the productivity slowdown[J]. The American Economic Review, 77（5）: 998-1006.

Gu F F, Hung K, Tse D K. 2008. When does guanxi matter? Issues of capitalization and its dark sides[J]. Journal of Marketing, 72（4）: 12-28.

Guadalupe M, Kuzmina O, Thomas C. 2012. Innovation and foreign ownership[J]. American Economic Review, 102（7）: 3594-3627.

Guo Y M, Shi Y R. 2021. Impact of the VAT reduction policy on local fiscal pressure in China in light of the COVID-19 pandemic: A measurement based on a computable general equilibrium model[J]. Economic Analysis and Policy, 69: 253-264.

Habib A, Hasan M M. 2017. Business strategy, overvalued equities, and stock price crash risk[J]. Research in International Business and Finance, 39: 389-405.

Hadlock C J, Pierce J R. 2010. New evidence on measuring financial constraints: Moving beyond the KZ index[J]. The Review of Financial Studies, 23(5): 1909-1940.

Hall R E, Jorgenson D W. 1967. Tax policy and investment behavior[J]. The American Economic Review, 57(3): 391-414.

Hanlon M, Hoopes J L, Shroff N. 2014. The effect of tax authority monitoring and enforcement on financial reporting quality[J]. Journal of the American Taxation Association, 36(2): 137-170.

Harford J, Mansi S A, Maxwell W F. 2008. Corporate governance and firm cash holdings in the U.S.[J]. Journal of Financial Economics, 87(3): 535-555.

Hasan M M, Habib A. 2017. Corporate life cycle, organizational financial resources and corporate social responsibility[J]. Journal of Contemporary Accounting and Economics, 13(1): 20-36.

Hayashi F. 1982. Tobin's marginal Q and average Q: A neoclassical interpretation[J]. Econometrica, 50(1): 213-224.

He J, Tian X. 2013. The dark side of analyst coverage: The case of innovation[J]. Journal of Financial Economics, 109(3): 856-878.

Heitzman S, Lester R. 2022. Net operating loss carryforwards and corporate savings policies[J]. The Accounting Review, 97(2): 267-289.

Holmstrom B. 1989. Agency costs and innovation[J]. Journal of Economic Behavior and Organization, 12(3): 305-327.

Holmstrom B, Weiss L. 1985. Managerial incentives, investment and aggregate implications: Scale effects[J]. The Review of Economic Studies, 52(3): 403-425.

Hoshi T, Kashyap A K. 2010. Will the U.S. bank recapitalization succeed? Eight lessons from Japan[J]. Journal of Financial Economics, 97(3): 398-417.

Hottenrott H, Peters B. 2012. Innovative capability and financing constraints for innovation: More money, more innovation?[J]. Review of Economics and Statistics, 94(4): 1126-1142.

House C L, Shapiro M D. 2008. Temporary investment tax incentives: Theory with evidence from bonus depreciation[J]. American Economic Review, 98(3): 737-768.

Howell A. 2016. Firm R&D, innovation and easing financial constraints in China: Does corporate tax reform matter?[J]. Research Policy, 45(10): 1996-2007.

Hsu P H, Tian X, Xu Y. 2014. Financial development and innovation: Cross-country evidence[J]. Journal of Financial Economics, 112(1): 116-135.

Hu J S, Jiang H Y, Holmes M. 2019. Government subsidies and corporate investment efficiency: Evidence from China[J]. Emerging Markets Review, 41: 100658.

Huang G, Song F M. 2006. The determinants of capital structure: Evidence from China[J]. China Economic Review, 17(1): 14-36.

Jacob M, Michaely R, Müller M A. 2019. Consumption taxes and corporate investment[J]. The Review of Financial Studies, 32(8): 3144-3182.

Jensen M C. 1986. Agency costs of free cash flow, corporate finance and takeovers[J]. American Economic Review, 76 (2): 323-329.

Johnson S, La Porta R, Lopez-de-Silanes F, et al. 2000. Tunneling[J]. American Economic Review, 90 (2): 22-27.

Jorgenson D W. 1996. Investment: Capital Theory and Investment Behavior[M]. Cambridge: MIT Press.

Jovanovic B. 1982. Selection and the evolution of industry[J]. Econometrica, 50 (3): 649.

Kaplan S N, Zingales L. 1997. Do investment-cash flow sensitivities provide useful measures of financing constraints? [J]. The Quarterly Journal of Economics, 112 (1): 169-215.

Kenkel D S. 2005. Are alcohol tax hikes fully passed through to prices? Evidence from Alaska[J]. American Economic Review, 95 (2): 273-277.

Kesselman J R. 2011. Consumer impacts of BC's harmonized sales tax: Tax grab or pass-through?[J]. Canadian Public Policy, 37 (2): 139-162.

Keynes J M. 1936. The General Theory of Employment, Interest, and Money[M]. New York: Harcourt Brace.

Keynes J M. 1937. The general theory of employment[J]. The Quarterly Journal of Economics, 51 (2): 209-223.

Kosonen T. 2015. More and cheaper haircuts after VAT cut? On the efficiency and incidence of service sector consumption taxes[J]. Journal of Public Economics, 131: 87-100.

Kothari S P, Laguerre T E, Leone A J. 2002. Capitalization versus expensing: Evidence on the uncertainty of future earnings from capital expenditures versus R&D outlays[J]. Review of Accounting Studies, 7 (4): 355-382.

Krishnan K, Nandy D K, Puri M. 2015. Does financing spur small business productivity? Evidence from a natural experiment[J]. The Review of Financial Studies, 28 (6): 1768-1809.

Lamont O, Polk C, Saaá-Requejo J. 2001. Financial constraints and stock returns[J]. The Review of Financial Studies, 14 (2): 529-554.

Lan F, Wang W, Cao Q Z. 2020. Tax cuts and enterprises' R&D intensity: Evidence from a natural experiment in China[J]. Economic Modelling, 89: 304-314.

Langenmayr D, Lester R. 2018. Taxation and corporate risk-taking[J]. The Accounting Review, 93 (3): 237-266.

Lejeune I. 2011. The EU VAT experience: What are the lessons[J]. Tax Analysts: 257-282.

Leuz C, Wysocki P D. 2016. The economics of disclosure and financial reporting regulation: Evidence and suggestions for future research[J]. Journal of Accounting Research, 54 (2): 525-622.

Li O Z, Liu H, Ni C K, et al. 2017. Individual investors' dividend taxes and corporate payout policies[J]. Journal of Financial and Quantitative Analysis, 52 (3): 963-990.

Li W F, Pittman J A, Wang Z T. 2019. The determinants and consequences of tax audits: Some evidence from China[J]. Journal of the American Taxation Association, 41 (1): 91-122.

Liao Y. 2006. The effect of fit between organizational life cycle and human resource management control on firm performance[J]. Journal of American Academy of Business, 8 (1): 192-196.

Lin J Y, Cai F, Li Z. 1998. Competition, policy burdens, and state-owned enterprise reform[J].

American Economic Review, 88 (2): 422-427.
Lin Y R, Fu X M. 2017. Does institutional ownership influence firm performance? Evidence from China[J]. International Review of Economics & Finance, 49: 17-57.
Lins K V, Servaes H, Tamayo A. 2017. Social capital, trust, and firm performance: The value of corporate social responsibility during the financial crisis[J]. The Journal of Finance, 72 (4): 1785-1824.
Liu Q, Lu Y. 2015. Firm investment and exporting: Evidence from China's value-added tax reform[J]. Journal of International Economics, 97 (2): 392-403.
Liu Y Z, Mao J. 2019. How do tax incentives affect investment and productivity? Firm-level evidence from China[J]. American Economic Journal: Economic Policy, 11 (3): 261-291.
Liu Y, Wei Z B, Xie F X. 2014. Do women directors improve firm performance in China?[J]. Journal of Corporate Finance, 28: 169-184.
Ljungqvist A, Zhang L D, Zuo L. 2017. Sharing risk with the government: How taxes affect corporate risk taking[J]. Journal of Accounting Research, 55 (3): 669-707.
Luong H, Moshirian F, Nguyen L, et al. 2017. How do foreign institutional investors enhance firm innovation?[J]. Journal of Financial and Quantitative Analysis, 52 (4): 1449-1490.
Lynall M D, Golden B R, Hillman A J. 2003. Board composition from adolescence to maturity: A multitheoretic view[J]. Academy of Management Review, 28 (3): 416-431.
Majd S, Myers S C. 1987. Tax asymmetries and corporate tax reform[M]//Feldstein M. The Effects of Taxation on Capital Accumulation. Chicago: University of Chicago Press.
McLean R D, Zhang T Y, Zhao M X. 2012. Why does the law matter? Investor protection and its effects on investment, finance, and growth[J]. The Journal of Finance, 67 (1): 313-350.
Megginson W L, Ullah B, Wei Z B. 2014. State ownership, soft-budget constraints, and cash holdings: Evidence from China's privatized firms[J]. Journal of Banking and Finance, 48 (11): 276-291.
Miles R E, Snow C C, Meyer A D, et al. 1978. Organizational strategy, structure, and process[J]. Academy of Management Review, 3 (3): 546-562.
Miller D, Friesen P H. 1984. A longitudinal study of the corporate life cycle[J]. Management Science, 30 (10): 1161-1183.
Minetti R, Murro P, Paiella M. 2015. Ownership structure, governance, and innovation[J]. European Economic Review, 80: 165-193.
Modigliani F, Miller M H. 1958. The cost of capital, corporation finance and the theory of investment[J]. The American Economic Review, 48 (3): 261-297.
Mukherjee A, Singh M, Žaldokas A. 2017. Do corporate taxes hinder innovation?[J]. Journal of Financial Economics, 124 (1): 195-221.
Myers S C, Majluf N S. 1984. Corporate financing and investment decisions when firms have information that investors do not have[J]. Journal of Financial Economics, 13 (2): 187-221.
Nakamura J I, Fukuda S I. 2013. What happened to "zombie" firms in Japan?: Reexamination for the lost two decades[J]. Global Journal of Economics, 2 (2): 1350007.
Nelson R R. 1959. The economics of invention: A survey of the literature[J]. The Journal of Business, 32 (2): 101-127.
Oates W E. 1972. Fiscal Federalism[M]. New York: Harcourt Brace Jovanovich Press.

Opler T, Pinkowitz L, Stulz R, et al. 1999. The determinants and implications of corporate cash holdings[J]. Journal of Financial Economics, 52 (1): 3-46.

Orlov A, Grethe H. 2012. Carbon taxation and market structure: A CGE analysis for Russia[J]. Energy Policy, 51: 696-707.

Ozbas O, Scharfstein D S. 2010. Evidence on the dark side of internal capital markets[J]. The Review of Financial Studies, 23 (2): 581-599.

Palmer K, Oates W E, Portney P R. 1995. Tightening environmental standards: The benefit-cost or the no-cost paradigm?[J]. Journal of Economic Perspectives, 9 (4): 119-132.

Park J H, Kim C, Chang Y K, et al. 2018. CEO hubris and firm performance: Exploring the moderating roles of CEO power and board vigilance[J]. Journal of Business Ethics, 147 (4): 919-933.

Pearce D. 1991. The role of carbon taxes in adjusting to global warming[J]. The Economic Journal, 101 (407): 938-948.

Peek J, Rosengren E S. 2005. Unnatural selection: Perverse incentives and the misallocation of credit in Japan[J]. American Economic Review, 95 (4): 1144-1166.

Phan H V, Hegde S P. 2013. Pension contributions and firm performance: Evidence from frozen defined benefit plans[J]. Financial Management, 42 (2): 373-411.

Piggott J, Whalley J. 2001. VAT base broadening, self-supply and the informal sector[J]. American Economic Review, 91 (4): 1084-1094.

Pigou A. 1932. The Economics of Welfare[M]. 4th ed. London: MacMillan.

Porter M E, van der Linde C. 1995. Toward a new conception of the environment-competitiveness relationship[J]. Journal of Economic Perspectives, 9 (4): 97-118.

Porter M. 1996. America's green strategy[J]. Business and the Environment: A Reader, 33: 1072.

Poterba J M. 1996. Retail price reactions to changes in state and local sales taxes[J]. National Tax Journal, 49 (2): 165-176.

Prahalad C K, Hamel G. 1990. The core competence of the corporation[J]. Harvard Business Review, 68 (3): 79-91.

Rao N. 2016. Do tax credits stimulate R&D spending? The effect of the R&D tax credit in its first decade[J]. Journal of Public Economics, 140: 1-12.

Rauh J D. 2006. Investment and financing constraints: Evidence from the funding of corporate pension plans[J]. The Journal of Finance, 61 (1): 33-71.

Richardson S. 2006. Over-investment of free cash flow[J]. Review of Accounting Studies, 11 (2): 159-189.

Romer P M. 1986. Increasing returns and long-run growth[J]. Journal of Political Economy, 94 (5): 1002-1037.

Rozema K. 2018. Tax incidence in a vertical supply chain: Evidence from cigarette wholesale prices[J]. National Tax Journal, 71 (3): 427-450.

Sasaki T. 2015. The effects of liquidity shocks on corporate investments and cash holdings: Evidence from actuarial pension gains /losses[J]. Financial Management, 44 (3): 685-707.

Schoder C. 2013. Credit vs. demand constraints: the determinants of US firm-level investment over the business cycles from 1977 to 2011[J]. The North American Journal of Economics and Finance, 26: 1-27.

Selling T I, Stickney C P. 1989. The effects of business environment and strategy on a firm's rate of return on assets[J]. Financial Analysts Journal, 45 (1): 43-52.

Shimamoto K. 2016. Effects of environmental regulations on pollution reduction and firm location[J]. Regional Science Inquiry, 8 (3): 65-76.

Stiglitz J E. 1969. The effects of income, wealth, and capital gains taxation on risk-taking[J]. The Quarterly Journal of Economics, 83 (2): 263-283.

Sun Q, Tong W H S, Tong J. 2002. How does government ownership affect firm performance? Evidence from China's privatization experience[J]. Journal of Business Finance & Accounting, 29 (1-2): 1-27.

Tang J Y, Crossan M, Rowe W G. 2011. Dominant CEO, deviant strategy, and extreme performance: The moderating role of a powerful board[J]. Journal of Management Studies, 48(7): 1479-1503.

Testa F, Iraldo F, Frey M. 2011. The effect of environmental regulation on firms' competitive performance: The case of the building & construction sector in some EU regions[J]. Journal of Environmental Management, 92 (9): 2136-2144.

Tobin J. 1969. A general equilibrium approach to monetary theory[J]. Journal of Money, Credit and Banking, 1 (1): 15-29.

Watanabe N. 2006. Promoting compliance in social security pension programmes[C]. New Delhi: ISSA Regional Conference for Asia and the Pacific: 1-12.

Weisbach D A. 2002. An economic analysis of anti-tax-avoidance doctrines[J]. American Law and Economics Review, 4 (1): 88-115.

Wernerfelt B. 1985. The dynamics of prices and market shares over the product life cycle[J]. Management Science, 31 (8): 928-939.

Wiengarten F, Lo C K Y, Lam J Y K. 2017. How does sustainability leadership affect firm performance? The choices associated with appointing a chief officer of corporate social responsibility[J]. Journal of Business Ethics, 140 (3): 477-493.

Wurgler J. 2000. Financial markets and the allocation of capital[J]. Journal of Financial Economics, 58 (1-2): 187-214.

Xie R H, Yuan Y J, Huang J J. 2017. Different types of environmental regulations and heterogeneous influence on "green" productivity: Evidence from China[J]. Ecological Economics, 132: 104-112.

Yoshikawa H. 1980. On the "Q" theory of investment[J]. The American Economic Review, 70(4): 739-743.

Zaglmayer B, Schoukens P. 2005. Cooperation between social security and tax agencies in Europe[R]. Washington, D.C.: Center for the Business of Government.

Zhang L, Chen Y Y, He Z Y. 2018. The effect of investment tax incentives: Evidence from China's value-added tax reform[J]. International Tax and Public Finance, 25 (4): 913-945.

Zhao T J, Xiao X. 2019. The impact of corporate social responsibility on financial constraints: Does the life cycle stage of a firm matter?[J]. International Review of Economics and Finance, 63: 76-93.

Zimmerman J L. 1983. Taxes and fim size[J]. Journal of Accounting and Economics, 5 (2): 119-149.

Zwick E, Mahon J. 2017. Tax policy and heterogeneous investment behavior[J]. American Economic Review, 107 (1): 217-248.